초간단 영단어

동인랑

1판 1쇄 2012년 4월 15일

저자 이희발　　　　　　　감수 송길원

발행인 김인숙　　　　　　발행처 (주)동인랑

Editorial Director 김인숙, 김태연　　　Designer 김미선, 유봉주　　　Printing 삼덕정판사

139-240

서울시 노원구 공릉동 653-5

대표전화 02-963-2456
팩시밀리 02-967-1555
출판등록 제 6-0406호
ISBN 978-89-7582-358-9

(주)동인랑에서는 참신한 외국어 원고를 모집합니다.

어미가 같은 단어끼리 모아서 그룹지어 외우자

영단어 암기는 끝말 잇기 놀이다!

저자는 영어 단어의 구성체계를 연구하면서 단어의 공통어미를 이용하여 **빠르고 쉽게, 재미있고 오래 기억에 남는 영단어 암기 체계**를 만들었다.

영어의 기본단어는 접두어를 제외한 **약 98%가 자음 + 공통어미**로 구성된다.

Part 1. 단어들의 공통어미를 찾아 모아 놓았다!

원어민의 발음으로 단어와 발음까지 한번에 잡고, 예문을 통해 폭넓은 활용을 할 수 있다.

Part 2. 모르는 단어라도 뜻을 유추할 줄 알아야 영어를 자유롭게 쓸 수 있다!

1. 공통어근의 뜻을 이용해서 여러 단어를 한번에 익힌다.
2. 접두어에 따라 두 단어의 뜻이 달라진다.
3. 접미어로 품사가 달라진다. 품사별 단어를 외우며 품사 변화를 익히자!
4. 독해력 향상을 위한 유용한 표현 어구를 모아 놓았다.

contents

Part ① 1장 공통어미로 익히는 초간단 영단어

Part 1

공통어미로 구성되는 단어

공통어미로 이루어진 단어들끼리 모아서, 체계적으로 나열해 단어의 발음과 철자, 뜻을 쉽고 빠르게 암기할 수 있다.

관련 어휘

대표단어들의 뜻이나 어원 등을 풀어 설명해줌으로써, 단어의 원리를 이해해 단어를 암기할 수 있다. 그리고 단어와 관련된 유사어, 반대어, 파생어 등을 달아줌으로써 하나의 단어로 관련 어휘를 동시에 외우는 일석이조의 효과가 있다.

예문

단어가 실제 문장이나 회화에서 활용되는 예문도 함께 실었다.

★ 기호에 대해서
명 명사
동 동사
형 형용사
전 전치사
부 부사
유 유사어
반 반대어
감 감탄사

Part ②

⭐ 기호에 대해서

- 명 명사
- 동 동사
- 형 형용사
- 전 전치사
- 부 부사
- 유 유사어
- 반 반대어
- 감 감탄사

어근이 같은 단어들을 함께 그룹지어 놓아, 어근의 뜻을 통해 단어를 분석하며 효과적으로 암기할 수 있다.

하나의 단어에 접두어가 붙음으로써 그 뜻이 어떻게 변하는가를 파악하며, 짝을 지어 두단어를 동시에 암기할 수 있다.

공통된 접미어끼리 그룹지어 품사[명사형, 형용사형, 부사형, 동사형]에 따라 외우면서, 단어를 분류하며 암기할 수 있다.

회화나 문장에서 유용하게 사용되는 표현어구들을 함께 실어 놓아, 실제 독해나 리스닝, 영어회화 등에 사용할 수 있다.

Part1

1장 공통어미로 익히는 초간단 영단어

어미가 같은 단어들끼리 모아서 단어를 그룹지어 외우자!
공통어미 〈-acK〉로 구성되는 단어

예를 들어, 아래의 단어들은 〈-ack〉라는 공통어미를 가지고 있으므로, 이러한 단어들만 따로 그룹지어 외우면 단어의 구성체계를 이해하며 효과적으로 외우게 되어, 쉽게 암기하고 오래 기억할 수 있다.

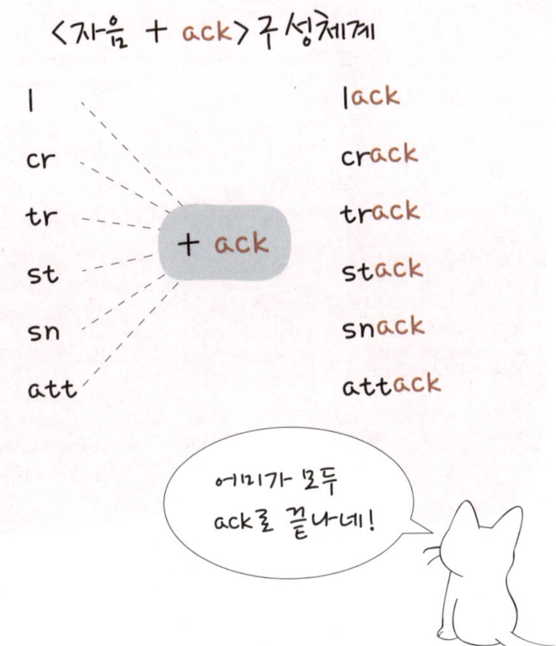

■ 공통어미〈ack〉로 구성되는 단어

lack
[læk]
자음l+ack=want, need, shortage

명 부족, 결핍
동 부족하다

His business failed because of a **lack** of money.
그의 사업은 자금이 부족하여 실패했다.

crack
[kræk]
자음cr+ack=break, split

명 갈라진 금(틈)
동 깨지다, 갈라지다

There were many **cracks** in the street after the earthquake.
지진 뒤에 거리는 갈라진 틈이 많이 생겼다.

track
[træk]
자음tr+ack=sign, mark

명 궤도, 철로, 자취 흔적, 작은 길
동 추적하다

We followed the **track** to the lake.
우리는 오솔길을 따라 호수로 갔다.

stack
[stæk]
자음st+ack=heap, accummulate

명 건초더미, 볏가리
동 쌓아올리다

I have **stacks** of work to do.
할 일이 산적해 있다.

snack
[snæk]
자음sn+ack=a small, quick meal

명 가벼운 식사

There are some **snack** bar in Gimpo Airport.
김포공항에는 여러 개의 스낵바가 있다.

attack
[ətǽk]
〈at~쪽으로〉+tack〈들러붙다〉=assail, assault

동 공격(습격)하다

Our army **attacked** the enemy during the night.
우리 군은 밤에 적을 공격했다.

■ 공통어미〈act〉로 구성되는 단어

act
[ækt]
active 형 활동적인

동 행동하다
연기(상연)하다

Most children are more **active** than adults.
아이들 대부분은 어른들보다 더 활동적이다.

fact
[fækt]
자음f+act=reality, truth

명 사실, 실제

Give us the **facts**, not opinions.
의견이 아니라 사실을 말해다오.

contact
[kántækt]
con〈함께〉+tact〈만지는 것〉=get in touch with

명 접촉, 연락
동 접촉(연락)하다

Our troops are in **contact** with the enemy.
아군은 적군과 교전 중이다.

intact
[intǽkt]
in⟨not⟩+tach⟨touch⟩

- 웹 손대지 않는
  손상되지 않는

Despite the bombing, the house was still **intact**.
폭발에도 불구하고 그 집은 끄떡없었다.

impact
[ímpækt]
im⟨안에⟩+pact⟨묶다⟩=collision

- 명 영향, 충돌, 충격
- 동 강한 충격을 주다

Her speech made a tremendous **impact** on everybody.
그녀의 연설은 모든 사람에게 굉장한 충격을 주었다.

react
[riǽkt]
re⟨뒤로⟩+act⟨행하다⟩

- 동 반작용(반응)하다
  반대하다

Cause and effect **react** upon each other.
원인과 결과는 서로 반작용한다.

exact
[igzǽkt]
ex+act=correct, accurate

- 웹 정확한, 정밀한
  엄밀한

What is the **exact** size of the room?
그 방의 정확한 넓이는 얼마나 되나요?

transact
[trænsǽkt]
trans+act=treat, manage

- 동 처리하다, 거래하다

We need to monitor the financial **transaction**.
우리는 재정적 거래를 감시할 필요가 있다.

interact
[íntərækt]
inter⟨서로⟩+act⟨작용하다⟩

- 동 상호 작용하다

We **interact** with others.
우리는 타인과 상호작용을 한다.

counteract
[kàuntərǽkt]
counter⟨반대로⟩+act⟨작용하다⟩

- 동 반작용하다, 없애다

This drug **counteracts** the poison.
이 약은 해독 작용을 한다.

attract
[ətrǽkt]
at⟨～쪽으로⟩+tract⟨이끌다⟩=charm

- 동 끌다, 끌어당기다
  매혹하다

The subject **attracted** his attention.
그 주제는 그의 관심을 끌었다.

extract
[ikstrǽkt]
ex⟨밖으로⟩+tract⟨끌어내다⟩=take out

- 동 뽑다, 발췌하다

He has **extracted** some examples from the grammar book.
그는 그 문법책에서 몇몇 용례를 인용했다.

distract
[distrǽkt]
dis⟨딴대로⟩+tract⟨끌다⟩=divert

- 동 전환시키다
  (마음을)다른 곳으로 돌리다

The last thing I want is to be **distracted** from my reading.
내가 궁극적으로 원하는 것은 독서로부터 내 마음을 딴 곳으로 돌리는 것이다.

subtract
[səbtrǽkt]
sub⟨밑으로⟩+tract⟨끌어내리다⟩ 반 add

- 동 빼다, 감하다

If you **subtract** 10 from 30, you get 20.
30에서 10을 빼면 20이다.

abstract
[æbstrǽkt]
obs⟨멀리에서⟩+tract⟨끌어당기다⟩

- 명 추상명사
- 형 추상적인, 이론적인
- 동 발췌하다

Beauty is an **abstract** word.
아름다움(美)은 추상적인 단어이다.

contract
[kántrækt]
con〈함께〉+tract〈합의를 끌어내다〉=agreement

명 계약
동 계약하다

I have made a **contract** with an American company.
나는 미국 회사와 계약을 맺었다.

■ 공통어미〈ade〉로 연상되는 단어

fade
[feid]
자음f+ade=discolor, diminish, disappear

동 바래다, 시들다
사라지다

The strong sunlight had **faded** the curtains.
강한 햇빛에 커튼이 바랬다.

shade
[ʃeid]
자음sh+ade=shadow, darkness

명 그늘, 음지, 땅거미

He sat down in the **shade** of a tree.
그는 나무 그늘에 앉았다.

trade
[treid]
자음tr+ade=business,commerce

명 무역, 상업, 거래
동 거래(장사)하다

Korea **trades** with many countries in the world.
한국은 세계의 많은 나라와 무역을 하고 있다.

grade
[greid]
자음gr+ade=rank, class

명 계급, 학년, 성적

He is in third **grade**.
그는 3학년이다.

degrade
[digréid]
de〈밑으로〉+grade〈등급을 내리다〉

동 지위를 떨어뜨리다
타락하다

The sergeant was **degraded** to buck private.
그 하사관은 이등병으로 강등했다.

invade
[invéid]
in〈안으로〉+vade〈처들어가다〉=attack

동 침략하다, 침입하다

The enemy **invaded** the country.
적군이 그 나라를 침입했다.

parade
[pəréid]
유 marching

명 퍼레이드, 가두행진

There is a big **parade** in the street.
거리에서 성대한 퍼레이드가 행해지고 있다.

persuade
[pərswéid]
per〈철저히〉+suade〈설득하다〉=convince

동 설득하다, 납득시키다

My father **persuaded** me not to go there.
아버지는 그곳으로 가지 않도록 나를 설득했다.

dissuade
[diswéid]
dis〈~하지 못하게〉+suade〈설득하다〉

동 단념하다, 단념시키다

We should **dissuade** him from running such a risk.
우리는 그가 그러한 위험을 무릅 쓰는 것을
단념케해야 한다.

decade
[dékeid]
=period of ten years

명 10년간

The world will change in the next few **decades**.
세계는 몇 십년 안에 바뀔 것이다.

▪ 공통어미〈aft〉로 구성되는 단어

craft
[kræft]
자음cr+aft=talent, skill

명 공예, 기술, 술책

He went to Scotland to learn this **craft**.
이 기술을 배우기 위해 그는 스코트랜드로 갔다.

draft
[dræft]
자음dr+aft=drawing, outline

명 원고, 초안, 수표
동 기초하다

They **drafted** the bill.
그들은 그 법안을 기초하였다.

shaft
[ʃæft]
자음sh+aft=a deep narrow hole

명 화살대, 화살, 창
환기구멍, 수갱(수직굴)

The miners were trapped in a deep **shaft**.
그 광부들은 깊은 수갱속에 갇혀 있었다.

▪ 공통어미〈age〉로 구성되는 단어

rage
[reidʒ]
자음r+age=fury, anger

명 격노, 분노, 열정
동 격노하다

My father was in a **rage** last night.
아버지는 어젯밤 몹시 화가 나셨다.

wage
[weidʒ]
자음w+age=payment

명 임금, 급료
동 전쟁을 하다

His **wages** are $30 a week.
그의 임금은 주당 30달러이다.

stage
[steidʒ]
자음st+age=phase, step

명 무대, 연단, 단계
동 상연하다

She appeared on the **stage** suddenly.
그녀는 갑자기 무대에 나타났다.

engage
[ingéidʒ]
en〈~하게하다〉+gage〈약속〉=promise

동 (주의·관심을) 사로잡다
고용(종사)하다

He is deeply **engaged** in conversation.
그는 이야기에 열중해 있다.

garbage
[gá:rbidʒ]
garb+age=waste

명 쓰레기, 찌꺼기

They collect our **garbage** three times a week.
일주일에 세 번씩 쓰레기를 수거해 간다.

baggage
[bǽgidʒ]
bag(g)+age=luggage

명 여행용 수화물

Where can I find a **baggage** claim?
수화물 찾는 곳이 어디에 있습니까?

image
[ímidʒ]
im+age=likeness, idea

명 이미지, 상, 개념
꼭같은 사람(물건)

He is the very **image** of his father.
그는 아버지를 그대로 닮았다.

homage
[hámidʒ]
명 경의(respect)
hom⟨honor+age 명 접⟩=expression of respect

They paid **homage** to the war dead.
그들은 전사자에게 경의를 표했다.

damage
[dǽmidʒ]
명 손해
dam⟨loss⟩+age=harm, injury

The flood did much **damage** to the crops.
홍수는 농작물에 큰 피해를 입혔다.

manage
[mǽnidʒ]
동 다루다
경영(관리)하다
man⟨손으로⟩+age⟨다루다⟩=direct, control

Mr. Brown **manages** a big hotel.
브라운씨는 큰 호텔을 경영하고 있다.

average
[ǽvəridʒ]
명 평균, 보통
형 평균의, 보통의
aver⟨usual⟩+age=normal, standard

Tom's school work is below **average**.
탐의 학업 성적은 평균이하이다.

beverage
[bévəridʒ]
명 (물외의) 음료
bever+age=a drinkable liquid

Alcoholic **beverages** are bad for health.
알콜음료는 건강에 해롭다.

courage
[kə́:ridʒ]
명 용기, 담력, 배짱
cour⟨마음에서⟩+age⟨나온 것⟩=bravery

He showed great **courage** and determination in battle.
그는 전쟁에서 큰 용기와 결단력을 보여주었다.

encourage
[inkə́:ridʒ]
동 용기를 북돋우다
격려하다
en⟨북돋우다⟩+courage⟨용기⟩=inspire

My teacher **encouraged** me to work harder.
선생님은 좀 더 열심히 공부하라고 나를 격려해주셨다.

discourage
[diskə́:ridʒ]
동 낙담케하다
방해(단념)하다
dis⟨떨어뜨리다⟩+courage⟨용기⟩=dishearten

Repeated failures **discouraged** him.
거듭되는 실패는 그로 하여금 용기를 잃게 했다.

message
[mésidʒ]
명 전하는 말, 통신
mess⟨보내는⟩+age⟨말⟩

May I take a **message**?
전할 말이 있습니까?

heritage
[héritidʒ]
명 유산, 상속, 재산
herit⟨물려받은⟩+age⟨것⟩=inheritance, wealth

These ancient buildings are parts of the national **heritage**.
이 고대 건물들은 국가적 유산의 일부분이다.

advantage
[ædvǽntidʒ]
명 유리, 우월
advant⟨보다 앞선⟩+age⟨것⟩ 반 disadvantage

His education gave him many **advantages**.
그는 교육을 받아서 여러 가지로 유리했다.

ravage
[rǽvidʒ]
동 황폐하게 하다
약탈하다
rav+age=ruin, waste

The conquering army **ravaged** the country.
정복군은 그 나라를 약탈했다.

savage
[sǽvidʒ]

명 야만인, 미개인
형 야만스러운, 잔인한

sav+age=brutal, cruel, wild

Savage means cruel or very violent.
Savage는 잔인하거나 매우 폭력적인 것을 말한다.

cottage
[kátidʒ]

명 작은 집, 작은 별장

cott+age=a small house in the country

He has a **cottage** in the country.
그는 시골에 별장을 갖고 있다.

voyage
[vɔ́iidʒ]

명 여행, 항해

voy〈길을 가는〉+age〈것〉=Journey

I wish you a pleasant **voyage**.
즐거운 여행을 하시기 바랍니다.

sewage
[súːidʒ]

명 하수, 오물

sew+age=waste material

We must not throw **sewages** in the river.
우리는 강에 오물을 버려서는 안 된다.

Track 02

■ 공통어미〈ail〉로 구성되는 단어

fail
[feil]
자음f+ail (반) succeed, achieve

图 실패하다
~하지 못하다

They **failed** in business.
그들은 사업에 실패했다.

sail
[seil]
자음s+ail=to travel in a ship

명 돛
图 항해하다, 출항하다

They **sailed** the Atlantic for three days.
그들은 3일간 대서양을 항해했다.

wail
[weil]
자음w+ail= (유) mourn, lament

图 소리 내어 울다
대성통곡하다

The boy was **wailing** over his dead dog.
소년은 개가 죽어서 슬피 울고 있었다.

trail
[treil]
자음tr+ail=pursue, follow

图 질질 끌다
추적하다

Caps **trailed** the robber with dogs.
경관은 개를 데리고 강도를 추적했다.

detail
[ditéil]
de〈완전히〉+tail〈자른 것〉

명 세부, 항목
图 상세히 말하다

Tell me the **detail**.
세부적인 사항을 말해주세요.

avail
[əvéil]
a〈~에〉+vail〈가치가 있다〉=be useful

图 쓸모있다, 이롭다

The motel had no **available** rooms.
그 모텔은 방이 남아 있지 않았다.

prevail
[privéil]
pre〈~보다〉+vail〈강하다〉=win, succeed

图 우세하다, 유행하다
보급되다, 이기다

That custom still **prevails** in the village.
그 마을에서는 아직도 그 관습이 행하여지고 있다.

■ 공통어미〈aim〉로 구성되는 단어

aim
[eim]
aim=goal, object, target

명 목적, 표적
图 겨누다

What are you **aiming** at?
너는 무엇을 겨냥하고 있느냐?

claim
[kleim]
자음cl+aim=demand, assert

명 권리
图 요구하다, 주장하다

He **claimed** to have reached the top of the mountain.
그는 산의 정상까지 올라갔다고 주장했다.

acclaim
[əkléim]

동 갈채하다, 환호하다

ac〈~에게〉+claim〈외치다〉=applaud

The newspapers **acclaimed** her as a great actress.
신문들은 그녀가 위대한 배우라고 갈채를 보냈다.

proclaim
[proukléim]

동 선언(공포)하다
나타내다

pro〈~앞으로〉+claim〈외치다〉=declare

The government **proclaimed** a state of emergency.
정부는 비상사태를 선포했다.

exclaim
[ikskléim]

동 외치다
큰소리로 말하다

ex〈밖으로〉+claim〈크게 외치다〉=shout, cry out

He **exclaimed** that he would rather die.
그는 차라리 죽겠다고 소리쳤다.

■ 공통어미〈ain〉로 구성되는 단어

gain
[gein]

명 이익, 증가
동 얻다, 증가하다

자음g+ain=achieve, attain

One man's lose is another man's **gain**.
한 사람의 손실은 다른 사람의 이익이 될 수 있다.

pain
[pein]

명 노력, 아픔, 고통
동 고통을 주다

자음p+ain=suffering, agony

He took great **pains** to make money.
그는 돈을 벌기 위해 대단히 노력했다.

vain
[vein]

형 헛된
허영심이 강한

자음v+ain=worthless, useless

How **vain** are earthly splendors?
지상의 영화란 얼마나 헛된 것인가?

plain
[plein]

명 평지
형 명백한, 검소한, 쉬운

자음pl+ain=simple, evident

It is **plain** that he will fail.
그가 실패할 것은 뻔하다.

drain
[drein]

명 유출
동 (액체를)배출하다
물이 잘빠지게 하다

자음dr+ain=to flow away

The water was **drained** through a small hole.
물이 작은 구멍을 통하여 배출되었다.

grain
[grein]

명 곡물, 낱알

자음gr+ain=the seeds of plants

He dropped a few **grains** of rice.
그는 쌀 몇 톨을 떨어뜨렸다.

stain
[stein]

명 얼룩, 때, 오점
동 더럽히다

자음st+ain=dishonor, disgrace

This fabric **stains** easily.
이 천은 더러워지기 쉽다.

strain
[strein]

명 긴장, 압박
동 잡아당기다
긴장시키다

자음str+ain=stretch, pull

Too much **strain** broke the rope.
너무 잡아당겨서 밧줄이 끊어졌다.

sprain
[sprein]
자음spr+ain

동 삐다

My finger was **sprained**.
손가락을 삐었다.

remain
[riméin]
re〈뒤에〉+main〈남다〉 반 perish

명 유적
동 여전히 ～대로 있다

His grandfather **remained** silent.
그의 할아버지는 말없이 계셨다.

domain
[douméin]
유 region, territory

명 영토, 영역, 세력

The kitchen is my wife's **domain**.
부엌은 아내의 영역이다.

contain
[kəntéin]
con〈함께〉+tain〈갖다〉=include

동 포함하다
수용하다

A pound **contains** 16 ounces.
1파운드는 16온스다.

obtain
[əbtéin]
ob〈～을〉+tain〈쥐다〉=gain, acquire

동 얻다, 획득하다
손에 넣다

The book **obtained** a great reputation.
그 책은 큰 명성을 얻었다.

retain
[ritéin]
re〈뒤에〉+tain〈잡아두다〉=keep, preserve

동 보류(보유)하다
간직하다

She **retains** her beauty.
그녀는 여전히 아름답다.

entertain
[èntərtéin]
enter〈함께〉+tain〈기쁨을 주다〉=amuse

동 대접하다
즐겁게 하다

The movie will **entertain** you very much.
그 영화는 매우 재미있을 것이다.

sustain
[səstéin]
sus〈밑에서〉+tain〈지탱하다〉=maintain

동 떠받치다, 견디다
유지하다

A little meal won't **sustain** us through the day.
가벼운 식사만으로 하루를 지탱하기란 힘들다.

maintain
[meintéin]
main〈손에〉+tain〈쥐고 있다〉=keep, support

동 유지(주장)하다
보존하다

Air France has **maintained** a high level of service for many years.
에어프랑스는 여러해 동안 고수준의 서비스를 제공해 왔다.

attain
[ətéin]
at〈～을〉+tain〈손에쥐다〉=achieve, accomplish

동 달성하다, 이르다

He **attained** success through hard work.
그는 어려운 작업을 통해 성공했다.

detain
[ditéin]
de〈～에〉+tain〈붙잡아두다〉=arrest, seize

동 억류(구류, 구금)하다

The police **detained** him as a suspect.
경찰은 그를 용의자로 구금했다.

ascertain
[æsərtéin]
as〈만들다〉+certain〈확실하게〉

동 탐지하다, 확인하다

He wanted to **ascertain** who did so.
그는 누가 그렇게 했는지 확인하고 싶어 했다

ordain
[ɔ:rdéin]
⑧ 명하다, 제정하다
운명지우다
⑥ order, command

God has **ordained** that we should die.
신은 우리를 죽어야 할 운명으로 정했다.

explain
[ikspléin]
⑧ 설명하다
분명하게 하다
ex〈밖으로〉+plain〈나타내다〉=illustrate

She is giving an **explanation** of how the machine works.
그녀는 기계가 어떻게 작동하는지 설명하고 있다.

complain
[kəmpléin]
⑧ 불평하다
com+plain=murmur, grumble

They worked hard without **complaint**.
그들은 불평없이 열심히 일했다.

refrain
[rifréin]
⑧ (노래의)후렴
⑧ 삼가다, 누르다
re+frain=abstain

Please **refrain** spitting in public places.
공공장소에서 침 뱉는 것을 삼가해 주세요.

restrain
[ristréin]
⑧ 제지하다, 금하다
억누르다
re〈뒤로〉+strain〈조이다〉=hold back

Mothers must **restrain** children from doing mischief in the dining room.
어머니들은 그들의 아이들을 식당에서 장난을 못하게 해야 한다.

constrain
[kənstréin]
⑧ 강요(억제)하다
con〈함께〉+strain〈조이다〉=force, compel

Many women feel **constrained** their roles.
많은 여자들이 자신의 역할이 제한되어 있는 것으로 느낀다.

■ 공통어미〈aint〉로 구성되는 단어

faint
[feint]
⑧ 희미한, 약한
⑧ 기절하다
자음f+aint=dim, weak, feeble

I am **faint** with hunger.
배가 고파서 쓰러질 지경이다.

saint
[seint]
⑧ 성자, 성인
자음s+aint=a very good, kind person

He lived a **saint's** life.
그는 성자 같은 생활을 했다.

quaint
[kweint]
⑧ 기묘한, 이상한
자음qu+aint=antique, unusual

Tourists often commented on the **quaint** customs.
관광객들은 그 기이한 풍습에 관해 자주 논평했다.

acquaint
[əkwéint]
⑧ 익히 알게되다
숙지시키다
〜에 정통하다
ac〈〜쪽으로〉+quaint〈알리다〉

I **acquainted** myself with my new neighborhood.
나는 새 이웃과 익히 알게 되었다.

■ 공통어미〈air〉로 구성되는 단어

air
[εər]
air=atmosphere, appearance

명 공기, 모양, 태도
야외, 비행기

I like traveling by **air**.
나는 비행기로 여행하는 것을 좋아한다.

fair
[fεər]
자음f+air=just, impartial

형 상당한, 공평한
맑은

He speaks English **fairly** well.
그는 영어를 상당히 잘 한다.

pair
[pεər]
자음p+air=couple, match

명 한 짝, 한 쌍
한 켤레

I want a **pair** of new shoes.
나는 새 신발 한 켤레가 필요하다.

repair
[ripéər]
re〈다시〉+pair〈짝을 맞추다〉=mend, fix

동 수리하다, 고치다
수선하다

I want this camera **repaired**.
나는 이 카메라를 고치고 싶다.

despair
[dispéər]
de〈멀어지다〉+spair〈희망에서〉=lose hope

명 절망
동 절망하다

He was filled with **despair** when he read the exam questions.
시험문제를 읽었을 때, 그의 마음은 절망감으로 가득 찼다.

■ 공통어미〈ake〉로 구성되는 단어

make
[meik]
자음m+ake=create, produce

동 만들다, 나아가다
벌다, 도착하다

She will **make** an excellent wife.
그녀는 훌륭한 아내가 될 것이다.

shake
[ʃeik]
자음sh+ake=quake, tremble

동 흔들다, 흔들리다

The angry man was **shaking** his fist at the boy.
그 성난 사람은 소년에게 주먹을 휘둘렀다.

awake
[əwéik]
a〈~에서〉+wake〈깨다〉 반 asleep

형 깨어 있는
동 깨다, 눈뜨다

Her death **awoke** him to a sense of sin.
그녀가 죽자 그는 죄의식을 깨달았다.

partake
[pa:rtéik]
par〈한 부분을〉+take〈차지하다〉=share, portion

동 ~에 관여하다
참가하다

They **partook** of our triumph.
그들은 우리의 승리를 함께 기뻐했다.

overtake
[òurvərtéik]

통 따라잡다, 덮치다

over〈넘어가서〉+take〈잡다〉=reach, catch

One runner **overtook** another runner.
한 주자가 다른 주자를 따라 잡았다.

undertake
[ʌndərtéik]

통 떠맡다, 착수하다

under〈아래에서〉+take〈받다〉

I **undertook** a responsible post.
그는 책임 있는 지위를 떠 맡았다.

earthquake
[əːrθkwéik]

명 지진
통 진동하다

earth〈땅의〉+quake〈진동〉

Japan is a land of **earthquakes**.
일본은 지진이 잦은 나라이다.

■ 공통어미〈ale〉로 구성되는 단어

gale
[geil]

명 강풍

자음g+ale=a very strong wind

A strong **gale** swept through the streets.
강풍이 거리를 휩쓸고 지나갔다.

hale
[heil]

형 정정한, 근력이 좋은

자음h+ale=healthy, sound

My grandfather still remains **hale** and hearty.
우리 할아버지는 아직도 기운이 정정 하십니다.

male
[meil]

명 남성, 수컷
형 남성의, 수컷의

자음m+ale=female 동음mail

Boys are **males** and girls are females.
소년은 남성이고 소녀는 여성이다.

pale
[peil]

형 창백한, (색이)엷은

자음p+ale=colorless, faint

When he heard the bad news, he turned **pale**.
그는 그 나쁜 소식을 듣고 창백해졌다.

tale
[teil]

명 이야기

자음t+ale=narration, story

Tom loves to hear fairy **tales**.
톰은 옛날이야기 듣기를 좋아한다.

whale
[hweil]

명 고래
통 고래잡이에 종사하다

자음wh+ale=a very large sea mammal

The **whale** is the largest animal living in the ocean.
고래는 바다에 사는 가장 큰 동물이다.

scale
[skeil]

명 계급, 규모, 저울자

자음sc+ale=balance, proportion

The clerk weighed the letter on the **scales**.
우체국 직원은 편지를 저울에 달았다.

female
[fíːmeil]

명 여성, 암컷
형 여성의, 암컷의

The queen bee is the biggest **female** bee.
여왕벌은 가장 큰 암벌이다.

■ 공통어미⟨all⟩로 구성되는 단어

fall
[fɔ:l]
자음f+all=drop, decline

⟨명⟩ 낙하, 가을, 폭포
⟨동⟩ 떨어지다, 넘어지다

Several students were injured by **falling** on the ice.
몇몇 학생들이 얼음위에 넘어져서 다쳤다.

stall
[stɔ:l]
자음st+all=stable for one animal

⟨명⟩ 매점, 마구간
⟨동⟩ 넣어두다

I bought some lottery tickets in the **stall**.
나는 매점에서 몇 장의 복권을 샀다.

recall
[rikɔ́:l]
re⟨다시⟩+call⟨부르다⟩=recollect

⟨명⟩ 회상, 소환
⟨동⟩ 상기(소환)하다

He was immediately **recalled** to his office in Seoul.
그는 서울 사무실로 즉각 소환되었다.

befall
[bifɔ́:l]
be⟨완전히⟩+fall⟨떨어지다⟩=occur, happen

⟨동⟩ 일어나다, 생기다
닥치다

A misfortune **befell** him.
불행이 그에게 들이닥쳤다.

install
[instɔ́:l]
in⟨~에⟩+stall⟨세우다⟩=establish

⟨동⟩ 설치하다
취임시키다

He **installed** a heating system in a house.
그는 집에 난방장치를 설치했다.

■ 공통어미⟨alm⟩로 구성되는 단어

calm
[ka:m]
자음c+alm=quiet, composed

⟨형⟩ 고요한, 조용한
침착한

Mr. Green is a always **calm**.
그린씨는 언제나 침착하다.

palm
[pa:m]
자음p+alm=the inner surface of your hand

⟨명⟩ 손바닥
야자나무, 종려

He rubbed his **palms** together.
그는 손바닥을 서로 비볐다.

psalm
[sa:m]
자음ps+alm=a sacred song

⟨명⟩ 찬송가, 성가

They are singing a **psalm**.
그들은 찬송가를 부르고 있다.

■ 공통어미⟨alt⟩로 구성되는 단어

halt
[hɔ:lt]
자음h+alt=stop, terminate

명 정지
동 서다, 정지하다

A bus **halted** at the bus stop.
버스가 정류장에서 멈춰섰다.

salt
[sɔ:lt]

명 소금
동 소금에 절이다

The salad needs more **salt**.
이 샐러드는 좀 싱겁다.

exalt
[igzɔ́:lt]
ex+alt=extol, consecrate

동 승진시키다
높이다, 칭찬하다

He will be **exalted** to boss.
그는 사장으로 승진될 것이다.

■ 공통어미⟨ame⟩로 구성되는 단어

fame
[feim]
자음f+ame=glory, reputation

명 평성, 평판

Their **fame** has spread all over the country.
그들의 명성은 온 나라에 퍼졌다.

tame
[teim]
자음t+ame=docile, domesticated

형 길든, 온순한
동 길들이다

The trainer **tamed** the lion for the circus.
조련사는 서커스를 위해 그 사자를 길들였다.

lame
[leim]
자음l+ame=crippled, weak

형 절름발이의
절뚝거리는

He became **lame** after car accident.
그는 자동차 사고후에 절름발이가 되었다.

shame
[ʃeim]
자음sh+ame=dishonor, disgrace

명 치욕, 부끄러움
동 망신시키다

Her face was hot with **shame**.
그녀의 얼굴은 부끄러움으로 빨갰다.

blame
[bleim]
자음bl+ame=rebuke, criticize

동 비난하다, 책망하다

He won't **blame** me for breaking the date.
그는 내가 약속을 깼다고 비난하지는 않을 것이다.

flame
[fleim]
자음fl+ame=blaze, fire

명 불꽃, 화염, 열정

The house was in **flames**.
그 집은 화염에 휩싸여 있었다.

frame
[freim]
자음fr+ame=construction, shape

명 구조, 골격, 체격
동 형성하다

He was a man of heavy **frame**.
그는 체격이 육중한 사람이었다.

■ 공통어미〈amp〉로 구성되는 단어

damp
[dæmp]
자음d+amp=humid, moisture

ⓗ 축축한, 습기 찬
ⓓ 축축 하게 하다

It is **damp** in rainy weather.
비오는 날씨에는 눅눅하다.

swamp
[swa:mp]
자음sw+amp=flood

ⓝ 습지, 늪
ⓓ 물에 잠기게 하다

A big wave **swamped** the boat.
큰 파도로 보트가 물에 잠겼다.

■ 공통어미〈an〉로 구성되는 단어

ban
[bæn]
자음b+an=prohibit, outlaw

ⓝ 금지령, 금지
ⓓ 금지하다

This play was **banned** by the censor.
이 경기는 검열관에 의해 금지됐다.

clan
[klæn]
자음cl+an=family, fellowship

ⓝ 씨족, 한패, 파벌
집안

Mafia is a kind of **clan** or gang.
마피아는 일종의 씨족 폭력단이다.

plan
[plæn]
자음pl+an=design, contrive, scheme

ⓝ 계획, 설계도
ⓓ 계획(작성)하다

Make your study **plan** and use your time well.
학습계획을 짜서 시간을 잘 이용해라.

human
[hjú:mən]
ⓨ person, individual

ⓗ 인간의, 인간다운
인간성의

Selfishness is one of the **human** weakness.
이기심은 인간의 약점 중의 하나이다.

organ
[ɔ́:rgən]
ⓨ instrument, journal

ⓝ 오르간, 정부기관
(생물의)기관, 장

The tongue is the most important **organ** of speech.
혀는 가장 중요한 발성기관이다.

urban
[ə́:rbən]
urb〈도시〉+an〈의〉 ⓦ rural

ⓗ 도시의
도시에 사는

More and more people are moving to **urban** areas.
점점 많은 사람들이 도시로 이주하고 있다.

orphan
[ɔ́:rfən]

ⓝ 고아

He adopted an **orphan** as his son.
그는 고아를 아들로 삼았다.

slogan
[slóugən]
유 motto

명 표어, 슬로건

Slogan is phrase used in advertisement.
표어는 광고에 사용되는 말이다.

■ 공통어미〈ance〉로 구성되는 단어

chance
[tʃæns]
자음ch+ance=opportunity

명 가능성, 운, 기회
동 우연히 ~하다

I **chanced** to meet her yesterday.
어제 우연히 그녀를 만났다.

glance
[glæns]
자음gl+ance=glimpse, inspect

명 힐끗 봄
동 힐끗 보다, 훑어보다

He **glanced** through the paper.
그는 서류를 훑어 보았다.

finance
[finǽns]
financial **형** 재정의

명 재정

His **financial** condition is poor.
그의 재정 상황은 좋지 않다.

advance
[ædvǽns]
ad〈보다〉+vance〈앞서가다〉=progress

동 앞으로 나아가다
진보하다, 제출하다

He has **advanced** from lieutenant to captain.
그는 중위에서 대위로 진급했다.

instance
[ínstəns]
in〈~안에〉+stance〈세운 것〉=example

명 보기, 경우, 예

This is just one **instance**.
이것은 하나의 예일 뿐이다.

circumstance
[sə́:rkəmstæns]
circum〈주위에〉+stance〈서 있는 것〉=environment

명 사정, 상황, 환경

Everything depends on **circumstance**.
모든 것은 상황에 따라 다르다.

enhance
[inhǽns]
en〈make〉+hance〈large〉=improve

동 높이다, 향상시키다
극대화하다

The information is used to **enhance**
the shopping experience.
정보는 쇼핑경험을 극대화하기 위해서 사용된다.

■ 공통어미〈and〉로 구성되는 단어

land
[lænd]
자음l+and=earth, continent

명 나라, 땅
동 상륙(착륙)하다

The plane **landed** safely at the airport.
비행기는 무사히 공항에 착륙했다.

brand
[brænd]
자음br+and=trademark

명 품질, 등급, 상표
동 낙인을 찍다

What **brand** of shoes do you like?
무슨 상표의 구두를 좋아하세요?

grand [grænd] 자음gr+and=great, splendid	형 웅대한, 장대한 훌륭한	Look at this **grand** view. 이 장엄한 경관을 보라.
stand [stænd] 자음st+and=tolerate, suffer	동 서다, 세우다 견디다(endure)	She was kept **standing** for two hours. 그녀는 2시간 동안 서 있었다.
demand [dimǽnd] de〈~에게〉+mand〈요구하다〉=request	명 요구, 수요 동 요구하다(request)	He **demanded** to be told everything. 그는 모든 것을 말하라고 요구했다.
command [kəmǽnd] com〈강하게〉+mand〈명하다〉=order, control, lead	명 명령, 지휘 동 명령(지휘)하다	The boy **commanded** his dog to sit down. 소년은 개에게 앉도록 명령했다.
expand [ikspǽnd] ex〈밖으로〉+pand〈넓게 펴다〉=broaden	동 확장(팽창)하다	Water **expands** with heat. 물은 열로 팽창한다.
withstand [wiðstǽnd] with〈~와 함께〉+stand〈반대편에서다〉=resist	동 저항(반대)하다	The soldiers **withstood** the Indian's attack. 군인들은 인디언의 공격을 저지했다.
errand [érənd]	명 심부름	Tom went on an **errand** to the store. 톰은 가게에 심부름갔다.

■ 공통어미〈ange〉로 구성되는 단어

range [reindʒ] 자음r+ange=limit, extent	명 범위 동 배열(배치)하다, 늘어서다	The general **ranged** his men along the river bank. 장군은 병사들을 강둑을 따라 배치했다.
change [ʧeindʒ] 자음ch+ange=vary, substitute	동 바꾸다, 변경하다 변화하다	It is necessary to **change** our thoughts. 우리는 생각을 바꿀 필요가 있다.
arrange [əréindʒ] ar〈~에〉+range〈줄지어 놓다〉=put in order	동 배열(정리)하다 해결하다	Tom **arranged** his books on the shelf. 탐은 선반에 있는 책들을 정돈 했다.
exchange [ikstʃéindʒ] ex〈서로〉+change〈바꾸다〉=substitute	명 교환 동 교환하다	Jim **exchanged** an apple for a banana. 짐은 사과를 바나나와 바꿨다.

▪ 공통어미〈ank〉로 구성되는 단어

rank
[ræŋk]
자음r+ank=grade, estate, class

(명) 열, 지위, 계급

He is a man of high **rank**.
그는 신분이 높은 사람이다.

blank
[blæŋk]
자음bl+ank=vacant, empty

(명) 여백
(형) 백지의, 공백의

The death of her husband left a big **blank** in her life.
남편의 죽음은 그녀의 삶에 큰 공허를 남겼다.

frank
[fræŋk]
자음fr+ank=honest, candid, sincere

(형) 솔직한, 숨김없는

I want to hear your **frank** opinion.
나는 너의 솔직한 의견을 듣고 싶다.

memo

■ 공통어미⟨ant⟩로 구성되는 단어

plant
[plænt]
자음pl+ant=sow

명 식물, 공장
동 심다, 뿌리다

They **planted** seeds in the field.
그들은 밭에 씨를 뿌렸다.

replant
[riplǽnt]
re(다시)+plant(심다)

동 옮겨 심다
이식하다

Rice transplantation is **replanting** of young rice plants.
모내기는 어린 벼의 이식이다.

transplant
[trænsplǽnt]
trans⟨옮겨⟩+plant⟨심다⟩

동 옮겨 심다
~을 이식하다

Some seedlings do not **transplant** well.
어떤 묘목은 이식이 잘 안된다.

chant
[ʧænt]
자음ch+ant=singing

명 노래, 찬송가
동 노래(찬송)하다

A hymn was **chanted** in chorus.
찬송가가 합창으로 불려졌다.

enchant
[inʧǽnt]
en+chant=charm

동 황홀케 하다
매혹시키다

My mother's friend **enchanted** us with her stories.
어머니의 친구는 그녀의 이야기로 우리를 매혹시켰다.

instant
[ínstənt]
in+stant=moment

형 즉석의, 즉각적인

Instant coffee is easy to make.
인스턴드 커피는 끓이기 쉽다.

constant
[kánstənt]
con+stant=unchanged

형 불변의, 끊임없는
부단한

We have to keep a **constant** temperature.
우리는 온도를 일정하게 유지하지 않으면 안된다.

warrant
[wɔ́ːrənt]
guarantee

명 보증
동 보증하다

The old car doesn't **warrant** a new engine.
그 중고차는 엔진이 새것이라는 근거가 없다.

restaurant
[réstərənt]

명 식당, 레스토랑

This is our favorite **restaurant**.
이곳은 우리 단골 음식점이다.

■ 공통어미〈ap〉로 구성되는 단어

nap
[næp]
명 선잠, 낮잠
동 잠깐 졸다
Napoleon used to take a **nap** on the horse back.
나폴레옹은 말 위에서 선잠을 자곤 했다.

clap
[klæp]
동 (손뼉을)치다
They all stood up and **clapped** hands.
그들은 모두 일어나서 박수를 쳤다.

slap
[slæp]
동 찰싹 때리다
탁 놓다
He **slapped** me on the face.
그는 내 얼굴을 찰싹 때렸다.

snap
[snæp]
명 딱(툭)하는 소리
동 딱(툭)소리 내다
The branch **snapped** off.
가지가 뚝 부러졌다.

trap
[træp]
명 덫, 함정, 발판
동 덫을 놓다
We caught a mouse in a **trap**.
우리는 덫으로 쥐를 잡았다.

자음tr+ap=clevicece for catching animals

strap
[stræp]
명 가죽 끈
동 가죽 손잡이
There were several **straps** in the electric car.
전기자동차에는 여러 개의 가죽 손잡이가 있다.

wrap
[ræp]
동 싸다, 포장하다
She **wrapped** her baby in a blanket.
그녀는 자기 아기를 모포로 감쌌다.

자음wr+ap=cover, protect

■ 공통어미〈ape〉로 연상되는 단어

shape
[ʃeip]
명 모양, 형태, 형
There were clouds of different **shapes**.
여러 가지 모양의 구름이 떠올랐다.

자음sh+ape=form, appearance

scrape
[skreip]
동 긁다, 긁어내다
He **scraped** the paint off the house.
그는 집의 페인트를 긁어 벗겼다.

landscape
[lændskéip]
명 풍경, 풍경화
He is a **landscape** artist.
그는 풍경화가 이다.

■ 공통어미〈ard〉로 구성되는 단어

hard
[ha:rd]
자음h+ard=difficult, tough, diligent

형 어려운, 곤란한
근면한

This is as **hard** as strone.
이것은 돌처럼 단단하다.

guard
[ga:rd]
자음gu+ard=protect, defend

명 위병, 보초
동 지키다, 경호하다

Two **guards** watched the gate of the house.
두 사람의 경비원이 그 집의 문을 지켰다.

discard
[diská:rd]
dis〈away〉+card=reject

동 버리다, 포기하다

Father repaired the toy that I had **discarded**.
아버지는 내가 버렸던 장난감을 고치셨다.

regard
[rigá:rd]
re〈뒤에서〉+gard〈지켜보다〉=consider

명 관심, 고려
동 간주(고려)하다

He seldom **regards** my suggestions.
그는 나의 제안을 전혀 고려하지 않는다.

awkward
[ɔ́:kwərd]
awk+ward=clumsy

형 거북한, 곤란한
난처한, 서투른

He is **awkward** in his movements.
그는 움직임이 어설프다.

reward
[riwɔ́:rd]
re〈~한 후에〉+ward〈보답으로 주다〉 반 punish

명 보상, 현상금
동 보답(보상)하다

He received considerable financial **reward**.
그는 상당한 경제적인 보상을 받았다.

coward
[káuərd]
반 hero

명 겁쟁이
형 겁 많은

He is a **coward**.
그는 비겁한 사람이다.

award
[əwɔ́:rd]
a〈~에게〉+ward〈주다〉=reward, prize

명 상품
동 수여하다, 주다

A gold medal was **awarded** to the winner.
금메달이 우승자에게 주어졌다.

standard
[stǽndərd]
stand〈받침이〉+ard〈되는 것〉=model, example

명 표준, 모범, 깃발
형 표준의, 모범적인

They fought under the **standard** of freedom.
그들은 자유의 깃발 아래 싸웠다.

hazard
[hǽzərd]
유 risk, danger

명 위험, 모험
동 위태롭게 하다

They found many fire **hazards** in the plant.
그들은 공장내에 화재 위험요소가 많다는 것을 발견했다.

wizard
[wízərd]
유 magician

명 마법사, 요술쟁이

You have successfully completed the Digital
Signature **Wizard**.
디지털 서명 마법사를 성공적으로 완료했습니다.

lizard
[lízərd]

명 도마뱀

Have you ever seen a **lizard**?
너는 도마뱀을 본 적이 있니?

■ 공통어미〈are〉로 구성되는 단어

bare
[bɛər]
자음b+are=barren, empty

형 벌거벗은, 텅빈

The room was **bare**.
그 방은 텅 비어 있었다.

care
[kɛər]
자음c+are=anxiety, caution

명 돌봄, 걱정, 주의
동 마음 쓰다

She has a lot of **cares**.
그녀는 걱정거리가 많다.

dare
[dɛər]
자음d+are=risk, challenge

동 감히 ~하다
~할 용기가 있다

The soldier was decorated for **daring** acts.
그 군인은 대담한 행동으로 훈장을 받았다.

fare
[fɛər]
자음f+are=passenger

명 요금, 운임, 승객

What's the **fare** to New York?
뉴욕까지의 요금은 얼마입니까?

rare
[rɛər]
자음r+are=uncommon, unusual

형 드문, 희귀한

It is **rare** that she visits her aunt.
그녀가 숙모를 방문하기란 드문 일이다.

share
[ʃɛər]
자음sh+are=divide, participate

명 몫, 분담, 주식
동 분배(분담)하다

Anyone who does his work can **share** in the rewards.
그의 일을 하는 사람은 누구나 보답을 함께 나누게 된다.

scare
[skɛər]
자음sc+are=dismay, astound

동 위협하다
놀라게하다

The children were **scared** and ran away.
아이들은 무서워서 달아났다.

snare
[snɛər]
자음sn+are=capture, grasp, catch

명 덫, 올가미, 함정
동 유혹하다

The rabbit's leg was caught in the **snare**.
토끼의 다리가 덫에 걸렸다.

ware
[wɛər]
자음w+are=goods

명 상품, 도자기

Our **ware**house is near the harbor.
우리 창고는 항구 가까이 있다.

square
[skwɛər]
자음squ+are 반 round

형 정사각형, 광장

They went to see Times **square** yesterday.
그들은 어제 타임스광장을 보러갔다.

spare
[spɛər]
자음sp+are= 반 waste

- 명 여분
- 형 여분의
- 동 절약하다

Spare the rod spoil the child.
매를 아끼면 아이를 망친다.

stare
[stɛər]
자음st+are=gaze

- 동 응시하다
- 뚫어지게보다

He **stared** her up and down.
그는 그녀를 빤히 위아래로 훑어 보았다.

welfare
[wélfɛər]
wel〈잘〉+fare〈지내는 것〉

- 명 복지, 후생

The discovery contributed much to the **welfare** of public humanity.
그 발견은 인류복지에 큰 공헌을 했다.

warfare
[wɔ́ːrfɛər]
wel〈전쟁〉+fare〈상태〉

- 명 전투행위, 전쟁
- 교전상태

A mere incident may cause international **warfare**.
단순한 사건이라도 국제 전쟁의 원인이 될 수 있다.

aware
[əwéər]
a〈완전히〉+ware〈보고 있는〉 반 ignorant

- 형 ~을 알고, 깨닫고

I was well **aware** that there was danger ahead.
나는 앞에 위험이 있다는 것을 잘 알고 있었다.

beware
[biwéər]
be〈~을〉+ware〈지켜보다〉=take care

- 동 주의(조심)하다

You must **beware** of strangers.
낯선 사람을 조심해야 한다.

compare
[kəmpéər]
com〈함께〉+pare〈놓고보다〉

- 동 비교하다, 대조하다

Compare your translation with the model translation.
모범해석과 너의 해석을 비교해 보아라.

prepare
[pripéər]
pre〈미리〉+pare〈준비해놓다〉=get ready

- 동 준비하다, 각오하다

Make **preparation** for the journey.
여행을 준비하라.

declare
[diklέər]
de〈완전히〉+clare〈밝히다〉=announce

- 동 선언하다, 포고하다

The heavens **declare** the glory of God.
하늘이 하느님의 영광을 나타내도다.

nightmare
[náitmɛər]

- 명 악몽

The dream I had yesterday was a **nightmare**.
어제 악몽을 꾸었다.

memo

■ 공통어미〈arge〉로 구성되는 단어

large
[la:rdʒ]
자음l+arge=wide, broad, vast

형 큰, 넓은, 다량의

Seoul has **large** population.
서울은 인구가 많다.

charge
[tʃa:rdʒ]
자음ch+arge=command, blame

명 요금, 책임, 명령
동 책임을 지우다
청구하다

He was **charged** for driving without a license.
그는 무면허 운전으로 고발 당했다.

discharge
[distʃá:rdʒ]
dis〈반대〉+charge〈짐을 지우다〉=release

동 수행(면제)하다
석방(해방)하다

He was **discharged** from jail yesterday.
그는 어제 교도소에서 석방 되었다.

enlarge
[inlá:rdʒ]
en〈만들다〉+large〈크게〉=expand

동 증대하다(시키다)
확대하다

I would like to have this picture **enlarged**.
나는 이 사진을 확대하고 싶다.

■ 공통어미〈ark〉로 구성되는 단어

bark
[ba:rk]
자음b+ark=the rough covering of tree

명 (나무의)껍질
동 (개, 여우가)짖다

That dog **barks** from morning till night.
저 개는 온종일 짖어댄다.

spark
[spa:rk]
자음sp+ark

명 불꽃, 불똥, 섬광

Sparks flew from the burning house.
타고 있는 집에서 불꽃이 튀었다.

park
[pa:rk]
자음p+ark=a public place with trees

명 공원, 주차장
동 주차하다

He **parked** his car in front of the library.
그는 자기 차를 도서관 앞에 주차시켰다.

remark
[rimá:rk]
유 state, mention

동 말하다, 주목하다
진술하다

He is **remarkable** for his generosity.
그는 놀랍도록 관대하다.

embark
[imbá:rk]
유 board, depart

동 배를 타다
탑승하다, 출항하다

The soldiers **embarked** for malta.
군인들은 말타행의 배를 탔다.

■ 공통어미〈arm〉로 구성되는 단어

arm
[a:rm]
arm=weapon, equip

명 팔, 무기
동 무장하다

We have the **arms** we need to fight.
우리는 싸우는데 필요한 무기를 가지고 있다.

harm
[ha:rm]
자음h+arm=hurt, mischief

명 해, 손해
동 해치다

The flood did much **harm** to the rice crop.
홍수는 벼농사에 큰 해를 끼쳤다.

charm
[tʃa:rm]
자음ch+arm=lure, enchant

명 매혹, 매력
동 매혹하다

He was **charmed** by her beauty.
그는 그녀의 아름다움에 매혹되었다.

alarm
[əlá:rm]
al+arm=dismay, fright

명 놀람, 경보
동 경보를 울리다

The fire **alarm** could be heard two miles away.
화재경보는 2마일 떨어진 곳에서도 들을 수 있었다.

warm
[wɔ:rm]
자음w+arm=hearty

부 따뜻하게
형 따뜻한
동 따뜻하다

It is getting **warmer** day by day.
나날이 따뜻해지고 있다.

swarm
[swɔ:rm]
자음sw+arm=crowd, throng

명 떼, 군중

He was chased by a **swarm** of bees.
그는 벌떼에 쫓겼다.

■ 공통어미〈art〉로 구성되는 단어

part
[pa:rt]
자음p+art=sever, separate

명 부분, 역할
동 헤어지다

He played a very important **part** in the work.
그는 그 일에서 아주 중요한 역할을 했다.

smart
[sma:rt]
자음sm+art=clever, bright

형 재치 있는, 멋진
영리한

They are very **smart** and hard working.
그들은 매우 영리하고 근면했다.

start
[sta:rt]
자음st+art=begin, initiate

동 출발하다, 떠나다
시작하다

The fire **started** near his house.
불은 그의 집 근처에서 일어났다.

depart
[dipá:rt]
de〈멀리〉+part〈떨어지다〉=start, leave

동 출발하다, 떠나다

She lives **depart** from her family.
그녀는 가족과 떨어져 산다.

■ 공통어미〈arve〉로 구성되는 단어

carve
[ka:rv]
자음c+arve=cut, shape

(동) 새기다, 파다
조각하다

He **carved** his name on the tree.
그는 나무에 자기의 이름을 새겼다.

starve
[sta:rv]
자음st+arve=hunger, famine

(동) 굶어죽다, 굶주리다

He **starved** to death.
그는 굶어 죽었다.

■ 공통어미〈ary〉로 구성되는 단어

vary
[vέəri]
=change, alter

(동) 변하다, 변경하다

The temperature **varies** hour by hour.
기온이 시시각각으로 변한다.

summary
[sʌ́məri]
(유) brief

(명) 요약
(형) 요약한
(동) 요약하다

Please let me have a **summary** of the book.
그 책의 개요를 써서 내게 주시오.

contrary
[kántreri]
contr〈반대〉+ary〈의〉 (형)

(명) 반대
(형) 반대의

The **contrary** of "right" is "left".
오른쪽의 반대는 왼쪽이다.

solitary
[sálətèri]
solit〈혼자〉+ary〈있는〉 (형) =lonely

(형) 고독한, 외로운
혼자의

He is a rather **solitary** young man.
그는 상당히 고독한 젊은이이다.

military
[mílitèri]
milit〈군대〉+ary〈의〉 (형)

(형) 군대의, 육군의

My son is in **military** service.
나의 아들은 군에 복무 하고 있다.

sanitary
[sǽnətèri]
sanit〈위생〉+ary〈의〉 (형)

(형) 위생의, 보건상의

The gas stations along the road has **sanitary** wash rooms.
길가의 주유소들은 위생적인 화장실이 있다.

ordinary
[ɔ́:rdənèri]
ordin〈원래순서〉+ary〈의〉 (형) =normal

(형) 보통의, 평범한

Is this your **ordinary** lunch?
이것이 너가 늘 먹던 점심이니?

voluntary
[váləntèri]
volunt〈의지에〉+ary〈의한〉 (반) involuntary

(형) 자발적인

He made a **voluntary** statement to the police.
그는 자진하여 경찰에서 진술했다.

monetary
[mánətèri]
monet〈돈〉+ary〈의〉 형

형 화폐의, 금융의
금전의

IMF means International **monetary** Fund.
IMF는 국제통화기금을 뜻한다.

temporary
[témpərèri]
tempor〈짧은 시간〉+ary〈의〉 형, 반 permanent

형 일시의, 한때의
짧은 시간의

Students often find **temporary** jobs during their summer vacation.
학생들은 종종 여름방학에 임시직을 구한다.

contemporary
[kəntémpərèri]
com〈같은〉+tempor〈시간〉+ary〈의〉 형

명 같은시대의 사람
형 현대의, 당대의

Beethoven was **contemporary** with Napoleon.
베토벤은 나폴레옹과 동시대사람이었다.

necessary
[nésəsèri]
necess〈필요〉+ary〈의한〉 반 unnecessary

형 필요한, 불가피한

Sleep is **necessary** for health.
수면은 건강을 위해 필요하다.

vocabulary
[voukǽbjulèri]
vocabul〈word〉+ary

명 어휘, 용어수

Physicians have their own **vocabulary**.
의사는 그들 특유의 용어가 있다.

literary
[lítərèri]
liter〈문학〉+ary〈의〉

형 문학의, 문학적인

He is well known among **literary** people.
그는 문인들 사이에 잘 알려져 있다.

anniversary
[ӕnəvə́:rsəri]
anni〈일년마다〉+verse〈도는〉+ary〈것〉

명 주년, 기념일

Today is the 18th anniversary of my birth.
오늘은 나의 18번째 생일이다.

extraordinary
[ikstrɔ́:rdənèri]
extra〈벗어난〉+ordin〈순서〉+ary〈의〉 형 =unusual, peculiar

형 비상한, 비범한
보통이 아닌

What an extraordinary hat!
참 이상한 모자로구나!

Track 07

■ 공통어미〈ase〉로 구성되는 단어

base
[beis]
자음b+ase=bottom, foundation

명 기초, 근거, 기지

His story is **based** on facts.
그의 이야기는 사실에 근거한다.

case
[keis]
자음c+ase=instance, condition

명 경우, 사정, 사건

The detective were investigating a **case** of murder.
형사들은 살인 사건을 조사 중이었다.

vase
[veis]
자음v+ase=a jar of potery

명 꽃병

Put a white carnation in the **vase**.
꽃병에 흰 카네이션을 꽂아라.

chase
[tʃeis]
자음ch+ase=pursue, follow

동 추적하다
쫓아내다

Joy **chased** all fear from her mind.
기쁨이 그녀의 마음에서 공포를 쫓아냈다.

phase
[feiz]
자음ph+ase=stage, view, condition

명 국면, 양상, 현상
단계

What shall we do during this **phase**?
이 국면에서 어찌해야 좋을까?

phrase
[freiz]
자음phr+ase=word, expression

명 숙어, 구

Mr. Lee spoke to pupils in simple **phrase**.
이 선생님은 학생들에게 간단한 어구로 말씀하셨다.

debase
[dibéis]
de〈밑으로〉+base〈내려가다〉=lower, degrade

동 (가치를)떨어뜨리다

The opposite of '**debase**' is 'improve'.
가치를 '떨어뜨리다' 의 반대는 '향상시키다' 이다.

purchase
[pə́ːrtʃəs]
유 buy, shopping

명 구입, 매입
동 사다, 구입하다

We **purchased** a lot of coal for the winter.
우리는 겨울에 쓸 석탄을 많이 샀다.

■ 공통어미〈ass〉로 구성되는 단어

bass
[beis]
자음b+ass

명 저음악기(가수)

Bass is a musical instrument that produces very low notes.
베이스는 낮은 소리를 내는 악기이다.

mass
[mæs]
뎡 덩어리, 무리
집단, 대중
자음m+ass=society, association

He is popular among the **masses**.
그는 대중들 사이에 인기가 있다.

pass
[pæs]
동 합격하다
지나가다, 건네주다
뎡 산길, 고개
자음p+ass=proceed

Jack **passed** the examination.
잭은 그 시험에 합격했다.

class
[klæs]
뎡 종류, 등급, 수업
동 분류하다
cl+ass=divide

Eggs are **classified** according to size.
달걀들은 크기에 따라 분류된다.

surpass
[sərpǽs]
동 ~보다 뛰어나다
우월하다
sur〈위로〉+pass〈통과하다〉=exceed, excel

She **surpassed** her sister in intelligence.
그녀는 지성에 있어서 그녀의 언니보다 뛰어나다.

trespass
[tréspəs]
뎡 침입, 침해
동 침입하다
tres〈가로질러〉+pass〈통과하다〉

I am sorry to **trespass** on your time.
폐를 끼쳐 죄송합니다.

embarrass
[imbǽrəs]
동 난처하게 하다
어리둥절하게 하다
em〈안에〉+bar〈막대를〉+rass〈놓다〉=confuse

The boy **embarrassed** his mother with question.
그 소년은 질문으로 자기 어머니를 당황하게 했다.

■ 공통어미〈ast〉로 구성되는 단어

cast
[kæst]
동 던지다, 배역하다
주조하다
자음c+ast=throw, pitch

Jim **cast** fishing line into the water.
짐은 낚시 줄을 물속에 던졌다.

fast
[fæst]
부 단단히, 굳게
형 빠른
동 단식하다
자음f+ast=quick, swift

When the father came back, the children were **fast** asleep.
아버지가 돌아오셨을 때, 아이들은 깊이 잠들어 있었다.

last
[læst]
형 마지막의, 최후의
동 계속(지속)하다
자음l+ast=final, ultimate

How long will this fine weather **last**?
이 좋은 날씨는 얼마나 지속될까?

vast
[væst]
형 광대한, 막대한
거대한
자음v+ast=wide, enormous

The **vast** plains stretch for 600 miles.
광대한 평야는 600마일이나 뻗어 있다.

contrast
[kəntrǽst]
뎡 대조, 대비
동 대조하다, 대비시키다
contra〈서로 마주〉+st〈서다〉=compare

What a **contrast** between them!
두 사람은 정 반대로구나!

forecast
[fɔ́ːrkæst]
fore〈미리〉+cast〈던지다〉=predict

동 예상(예보)하다

The weather man **forecast** it will rain tomorrow.
예보관은 내일 비가 올 것이라고 예상했다.

broadcast
[brɔ́ːdkæst]
broad〈널리〉+cast〈던지다〉

명 방송
동 방송하다

The special election **broadcast** will be on the local station at 8 tonight.
특별 선거방송은 지역 방송국에서 오늘밤 8시에 나온다.

steadfast
[stedfǽst]
=inflexible

형 확고한, 불변의

He was **steadfast** to his principles.
그는 끝까지 그의 원칙으로 일관했다.

dynast
[dáinæst]
dynasty 명 왕조, 왕가

명 왕조의 군주
통치자

The Joseon **Dynasty** was founded in 1392.
조선왕조는 1392년에 세워졌다.

■ 공통어미〈aste〉로 구성되는 단어

baste
[beist]
자음b+aste

동 양념을 치다
가봉하다

Mother **basted** the Galbi with bulgogi spices.
어머니는 갈비에 불고기 양념장을 치셨다.

haste
[heist]
자음h+aste=speed, hurry

명 급함, 서두름
신속

Haste makes waste.
서두르면 일을 망친다.

taste
[teist]
자음t+aste=savor, flavor

명 맛, 취미, 기호
동 맛보다, 경험하다

Have you ever **tasted** whale meat?
고래 고기를 먹어 본 적이 있니?

waste
[weist]
자음w+aste=consume

형 황폐한
동 낭비하다

I have **wasted** a lot of money of that useless car.
저 쓸모없는 차에 나는 많은 돈을 허비했다.

chaste
[tʃeist]
자음ch+aste=clear, innocent

형 순결한, 순수한

All nuns are supposed to be **chaste**.
모든 수녀는 순결하다고 생각한다.

■ 공통어미〈at〉로 구성되는 단어

pat
[pæt]
자음p+at=to touch lightly

동 가볍게 두드리다

He **patted** me on the back when he walked past me.
그는 지나가면서 내 등을 가볍게 쳤다.

chat
[tʃæt]
자음ch+at=talk, conversantion

명 환담, 잡담

I had a pleasant **chat** with them.
나는 그들과 유쾌한 잡담을 했다.

flat
[flæt]
자음fl+at=even, smooth

형 평탄한, 평평한
솔직한, 단순한

The top of a table is **flat**.
테이블 윗면은 평평하다.

combat
[kámbæt]
com〈함께〉+bat〈치다〉=battle, fight

명 전투, 격투
동 전투하다

The two knights were locked in mortal **combat**.
두 기사는 맞붙어서 생사를 걸고 싸웠다.

automat
[ɔ́:təmæt]
auto〈자동〉+mat

명 자동판매기

Every train is equipped with **automatic** brakes.
기차마다 자동 제어장치가 되어 있다.

diplomat
[dípləmæt]

명 외교관, 외교가

He resides in Canada as a **diplomat**.
그는 외교관으로 캐나다에 주재한다.

aristocrat
[ərístəkræt]
aristo+crat

명 귀족
귀족(정체)론자

An **aristocrat** is a person of noble birth.
귀족이란 고귀한 집안에서 태어난 사람을 말한다.

democrat
[déməkræt]
demo〈people〉+〈crat〉

명 민주주의자
민주주의 옹호자

Democrat means a person who supports democracy.
민주주의 옹호자는 민주주의를 지지하는 사람을 말한다.

■ 공통어미⟨atch⟩로 구성되는 단어

hatch
[hætʃ]
자음h+atch=breed, incubate

(명) 부화
(동) 부화하다, 고안하다

Chickens will be **hatched** in three weeks.
3주면 병아리가 부화된다.

match
[mætʃ]
자음m+atch=resemble, contest

(명) 성냥, 호적수
(동) ~에 필적하다
어울리다

No one can **match** him.
아무도 그를 당해 낼 수 없다.

scratch
[skrætʃ]
자음scr+atch=scrape, scar

(동) 할퀴다, 긁다

He **scratched** his head when a girl gazed.
한 소녀가 그를 뚫어지게 바라보자 그는 머리를 긁었다.

snatch
[snætʃ]
자음sn+atch=grasp, seize

(동) 잡아채다
강탈하다, 움켜쥐다

He is **snatched** the letter out of my hand.
그는 내 손에서 편지를 낚아챘다.

dispatch
[dispǽtʃ]
dis⟨따로⟩+patch⟨보내다⟩=send

(명) 급파, 급송
(동) 급파하다

They immediately **dispatched** rescue parties.
그들은 구조대를 즉시 파견했다.

watch
[watʃ]
자음w+atch=guard, inspect

(명) 시계, 주의, 경계
(동) 지켜보다

He **watched** a baseball game on TV.
그는 TV로 야구경기를 보았다.

■ 공통어미⟨ate⟩로 구성되는 단어

date
[deit]
자음d+ate=appointment

(명) 날짜, 데이트
(동) ~부터 시작되다

This custom **dates** from before the war.
이 습관은 전쟁 전부터 시작된 것이다.

fate
[feit]
자음f+ate=doom, fortune

(명) 운명, 숙명, 운

It was his **fate** to die young.
요절은 그의 운명이었다.

hate
[heit]
자음h+ate=abhor, detest

(동) 미워하다, 증오하다

I **hate** driving when it rains.
비가 올 때 나는 운전하기를 싫어한다.

rate
[reit]
자음r+ate=estimate, evaluate
- 명 등급, 비율, 요금
- 동 평가하다

He **rates** high in my estimation.
그는 나를 높이 평가하고 있다.

state
[steit]
자음st+ate=nation, situation
- 명 국가, 상태, 신분
- 동 말하다, 진술하다

The patient is in a critical **state**.
그 환자는 위독한 상태이다.

relate
[riléit]
=connect
- 동 관련시키다
- 이야기하다

They tried to **relate** the two incidents.
그들은 그 두 사건을 관련지으려고 애썼다.

debate
[dibéit]
de〈완전히〉+bate〈말로치다〉=discuss
- 명 토의, 논쟁
- 동 토의(논쟁)하다

We are **debating** where to go.
우리는 어디로 가야할지 토론중이다.

advocate
[ǽdvəkèit]
유 support, recommend
- 동 옹호(지지)하다
- 변호하다

Most people **advocate** a reduction of tax.
대부분 사람들은 세금 감소를 지지한다.

educate
[édʒukèit]
e〈밖으로〉+duc〈이끌어〉+ate〈내다〉=instruct
- 동 교육하다

Tom was **educated** at this school.
탐은 이 학교에서 교육을 받았다.

indicate
[índikèit]
유 show, reveal
- 동 지시(암시)하다
- 가리키다, 나타내다

He **indicated** the opposite building.
그는 맞은편 건물을 가리켰다.

dedicate
[dédikèit]
유 devote
- 동 봉납하다, 바치다

All the money will be **dedicated** to the church.
모든 돈이 교회에 헌납될 것이다.

implicate
[ímplikèit]
유 involve
- 동 관련시키다
- (범죄)에 휩쓸리게 하다

He was **implicated** in a plot.
그는 음모에 연루 되었다.

duplicate
[djú:plikət]
유 copy, reproduce
- 동 복사하다
- 같은 일을 하다

This robot can **duplicate** human movements.
이 로봇은 인간의 움직임을 그대로 따라 할 수 있다.

communicate
[kəmjú:nəkèit]
유 inform
- 동 전달(통신)하다
- 알리다

The speaker **communicated** his ideas very clearly.
그 연설자는 그의 생각을 아주 명료하게 전달했다.

intoxicate
[intάksikèit]
- 동 취하게 하다
- 중독 시키다

He is **intoxicated** with pleasure.
그는 쾌락에 도취해있다.

accommodate
[əkámədèit]
- 동 수용하다
  편의를 도모하다

There are enough rooms to **accommodate** all people.
모든 사람을 수용할 만한 충분한 방이 있다.

delegate
[déligət]
유 representative
- 동 대표로 파견하다
- 명 대표, 대리자

Our **delegate** has not arrived yet.
우리의 대표는 아직 도착하지 않았다.

navigate
[nǽvəgèit]
- 동 항해하다

Who first **navigated** the Atlantic?
누가 최초로 대서양을 항해했습니까?

investigate
[invéstəgèit]
유 search
- 동 조사(연구)하다

The police **investigated** the cause of the accident.
경찰은 그 사고의 원인을 조사했다.

irrigate
[írəgèit]
- 동 관개하다, 물을 대다

They have built canals to **irrigate** the desert.
그들은 사막에 물을 대기위해 그들은 수로를 건설했다.

relate
[riléit]
유 narrate
- 동 이야기 하다
  관계(관련)시키다

Strange to **relate**, I love you.
이상한 말이지만, 난 널 사랑해.

isolate
[áisəlèit]
유 separate
- 동 고립(격리)시키다

The nation is **isolated** by the mountains.
그 나라는 산맥에 의해 고립되어져 있다.

violate
[váiəlèit]
=break, disobey
- 동 법을 어기다
  위반하다

The youth of today **violate** the speed limit.
요즘의 청년들은 속도제한을 위반한다.

circulate
[sə́:rkjulèit]
=go round
- 동 순환(유통)하다
  돌다

The blood **circulates** through the body.
피는 몸 전체를 통해 순환한다.

regulate
[régjulèit]
유 control
- 동 규정(통제)하다
  조절하다

Private schools **regulate** the behavior of students.
사립학교는 학생들의 품행을 규제한다.

calculate
[kǽlkjulèit]
유 count, compute
- 동 계산하다, 추정하다

He **calculated** the cost of heating.
그는 난방비를 계산했다.

annihilate
[ənáiəlèit]
=destroy
- 동 전멸(근절)시키다

We **annihilated** the visiting team.
우리는 원정팀을 완패시켰다.

assimilate [əsíməlèit] 윤 absorb	동 동화하다, 흡수하다	A bright student **assimilates** knowledge rapidly. 총명한 학생은 지식을 더 빨리 흡수한다.
congratulate [kəngrǽtʃulèit]	동 축하하다	We **congratulated** him on his success. 우리는 그의 성공을 축하했다.
ventilate [véntəlèit]	동 환기시키다	We must **ventilate** our rooms. 우리는 방을 환기시켜야 한다.
legislate [lédʒislèit]	동 법률을 제정하다	Congress **legislated** for preservation of nature. 미국국회는 자연보호에 관한 법률을 제정했다.
speculate [spékjulèit] 윤 consider, imagine	동 사색하다	He is **speculating** on the origin of the universe. 그는 우주의 기원에 대해 사색하고 있다.
simulate [símjulèit] 윤 mimic, imitate	동 흉내 내다 모의실험하다	They **simulated** space travel by a computer. 그들은 컴퓨터로 우주여행을 모의 실험했다.
accumulate [əkjú:mjulèit] 윤 gather, collect	동 모으다, 축적하다	He **accumulated** vast wealth. 그는 큰 재산을 축적했다.
contemplate [kàntəmplèit] 윤 consider, imagine	동 고려하다, 생각하다 계획하다	He **contemplates** buying a small house in the surburbs. 그는 교외에 자그마한 집을 사려고 계획하고 있다.
animate [ǽnəmèit] 윤 stimulate	동 활기를 주다 고무하다	Susan is a happy, **animated** lady. 수잔은 쾌활하고 생기발랄한 여자다.
estimate [éstəmèit] 윤 calculate	동 평가하다, 어림잡다	I **estimated** her age to be thirteen. 나는 그녀의 나이를 13세로 추정했다.
dominate [dàmənèit] 윤 control, manage	동 통치(지배)하다	The strong usually **dominate** the weak. 보통 강자가 약자를 지배한다.
fascinate [fǽsənèit] 윤 charm, enchant	동 황홀케 하다 매혹하다	The music **fascinated** everyone there. 그 음악은 거기에 있던 모든 사람을 황홀하게 했다.

Track 09

■ 공통어미〈ate〉로 구성되는 단어

eliminate
[ilímənèit]
유 expel, remove

동 제거(배제)하다
몰아내다

Eliminate all the unnecessary words from your essay.
네 작문에서 모든 불필요한 낱말들을 삭제하거라.

---

contaminate
[kəntǽmənèit]
유 corrupt, pollute

동 오염시키다
더럽히다

Flies **contaminate** food.
파리는 음식을 오염시킨다.

---

discriminate
[diskrímənèit]
유 distinguish

동 구별하다, 차별대우하다

You should not **discriminate** against any race or creed.
어떤 인종이나 신조에 대해서 차별대우를 해서는 안된다.

---

terminate
[tə́:rmənèit]
유 finish, complete

동 끝내다, 끝나다

The meeting **terminated** at 10 o'clock.
그 회합은 10시에 끝났다.

---

illuminate
[ilú:mənèit]
유 enlighten

동 비추다, 계몽하다

The display was **illuminated** on all sides.
전시품은 사방에서 조명을 받고 있었다.

---

alternate
[ɔ́:ltərnat]
유 interchange, rotate

동 번갈아 하다, 교차하다
교체하다
형 번갈아 하는, 교대의

My moods **alternated** between happiness and gloom.
나의 마음은 행복과 우울함을 교차하고 있다.

---

designate
[dézignèit]
유 indicate, manifest

동 지명하다, 나타내다

People **designated** him the mayor of their city.
사람들은 그를 도시의 시장으로 임명했다.

---

participate
[pa:rtísəpèit]
유 join, partake

동 참가(관여)하다
관계하다

We are going to **participate** in the experiments.
우리는 그 실험에 참여할 예정이다.

---

anticipate
[æntísəpèit]
유 expect, foresee

동 예상(예감)하다
내다보다

I didn't **anticipate** a refusal.
나는 거절하리라고는 짐작하지 못하였다.

---

operate
[ápərèit]
유 work

동 작동(일)하다
수술하다

I know how to **operate** the machine.
나는 그 기계를 작동하는 방법을 안다.

cooperate [kouápərèit] 유 unite, combine	동 협력(협동)하다	If we all **cooperate**, we will be able to finish the work soon. 만약 우리 모두 협력한다면, 우리는 그 일을 곧 끝낼 수 있을 것이다.
generate [dʒénərèit] 유 produce	동 낳다, 발생시키다	Misery often **generates** crime. 빈곤은 종종 범죄를 일으킨다.
liberate [líbərèit] 유 release, deliver	동 해방(석방)하다	The judge **liberated** all political prisoners. 그 판사는 모든 정치범들을 석방했다.
accelerate [æksélərèit] 유 hurry, quicken	동 가속(촉진)하다 빨라지다	The sun **accelerates** the growth of plant. 태양은 식물의 성장을 촉진시킨다.
deliberate [dilíbərət] 유 contemplate	동 심사숙고하다	They are still **deliberating** the question. 그들은 아직도 그 문제를 심사숙고하고 있다.
exaggerate [igzædʒərèit] 유 overstate	동 과장하다, 허풍떨다 지나치게 강조하다	You cannot **exaggerate** the importance of health. 건강의 중요성은 아무리 강조해도 지나치지 않는다.
decorate [dékərèit] 유 adorn	동 꾸미다, 장식하다	The streets were **decorated** with flags. 그 거리는 깃발로 장식되어 있었다.
narrate [næreit] 유 tell, relate	동 말하다, 진술하다 이야기하다	The story is **narrated** by James. 그 이야기는 제임스가 나레이션을 맡는다.
separate [sépərèit] 유 divide, sever	동 분리시키다 헤어지다	He **separated** at the crossroads. 우리는 교차로에서 헤어졌다.
evaporate [ivæpərèit] 유 vanish, disappear	동 증발하다 증발시키다	The rainwater in the road soon **evaporates**. 도로의 빗물은 곧 증발한다.
celebrate [séləbrèit] 유 honor, praise	동 경축(찬양)하다	John is having a birthday **celebration** today. 존은 오늘 생일축하 파티를 연다.
demonstrate [démənstrèit] 유 show, explain	동 증명하다, 논증하다 설명하다	He **demonstrated** that the world is round. 그는 지구가 둥글다는 것을 증명했다.

emigrate [émigrèit]	동 (타국으로) 이주하다	His family **emigrated** from Korea to the United States. 그의 가족은 한국에서 미국으로 이주했다.
immigrate [íməgrèit]	동 (타국에서) 이민 오다	He **immigrated** to Korea at 5. 그는 5살 때 한국으로 이민왔다.
migrate [máigreit]	동 이주하다	He **migrated** from Korea to Canada. 그는 한국에서 캐나다로 이주했다.
consecrate [kánsəkrèit] 유 hallow, honor	동 봉헌하다, 바치다	He **consecrated** his life to church. 그는 교회를 위해 일생을 바쳤다.
frustrate [frʌstreit] 유 disappoint, defeat	동 좌절시키다	He was **frustrated** in his attempt to escape. 그의 탈출 시도는 좌절되었다.
penetrate [pénətrèit] 유 pierce, enter	동 꿰뚫다, 간파하다 ~을 돌파하다	The soldiers **penetrated** the enemy's defenses. 군인들은 적의 방어진을 돌파했다.
illustrate [íləstrèit] 유 show, demonstrate	동 예증(설명)하다	I am going to **illustrated** this with an example. 제가 이것을 예를 들어 설명하겠습니다.
concentrate [kánsəntrèit] 유 focus, center	동 집중하다 한점에 모이다	He **concentrated** upon his teacher's explanation. 그는 선생님의 설명에 주의를 집중했다.
compensate [kámpənsèit] 유 repay, recompense	동 배상하다, 갚다	They would not **compensate** to the villagers for the loss. 그들은 마을 사람들에게 손해를 보상하려 하지 않았다.
meditate [médətèit] =consider, contemplate	동 묵상하다, 숙고하다	He **meditated** on his experience. 그는 경험한 일을 곰곰이 생각해 보았다.
estate [istéit] 유 property	명 사유지, 재산 유산	His **estate** was left to his daughter. 그의 재산은 그의 딸에게 남겨졌다.
irritate [írətèit] 유 provoke, bother, annoy	동 화나게 하다 안달나게하다	Mosquitoes **irritate** people in summer. 모기는 여름에 사람을 짜증나게 한다.

48

imitate
[ímətèit]
유 copy, mimic

동 모방하다, 본받다

We must **imitate** the wise and good.
우리는 현명하고 선량한 사람을 본받아야 한다.

dictate
[díkteit]
유 order, command

동 받아쓰게 하다
명령하다

You would rather **dictate** the letter to your secretary.
너는 차라리 그 편지를 너의 비서에게 받아쓰게 하는 게 낫다.

innovate
[ínəvèit]

동 혁신하다, 쇄신하다

We must **innovate** everything to overcome the economy crisis.
우리는 경제위기를 극복하기 위해서 모든 것을 혁신해야 한다.

cultivate
[kʌ́ltəvèit]
유 farm, plant, grow

동 경작하다, 재배하다

They are **cultivating** many vegetables in that area.
그들은 그 지역에서 많은 채소를 재배하고 있다.

motivate
[móutəvèit]
유 stimulate

동 동기를 주다

The terror was **motivated** by a political purpose.
그 테러는 정치적 목적이 동기가 되었다.

elevate
[éləvèit]
유 raise, promote

동 들어 올리다

He was **elevated** to the rank of chairman.
그는 의장의 지위에 올려졌다.

create
[kriéit]
반 destroy

동 창조하다

God **created** the heaven and the earth.
하느님이 천지를 창조했다.

recreate
[ríkrièit]
유 entertain, amuse

동 기분전환하다
휴양하다

Recreation exercises our body.
레크레이션(휴양)은 우리 몸을 단련시킨다.

associate
[əsóusièit]
유 join, connect, unite

동 사귀다, 교제하다
어울리다

Don't **associate** with bad friends.
나쁜 친구와 사귀지 말아라.

negotiate
[nigóuʃièit]
=mediate

동 협상(협의)하다
교섭하다

The **negotiation** for unification is being continued.
통일을 위한 협상이 계속되고 있다.

graduate
[grædʒuət]
유 finish

동 졸업하다

He **graduated** from Yale.
그는 예일 대학을 졸업했다.

humiliate
[hju:mílièit]
유 shame, disgrace

동 욕보이다
창피를 주다

He felt utterly **humiliated**.
그는 완전히 창피를 주는 것을 느꼈다.

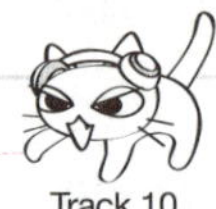

■ 공통어미〈ate〉로 구성되는 단어

abbreviate
[əbríːvièit]
유 lessen, shorten

동 생략(단축)하다

The name Susan is often **abbreviated** to Sue.
수잔은 종종 수라고 짧게 불린다.

---

appreciate
[əpríːʃièit]
유 recognize

동 감상(이해)하다
가치를 평가하다

They couldn't **appreciate** the value of the gems.
그들은 그 보석의 가치를 평가할 수 없었다.

---

evaluate
[ivǽljuèit]
=value

동 평가(견적)하다

It was so difficult to **evaluate** the value of the
ancient books.
그 고서적들의 가치를 평가하는 것은 너무 어려웠다.

---

initiate
[iníʃièit]
유 begin, originate

동 시작(착수)하다

I **initiated** a new studying program.
나는 새로운 학습 계획을 시작했다.

---

conciliate
[kənsílièit]
유 reconcile

동 달래다, 회유하다

His duty was to **conciliate** the people.
그의 의무는 사람들을 달래는 것이었다.

---

delicate
[délikət]
=beautiful

형 미묘한, 정교한
우아한

The ancient Chinese vase was fragile and **delicate**.
고대 중국 꽃병은 깨지기 쉽고 정교하다.

---

intricate
[íntrikət]
유 entangled 반 simple

형 뒤얽힌, 복잡한
얽히고설킨

The opposite of '**intricate**' is 'simple'.
'복잡한' 의 반대는 '간단한' 이다.

---

delegate
[déligət]
유 representative

명 대표자, 대리자

Our **delegate** has not arrived yet.
우리 대표자는 아직 도착하지 않았다.

---

intimate
[íntəmət]
유 close

형 친밀한, 친한

They have been **intimate** friends for years.
그들은 여러 해 동안 친한 친구였다.

---

ultimate
[ʌ́ltəmət]
유 final, lastest

형 최후의, 마지막의

We want an **ultimate** peace.
우리는 궁극적인 평화를 원한다.

---

climate
[kláimit]
명 기후, 풍토

The greenhouse effect causes the world **climate** to become warmer.
온실효과는 세계기후를 점점 뜨겁게 만든다.

legitimate
[lidʒítəmət]
형 법적인, 정당한
유 lawful, proper

The company intends to take **legitimate** action over this matter.
그 회사는 이 문제에 대하여 법적조치를 취하려 한다.

obstinate
[ábstənət]
형 완고한, 고집센
유 firm, stubborn

There was **obstinate** resistance to personal rights.
인권 침해에 대한 완강한 저항이 있었다.

literate
[lítərət]
형 교양있는, 박식한
유 learned, educated

The opposite of '**literate**' is 'illiterate'.
'교양이 있는' 의 반대는 '교양이 없는' 이다.

moderate
[mádərət]
형 절제하는, 알맞은
온건한
=not extreme

The price was **moderate**.
값은 (비싸지 않고) 알맞았다.

corporate
[kɔ́:rpərət]
명 법인
형 기업의, 법인의

The department is responsible for the only **corporate** customers.
그 부서는 법인 고객만을 담당하고 있다.

appropriate
[əpróupriət]
동 사용하다, 충당하다
형 적당한, 적합한
유 proper, suitable

This book is **appropriate** for children.
이 책은 어린이들에게 적합하다.

private
[práivət]
형 사유의, 개인소유의
유 personal, individual

I went to a **private** school.
나는 사립학교에 다녔다.

■ 공통어미〈ause〉로 구성되는 단어

cause
[kɔ:z]
명 원인
동 ~의 원인이 되다
자음c+ause=reason, motive

The fire was **caused** by a lighted cigarette.
그 화재는 담뱃불이 원인이었다.

pause
[pɔ:z]
명 중단, 중지
동 쉬다, 멈추다
자음p+ause=delay, hesitate

There was a **pause** in the conversation for some moments.
이야기가 잠시 동안 중단되었다.

clause
[klɔ:z]
명 (조약, 법률 등의)
조목, (문장의)절
자음cl+ause=paragraph

There is an exceptive **clause** in this contract.
이 계약서에는 예외조항이 있다.

applause
[əplɔ́:z]
동 applaud ~에게 박수 갈채하다

명 박수, 갈채, 칭찬

I **applaud** you for your decision.
그 결정은 잘 하셨습니다.

■ 공통어미〈ave〉로 구성되는 단어

cave
[keiv]
자음c+ave=cavern, hole

명 굴, 동굴
동 굴을 파다

The thieves carried the bags into the **cave**.
도둑들이 자루를 동굴로 가지고 들어갔다.

pave
[peiv]
자음p+ave=to cover a road with concrete

동 도로를 포장하다

We **paved** road with asphalt.
우리는 아스팔트로 도로를 포장했다.

save
[seiv]
자음s+ave=rescue, liberate

동 구하다, 저축하다
아끼다

In this life we get nothing **save** effort.
이 세상에서 노력하지 않고는 아무것도 얻을 수 없다.

wave
[weiv]
자음w+ave=ripple, surf

명 파도, 물결, 기복
동 요동시키다, 흔들다

He **waved** his hands to say goodbye.
그는 손을 흔들어 작별을 고했다.

grave
[greiv]
자음gr+ave=vital, important

명 무덤, 죽음, 묘지
형 중대한

His body was buried in a **grave** on the hill.
그의 시신은 언덕위의 묘지에 묻혔다.

brave
[breiv]
자음br+ave=bold, courageous

형 용감한

An eagle is one of the **bravest** birds.
독수리는 가장 용감한 새 중의 하나이다.

slave
[sleiv]
자음sl+ave=serf, bondservant

명 노예

They were taken to America as **salves**.
그들은 노예로 미국에 끌려갔다.

crave
[kreiv]
자음cr+ave=want, desire

동 열망하다
~을 필요로 하다

That little kitten **craves** affection.
그 어린 고양이는 애정을 갈망하고 있다.

behave
[bihéiv]
be+have=act

동 행동하다, 처신하다

He **behaved** himself like a gentleman.
그는 신사처럼 행동했다.

■ 공통어미〈aw〉로 구성되는 단어

law
[lɔ:]
자음l+aw=rule, regulation

명 법, 법률, 법칙

Have you learned about the **law** of gravity?
너는 중력의 법칙을 배웠느냐?

paw
[pɔ:]
자음p+aw=the foot of an animal

명 (개, 고양이등)발

A dog has four **paws**.
개는 발이 네 개있다.

raw
[rɔ:]
자음r+aw=uncooked

형 날것의, 미숙한

The lions in the zoo eat a lot of **raw** meat.
동물원의 사자는 많은 날고기를 먹는다.

draw
[drɔ́:]
자음dr+aw=pull, attract

동 그리다, 접근하다
끌다, 당기다

Draw a straight line with your pencil.
연필로 직선을 그어라.

flaw
[flɔ:]
자음fl+aw=fault, weakness

명 결점, 흠, 약점

This vase is perfect except for a few small **flaws** in its.
이 꽃병은 밑 부분에 몇 개의 흠을 제외하면 완전하다.

withdraw
[wiðdrɔ́:]
with〈뒤로〉+draw〈끌다〉=retire, quit

동 물러나다, 탈퇴하다

All the troops **withdrew**.
전군이 철수했다.

■ 공통어미〈awn〉로 구성되는 단어

dawn
[dɔ:n]
자음d+awn=sunrise, day−break

명 새벽
동 날이 새다

He gets up usually at **dawn**.
그는 보통 새벽에 일어난다.

lawn
[lɔ:n]
자음l+awn=an area of short, cut grass

명 잔디(밭)

I cut my **lawn** every day.
나는 매일 잔디를 깎는다.

yawn
[jɔ:n]
자음y+awn=open, gape

명 하품
동 하품하다

The child is **yawning**.
아이가 하품을 하고 있다.

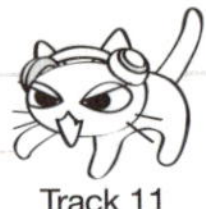

■ 공통어미〈ay〉로 구성되는 단어

lay
[lei]
자음l+ay=produce, place

图 눕히다, 놓다
쌓다, 낳다
진정시키다

Lay your books on the desk.
네 책을 책상위에 놓아라.

---

pay
[pei]
자음p+ay=reward, compensate

图 돈을 지불하다
주위를 기울이다

You must **pay** attention to this problem.
이 문제에 주의를 기울여야 한다.

---

pray
[prei]
자음pr+ay=beg, beseech

图 빌다, 기도하다

They knelt down and **prayed**.
그들은 꿇어 앉아서 기도를 올렸다.

---

clay
[klei]
자음cl+ay=a soft, sticky earth

图 점토, 찰흙, 진흙

Bricks are made from **clay**.
벽돌은 진흙으로 만든다.

---

sway
[swei]
자음sw+ay=wave, swing

图 흔들리다
동요시키다

The wind **swayed** the branches of the trees.
바람에 나뭇가지가 흔들렸다.

---

decay
[dikéi]
de〈밑으로〉+cay〈떨어지다〉=spoil, waste

图 부패(쇠퇴)하다
부식하다

The tree began to **decay** as soon as it was cut down.
그 나무는 잘려나가자마자 쇠하기 시작했다.

---

delay
[diléi]
de〈멀리〉+lay〈놓아두다〉 图 hasten

图 지연시키다
연기하다

The train was **delayed** for three hours.
기차가 3시간 연착되었다.

---

dismay
[disméi]
dis〈반대〉+may〈할 수 있다〉=horror, frighten

图 경악, 공포, 당혹
图 놀라게 하다

He looked at me in **dismay**.
그는 당혹해서 나를 쳐다보았다.

---

display
[displéi]
dis〈멀리〉+play〈펼치다〉=show, exhibit

图 보이다
진열(전시)하다

He has **displayed** his ignorance by what he said.
그 말을 함으로써 그는 자신의 무지를 드러내고야 말았다.

---

betray
[bitréi]
be〈완전히〉+tray〈넘기다〉=reveal, expose

图 배반하다, 팔다
누설하다, 드러내다

Her smile **betrayed** her real feelings.
그녀의 미소는 그녀의 진정한 감정을 나타냈다.

portray
[pɔ:rtréi]
por〈앞으로〉+tray〈끌어내다〉=describe

동 묘사하다, 그리다

That painting **portrays** the misery of war.
그 그림은 전쟁의 비참함을 묘사한다.

essay
[ései]
유 theis

명 수필, 글짓기

For your homework, write an **essay** on environment.
숙제로 환경에 관한 글짓기를 해 오세요.

■ 공통어미〈aze〉로 구성되는 단어

gaze
[geiz]
자음g+aze=stare, observe

동 응시하다
뚫어지게 보다

She was **gazing** at the setting sun.
그녀는 지는 해를 응시하고 있었다.

haze
[heiz]
자음h+aze=a thin mist

명 아지랑이, 엷은 안개

The room was full with a **haze** of cigar smoke.
방은 담배연기로 가득 차 있었다.

laze
[leiz]
파 lazy 형 게으른

동 게으름 피우다
빈둥빈둥 지내다

I don't like the **lazy** man.
나는 게으른 사람을 좋아하지 않는다.

craze
[kreiz]
파 crazy 형 미친, 열광한

동 미치게(열광하게)하다.

Young people nowadays are **crazy** about dance music.
요즈음의 젊은이들은 댄스뮤직에 열광적이다.

amaze
[əméiz]
a〈아주〉+maze〈당황케하다〉=surprise, astound

동 몹시 놀라게 하다

I was **amazed** to find something white in the darkness.
나는 어둠속에서 흰 것이 움직이는 것을 보고 놀랐다.

■ 공통어미〈each〉로 구성되는 단어

beach
[bi:tʃ]
자음b+each=coast, shore

명 해변, 바닷가

We went to the **beach** yesterday.
우리는 어제 해변에 갔다.

reach
[ri:tʃ]
자음r+each=arrive, overtake

동 도착하다, 손을 뻗다

He **reached** for the apple.
그는 사과를 잡으려고 손을 뻗쳤다.

bleach
[bli:tʃ]
자음bl+each=pale, whiten

동 표백하다, 표백되다
탈색하다

He had his hair **bleached**.
그는 머리를 탈색했다.

preach
[pri:tʃ]
자음pr+each=teach, lecture, urge

동 설교하다, 전도하다

The priest **preached** that God would save us.
목사님은 하나님이 우리를 구해준다고 설교했다.

■ 공통어미〈ead〉로 연상되는 단어

lead
[li:d], [led]
자음l+ead=guide, conduct

동 인도하다, 이끌다, 지휘하다
명 납, 연필심

Who will **lead** this blind man to his house?
누가 이 시각장애인을 그의 집까지 인도하겠습니까?

plead
[pli:d]
자음pl+ead=entreat, appeal

동 변호(변론)하다
탄원하다

I **pleaded** with him to help.
나는 그에게 도와 달라고 간청했다.

mislead
[mìsli:d]
mis〈잘못〉+lead〈인도하다〉=misdirect

동 그르치다
잘못인도하다

The advertisement **misleads** the public.
그 광고는 대중을 오도한다.

dead
[ded]
자음d+ead=lifeless, unconscious

형 죽은, 생명이 없는
부 전혀, 완전히

I am **dead** tired.
나는 완전히 지쳤다.

head
[hed]
자음h+ead=leader, commander

명 머리, 우두머리
동 앞장서다
～을 향해 나가다

Where are you the **heading** for?
어디 가십니까?

tread
[tred]
자음tr+ead=walk

동 걷다, 밟다

Don't **tread** on the flowers.
꽃을 밟지 마시오.

dread
[dred]
자음dr+ead=horror, terror

명 공포
동 두려워하다, 꺼려하다

Most people have a **dread** of speaking in public.
대부분의 사람들은 공적인 자리에서는 이야기하기를 꺼린다.

spread
[spred]
자음spr+ead=unfold, scatter

동 펴다, 펼치다
퍼뜨리다

He **spread** the news all over town.
그는 그 소식을 온 시내에 퍼뜨렸다.

instead
[instéd]

부 전 그 대신에

We played soccer **instead** of baseball.
우리는 야구대신 축구를 했다.

■ 공통어미〈eak〉로 구성되는 단어

leak
[li:k]
자음l+eak=flow, drip

명 새는 곳, 누설
동 누설((누출)하다

The driver could smell the gas **leaking**.
운전기사는 가솔린이 새는 냄새를 맡을 수 있었다.

weak
[wi:k]
자음w+eak=feeble, infirm

명 약한, 허약한
힘없는

I am **weak** in mathematics.
나는 수학을 잘 못한다.

sneak
[sni:k]
자음sn+eak=steal

동 가만히 움직이다
몰래 침입하다

He **sneaked** in when no one was looking and stole a pie.
그는 아무도 안보는 사이에 들어와 파이를 훔쳤다.

creak
[kri:k]
자음cr+eak=squeak

명 삐걱거리는 소리
동 삐걱거리다

Creaking doors hang the longest.
병약자가 오래 산다 (속담)

■ 공통어미〈eal〉로 구성되는 단어

deal
[di:l]
자음d+eal=treat, trade, cope

동 거래하다, 취급하다
다루다

This book **deals** with the history of Korea.
이 책은 한국 역사를 다룬다.

heal
[hi:l]
자음h+eal=cure, restore

동 병을 고치다
낫게 하다

Time **heals** all sorrows.
때가 지나면 모든 슬픔이 사라진다.

seal
[si:l]
자음s+eal=stamp, symbol

명 도장, 바다표범
동 도장을 찍다

The men **sealed** their agreement with a toast.
사람들은 건배로써 계약을 확인했다.

zeal
[zi:l]
자음z+eal=passion, eagerness

명 열심, 열성, 열중

He showed **zeal** for the work.
그는 그 일에 열의를 보였다.

steal
[sti:l]
자음st+eal=rob, burglarize

동 훔치다, 도용하다

I had my watch **stolen**.
나는 시계를 도둑맞았다.

appeal
[əpí:l]
ap〈~에게〉+peal〈몰아가다〉=petition

명 호소
동 호소하다

The prisoner **appealed** to the judge for mercy.
죄수는 재판관에게 자비를 빌었다.

conceal [kənsíːl] 유 cover, hide	동 숨기다, 숨다 감추다	She tried to **conceal** her anger from her friend. 그녀는 친구에게 화가 난 것을 숨기려고 애썼다.
reveal [rivíːl] 유 discover, publish	동 드러내다, 밝히다 나타내다, 누설하다	He **revealed** a talent for music. 그는 음악에 대한 재능을 나타냈다.
ordeal [ɔːrdíːəl] 유 hardship, suffering	명 호된 시련, 고난	**Ordeal** means a difficult, painful experience. 시련은 어렵고 고통스러운 경험을 말한다.
real [ríːəl] 자음r+eal=true, genuine	형 실제의, 현실의 진짜의, 진실한	She wanted to enjoy **real** happiness. 그녀는 참다운 행복을 누리고 싶었다.
cereal [síəriəl]	명 씨리얼〈곡물식품〉, 곡식	**Cereal** is any kind of grain used for food. 씨리얼은 음식에 사용되는 일종의 곡식이다.

memo

■ 공통어미〈eam〉로 구성되는 단어

beam
[bi:m]
자음b+eam=gleam, ray

명 대들보, 도리
　　광선, 빛

Beams are used for building a house or ship.
대들보는 집을 짓거나 배를 만드는데 쓰인다.

team
[ti:m]
자음t+eam=group, company

명 팀, 반, 대

Tom is the member of the baseball **team**.
탐은 야구팀에 속해 있다.

steam
[sti:m]
자음st+eam=vapor

명 수증기

Mr.Brown's house is heated by **steam**.
브라운씨의 집은 스팀으로 난방된다.

scream
[skri:m]
자음scr+eam=yell

명 외침, 절규, 비명
동 소리치다
　　비명을 지르다

She ran away with a **scream**.
그 여자는 비명을 지르며 달아났다.

stream
[stri:m]
자음str+eam=flow, run

명 개울, 흐름, 수류
동 흐르다

We walked along a clear **stream**.
우리는 맑은 시내를 따라 걸었다.

■ 공통어미〈ean〉로 구성되는 단어

lean
[li:n]
자음l+ean=incline, depend

동 기울어지다, 기대다
형 여윈

The little girl **leaned** against her mother's arm.
어린 소녀는 자기 어머니의 팔에 기댔다.

mean
[mi:n]
자음m+ean=signify, cruel

동 뜻하다, 의미하다
형 천한, 비열한

What do you **mean** by this word?
이 낱말의 뜻은 뭐지요?

means
[mi:nz]
자음m+eans=money, riches, wealth

명 수단, 방법, 재력

Take every possible **means**.
모든 가능한 수단을 다 취하여라.

clean
[kli:n]
자음cl+ean=clear, pure, neat

형 깨끗한, 순결한
동 청소하다

Tom is **cleaning** the blackboard.
톰은 흑판을 깨끗이 닦고 있다.

■ 공통어미〈ear〉로 구성되는 단어

fear
[fiər]

자음f+ear=horror, fright, dread

명 무서움, 공포
동 무서워하다

We are full of **fears** and hopes.
우리는 공포와 희망으로 가득 찼다.

rear
[riər]

자음r+ear=raise, nurture

명 뒤, 배후
동 기르다, 사육하다

He was **rearing** some wild animals.
그는 몇 마리의 야생동물을 기르고 있었다.

clear
[kliər]

자음cl+ear=sunny, transparent

동 깨끗하게 하다
제거하다, 처리하다

He **cleared** away all the footprints.
그는 모든 발자국을 깨끗이 없앴다.

nuclear
[njúːkliər]

명 핵무기
형 핵무기의, 세포의

Russia has some **nuclear** submarines.
러시아는 핵잠수함을 몇 척 보유하고 있다.

appear
[əpíər]

ap〈~에〉+pear〈보이다〉=emerge, seem

동 나타나다, 출두하다

I was surprised at his sudden **appearance**.
나는 그의 갑작스러운 출현에 놀랐다.

disappear
[dìsəpíər]

dis〈반대〉+appear〈나타나다〉=vanish

동 사라지다

The moon **disappeared** behind a cloud.
달은 구름 뒤로 사라졌다.

■ 공통어미〈ear〉로 연상되는 단어

bear
[bɛər]

자음b+ear=produce, endure, carry

명 곰
동 낳다, 견디다
운반하다

I can't **bear** this pain any longer.
나는 이 고통을 더 이상 참을 수 없다.

tear
[tir], [tɛər]

자음t+ear=rend, split, divide

명 눈물
동 ~을 찢다, 뜯어내다

Don't **tear** the newspaper.
신문을 찢지마라.

wear
[wɛər]

자음w+ear=clothe, attire

동 착용하다, 피곤하다
입고(쓰고) 있다

The lady was **wearing** a beautiful dress.
그 숙녀는 아름다운 드레스를 입고 있었다.

swear
[swɛər]

자음sw+ear=declare, state

동 맹세하다, 저주하다

I **swear** to tell the truth.
나는 진실을 말할 것을 맹세한다.

| forbear
[fɔ:rbɛ́ər] | 동 참고 견디다
삼가다 | He **forbears** drinking wine.
그는 와인 마시고 싶은 것을 참는다. |

■ 공통어미〈earn〉로 구성되는 단어

| earn
[ə:rn]
earn=obtain, achieve, get | 동 (돈을)벌다
(명성을)얻다 | He **earned** a reputation for honest.
그는 정직하다고 평판을 얻었다. |

| learn
[lə:rn]
자음l+earn=memorize | 동 배우다, 알다
암기하다 | I have **learned** how to drive a car.
나는 자동차 운전을 배웠다. |

| yearn
[jə:rn]
자음y+earn=want, desire, long for | 동 그리워하다
동경하다 | We **yearn** for a long summer vacation.
우리는 긴 여름휴가를 갈망한다. |

■ 공통어미〈ease〉로 연상되는 단어

| ease
[i:z]
ease=comfort, rest | 명 안락, 편안, 쉬움 | He passed his remaining years in **ease**.
그는 여생을 편히 지냈다. |

| cease
[si:s]
자음c+ease=end, terminate | 동 끝내다, 중지하다 | He **ceased** writing in 2003.
그는 2003년 작가 활동에 종지부를 찍었다. |

| tease
[ti:z]
자음t+ease=bother, irritate | 동 괴롭히다, 놀려대다
집적거리다 | He **teased** her about being fat.
그는 그녀가 뚱뚱하다고 놀렸다. |

| please
[pli:z]
자음pl+ease=satisfy, suffice | 부 부디, 제발
동 ∼의 마음에 들다
기쁘게 하다 | I am **pleased** with this new camera.
나는 이 새 카메라가 마음에 든다. |

| disease
[dizí:z]
dis〈반대〉+ease〈편안〉=illness | 명 질병, 타락, 퇴폐 | He is suffering from a serious **disease**.
그는 중병에 걸려있다. |

| release
[rilí:s] | 명 해방
동 해방(면제)하다 | You shall be **released** from suffering.
너는 고통에서 해방될 것이다. |

decrease
[dikríːs]
de〈밑으로〉+crease〈자라다〉=lessen, diminish

동 줄다, 줄이다

His influence slowly **decreased**.
그의 영향력은 서서히 줄어들었다.

increase
[inkríːs]
in〈안에서〉+crease〈자라나다〉=enhance, enlarge

명 증가, 증대
동 증가하다

The textbook might enable you to **increase** your knowledge.
교과서는 당신으로 하여금 지식을 증대시킬 수 있도록 해줄지 모른다.

■ 공통어미〈eat〉로 연상되는 단어

beat
[biːt]
자음b+eat=hit, strike, knock

동 치다, 때리다
두드리다

The rain is **beating** against the windows.
비가 창문에 들이치고 있다.

feat
[fiːt]
자음f+eat=deed, achievement

명 위업, 공적, 묘기

Leaping across the canyon on a motorcycle was a **feat**.
모터사이클을 타고 골짜기를 건너뛰는 것은 묘기이다.

heat
[hiːt]
자음h+eat=passion

명 열
동 뜨겁게 하다
흥분하다

The sun gives us light and **heat**.
태양은 우리에게 빛과 열을 준다.

neat
[niːt]
자음n+eat=clean, tidy

형 말쑥한, 단정한
잘 정리된

His handwriting is not very **neat**.
그의 글씨는 아주 단정하지 않다.

seat
[siːt]
자음s+eat=to give somebody a seat

명 좌석
동 착석시키다

All the **seats** are occupied.
자리가 모두 찼다.

treat
[triːt]
자음tr+eat=deal, entertain

동 다루다, 대접하다

They **treated** me as one of their family.
그들은 나를 그들 가족의 일원으로 대했다.

defeat
[difíːt]
de〈내려〉+feat〈치다〉=overcome

동 쳐부수다
패배시키다

We **defeated** school in a baseball game.
우리는 야구경기에서 다른 학교를 무찔렀다.

repeat
[ripíːt]
re〈다시〉+peat〈가다〉=restate

동 되풀이하다
반복하다

We must not **repeat** the mistakes of the past.
우리는 과거의 실수를 반복해서는 안된다.

threat
[θret]
자음thr+eat=menace, warning

명 협박, 위협

He **threatened** me with gun.
그는 나를 총으로 위협했다.

Track 13

■ 공통어미〈ect〉로 연상되는 단어

affect
[əfékt]
af〈~에게〉+fect〈행하다〉

동 감동시키다
~인 체하다
~에게 영향을 미치다

The rain will **affect** our plans for picnic.
비는 우리의 피크닉 계획에 영향을 미칠 것이다.

---

effect
[ifékt]
e〈밖으로〉+ffect〈만들어진 것〉=result, outcome

명 효과, 결과, 취지
동 (어떤 결과를) 가져오다

The medicine had a good **effect** on him.
그 약은 그에게 효험이 있었다.

---

defect
[difékt]
de〈벗어난〉+fect〈행위〉=fault, imperfection

명 결점, 단점, 부족

Carelessness was the only **defect** on him.
부주의가 그의 유일한 결점이었다.

---

perfect
[pə́:rfikt]
per〈완전하게〉+fect〈하는〉=complete, faultless

형 완전한, 정확한
동 완전하게 하다

Practice makes **perfect**.
연습을 거듭하면 완전하게 된다.

---

object
[ábdʒikt]
ob〈~쪽으로〉+ject〈던지다〉=purpose, goal

명 목적, 대상
동 반대하다

What is your **object** in your life?
너의 인생의 목적은 무엇이니?

---

project
[prádʒekt]
pro〈앞으로〉+ject〈던지다〉=design, scheme

동 기획(투영)하다
계획하다

They **projected** a new dam.
그들은 새로운 댐을 계획했다.

---

reject
[ridʒékt]
re〈뒤로〉+ject〈던지다〉=refuse, deny

동 거절(거부)하다

I **rejected** the proposal.
나는 그 제안을 거절했다.

---

subject
[sʌ́bdʒikt]
sub〈밑으로〉+ject〈던지다〉=theme, topic

명 주제, 과목, 제목
동 종속시키다

My favorite **subject** is music.
내가 좋아하는 과목은 음악이다.

---

inject
[indʒékt]
in〈안으로〉+ject〈던지다〉

동 주사놓다
(액체를) 주입하다

The nurse gave me an **injection**.
간호사가 내게 주사를 놓았다.

---

intellect
[íntəlèkt]
intel〈사이에서〉+lect〈고르는 것〉=understanding

명 지성, 지능, 지적능력
지식인

College will develop your **intellect**.
대학은 너의 지성을 발전시켜 줄 것이다.

elect
[ilékt]
e〈밖으로〉+lect〈뽑다〉=choose, appoint

동 뽑다, 선거하다

Presidential **elections** are held every four years.
매 4년마다 대통령 선거가 실시된다.

select
[silékt]
se〈따로〉+lect〈고르다〉=pick, choose

형 가려낸
동 고르다, 선발하다

She **selected** a birthday present for her husband.
그녀는 남편의 생일 선물을 골랐다.

neglect
[niglékt]
neg〈부정〉+lect〈고르다〉=disregard

동 경시(무시)하다
소홀히 하다

He **neglected** writing a letter.
그는 편지 쓰는 것을 게을리 했다.

dialect
[dáiəlèkt]
dia〈지방사이에서〉+lect〈말하는 것〉=slang

명 방언, 지방사투리

She speaks the Jeju **dialect**.
그녀는 제주도 사투리를 쓴다.

collect
[kəlékt]
col〈함께〉+lect〈모으다〉=gather, assemble

동 모으다, 수집하다

My hobby is **collecting** old books.
나의 취미는 고서를 모으는 것이다.

recollect
[rikəlékt], [rèkəlékt]
re〈다시〉+col〈함께〉+lect〈모으다〉=recall, memory

동 진정시키다, 다시 모으다
회상하다, 생각해내다

I can't **recollect** your name.
나는 너의 이름이 기억나지 않는다.

reflect
[riflékt]
re〈다시〉+flect〈굽어지다〉=consider, ponder

동 반사(반영)하다
반성하다

The mirror **reflected** the light onto the wall.
벽에 거울의 빛이 반사했다.

connect
[kənékt]
con〈함께〉+nect〈이끌다〉=combine

동 결합시키다
이어주다
연결(연상)하다

This town is **connected** by a railway with London.
이 도시는 런던과 철도로 연결되어 있다.

expect
[ikspékt]
ex〈밖을〉+pect〈보다〉=hope, anticipate

동 기대하다
예기하다

I **expected** him to succeed.
나는 그가 성공하리라고 생각했었다.

direct
[dirékt]
di〈따로〉+rect〈이끌다〉=lead

형 직접의
동 지시(지도)하다
명령하다

They were **directed** to work in the factory.
그들은 공장에서 일하라고 지시받았다.

correct
[kərékt]
cor〈완전히〉+rect〈바른〉=true, accurate

형 옳은, 정확한
동 고치다, 교정하다

Is this sentence **correct** or wrong?
이 문장은 맞는가, 틀리는가?

erect
[irékt]
e〈위로〉+rect〈이끌다〉=straight

형 똑바로 선, 직립의
동 세우다
직립시키다

They **erected** a monument in the park.
그들은 공원에 기념비를 세웠다.

| **detect**
[ditékt] | 동 발견하다, 찾아내다 | His lie was easily **detected**.
그의 거짓말은 쉽게 드러났다. |

de〈벗기다〉+dect〈덮은 것을〉=discover, reveal

| **protect**
[prətékt] | 동 보호하다, 지키다 | She **protected** her baby from danger.
그녀는 위험으로부터 아기를 지켰다. |

pro〈앞에서〉+tect〈덮어주다〉=preserve, conserve

| **architect**
[á:rkətèkt] | 명 건축가, 설계자 | That hotel was designed by a famous **architect**.
그 호텔은 유명한 건축가에 의해 설계되었다. |

| **insect**
[ínsekt] | 명 곤충, 벌레 | Flies, bees, and ants are **insects**.
파리, 벌, 개미는 곤충이다. |

in〈안에〉+sect〈잘라진 듯한 것〉

| **inspect**
[inspékt] | 동 검사(조사)하다
시찰하다 | We are to **inspect** the interior parts for the island.
우리는 섬의 내부지역을 시찰한 예정이다. |

in〈안을〉+spect〈보다〉=examine, investigate

| **suspect**
[səspékt] | 동 의심하다
～라고 생각하다 | Nobody **suspected** the old man.
아무도 그 노인을 수상히 여기지 않았다. |

sus〈밑에서〉+pect〈보다〉=disbelieve, distrust

| **respect**
[rispékt] | 명 존경
동 존경하다 | Children ought to **respect** their elders.
아이들은 손위 어른들을 존경하지 않으면 안된다. |

re〈다시〉+spect〈보게되다〉=honor, revere

| **prospect**
[práspekt] | 명 가망, 예상
조망, 전망 | There is no **prospect** of success.
성공할 가망이 없다. |

pro〈앞을〉+spect〈보는 것〉=expectation, anticipation

■ 공통어미〈edge〉로 구성되는 단어

| **edge**
[edʒ] | 명 가장자리, 끝 | We walked along the **edge** of the lake.
우리는 호숫가를 따라 걸었다. |

edge=margin, brim, verge

| **hedge**
[hedʒ] | 명 산울타리, 대비책 | There is a beautiful **hedge** around the park.
공원의 주위에는 아름다운 산울타리가 있다. |

| **pledge**
[pledʒ] | 명 서약, 담보(물)
저당, 보증 | She gave me chocolates as a **pledge** of friendship.
그녀는 나에게 우정의 표시로 초콜릿을 주었다. |

자음pl+edge=solemn promise

knowledge
[nálidʒ]
〈명〉 지식, 인식, 이해

know〈알다〉+ledge〈명접〉=learning, information

A little **knowledge** is a dangerous thing.
어설픈 지식은 위험하다.

acknowledge
[æknálidʒ]
〈동〉 인정하다, 승인하다

ac〈인정하다〉+knowledge〈아는 것을〉=allow, admit

He **acknowledged** his faults.
그는 자기 잘못들을 인정했다.

■ 공통어미〈ee〉로 구성되는 단어

fee
[fi:]
〈명〉 보수, 수업료

자음f+ee=payment, recompense

They do it without **fee** or reward.
그들은 아무런 수수료나 보수없이 일을 한다.

flee
[fli:]
〈동〉 달아나다, 도망치다

자음fl+ee=run away

He always tries to **flee** from responsibility.
그는 언제나 책임을 회피하려고 든다.

decree
[dikrí:]
〈명〉 법령, 선고, 명령
〈동〉 법령을 공포하다

=order, declaration

The king **decreed** an amnesty.
왕은 대사면을 명했다.

agree
[əgrí:]
〈동〉 동의하다, 승낙하다
찬성하다

a〈~에〉+gree〈동의하다〉=comply, consent

Many people **agreed** with her.
많은 사람들이 그녀의 의견에 동의했다.

disagree
[dìsəgrí:]
〈동〉 맞지 않다
의견이 다르다

dis〈반대〉+gree〈동의하다〉=quarrel, dispute

The hot weather **disagrees** with me.
더운 기후는 나에게 맞지 않는다.

degree
[digrí:]
〈명〉 정도, 등급, 계급

de〈아래로〉+gree〈가는 계단〉=grade, rank

We had five **degrees** of frost.
영하 5도였다.

guarantee
[gærəntí:]
〈명〉 보증
〈동〉 보증하다

guarant〈위험으로부터 보호하는〉+ee〈것〉

This Android smartphone is **guaranteed** for two years.
이 안드로이드 스마트폰은 2년간 보증이 되어있다.

committee
[kəmíti]
〈명〉 위원회

committ〈위임받은〉+ee〈사람〉=council

The **committee** meets today at three.
위원회는 오늘 3시에 열린다.

■ 공통어미〈eed〉로 구성되는 단어

deed
[di:d]
자음d+eed=action, performance

명 행위, 행동
업적

My sister is kind both in word and in **deed**.
내 누이는 말이나 행동이 모두 친절하다.

heed
[hi:d]
자음h+eed=notice, attention

명 주의
동 주의하다, 유의하다

You'd better **heed** the traffic lights when crossing the street.
길을 건널 때는 교통신호에 유의하는 것이 좋다.

need
[ni:d]
자음n+eed=demand, claim

명 필요, 부족, 가난
동 필요하다

There is no **need** to hurry.
서두를 필요가 없다.

seed
[si:d]
자음s+eed=the grains of plants

명 씨, 종자

The farmer sowed **seeds** in the field.
농부는 밭에 씨를 뿌렸다.

weed
[wi:d]
자음w+eed=a wild plant

명 잡초
동 잡초를 뽑다

Some **weeds** were growing in the garden.
정원에 잡초가 우거져 있었다.

bleed
[bli:d]
자음bl+eed=lose blood

동 피가 나오다
출혈하다

They were **bleeding** very much.
그들은 피를 아주 많이 흘리고 있었다.

breed
[bri:d]
자음br+eed=bear, rear, train

동 낳다, 양육하다
기르다, 알을 까다

My uncle **breeds** horses for racing.
삼촌은 경마용 말을 기르신다.

creed
[kri:d]
자음cr+eed=faith, belief

명 신조, 교리, 신념
사도신경

No one should be discriminated because of race, color or **creed**.
아무도 인종, 피부색, 신앙 때문에 차별 대우를 받아서는 안된다.

greed
[gri:d]
자음gr+eed=lust, desire

명 야욕, 허욕, 욕심

Although we are hungry, we must not be **greedy**.
비록 배가 고프더라도, 욕심을 내서는 안된다.

speed
[spi:d]
자음sp+eed=hasten, accelerate

명 속도, 속력
동 속도를 내다

You should not drive faster than the **speed** limit.
제한 속도보다 더 빨리 차를 몰아서는 안 된다.

| indeed
[indí:d]
=really, surely | 🔶 실로, 참으로
정말로 | Thank you very much **indeed**.
정말 대단히 고맙습니다. |

| succeed
[səksí:d]
suc〈목표뒤에〉+ceed〈가다〉=win, achieve | 🔵 성공하다, 계속하다
이어받다 | She has **succeeded** in solving the problem.
그녀는 그 문제를 푸는데 성공하였다. |

| exceed
[iksí:d]
ex〈한계밖으로〉+ceed〈가다〉=excel, surpass | 🔵 ～을 능가하다 | He **exceeds** his elder brother in both height and weight.
그는 형보다 키도 크고 체중도 무겁다. |

| proceed
[prəsí:d]
pro〈앞으로〉+ceed〈가다〉=progress, continue | 🔵 나아가다, 전진하다
계속하다 | Please **proceed** with your story.
어서 이야기를 계속 해보아라. |

■ 공통어미〈eek〉로 연상되는 단어

| seek
[si:k]
자음s+eek=search, investigate | 🔵 구하다, 찾다 | We shall continue to **seek** for a solution.
우리는 이 문제의 답을 계속해서 찾을 것이다. |

| meek
[mi:k]
자음m+eek=docile, tame | 🔶 온순한, 유순한 | He is as **meek** as a lamb.
그는 양처럼 유순하다. |

| cheek
[tʃi:k]
자음ch+eek=impudent, impudence | 🔴 볼, 뺨, 철면피
🔶 뻔뻔스러운 | His **cheeks** are rosy.
그의 뺨은 장밋빛이다. |

■ 공통어미〈eel〉로 구성되는 단어

| feel
[fi:l]
자음f+eel=sense, perceive | 🔵 느끼다, 만지다 | This cloth **feels** smooth.
이 천은 촉감이 부드럽다. |

| heel
[hi:l]
자음h+eel=the back part of your foot | 🔴 뒤꿈치, 뒤축
하이힐 | Betty was wearing **heels**.
베티는 하이힐을 신고 있었다. |

| reel
[ri:l]
자음r+eel=stagger | 🔴 물레, 실패, 감개
🔵 휘청거리다 | The boxer **reeled** and fell.
권투선수는 휘청거리더니 쓰러졌다. |

steel
[sti:l]
자음st+eel=a strong, very hard metal

명 강철, 강철제품

These tools are made of **steel**.
이 도구들은 강철로 만들어졌다.

wheel
[wi:l]
자음wh+eel

명 바퀴, 수레바퀴

The truck had ten **wheels**.
그 트럭은 10개의 바퀴가 있었다.

kneel
[ni:l]
자음kn+eel=to go down on your knees

동 무릎을 꿇다

Everyone **knelt** in prayer.
모든 사람이 무릎을 꿇고 빌었다.

■ 공통어미〈eep〉로 구성되는 단어

keep
[ki:p]
자음k+eep=protect, observe

동 가지고 있다
간직하다

How about **keeping** this money for a rainy day.
어려울 때를 위하여 이 돈을 간직해 두는 것이 어때요?

peep
[pi:p]
자음p+eep=squeak, peer

동 엿보다
들여다보다

He **peeped** into the room from the door.
그는 문에서 방안을 엿 보았다.

weep
[wi:p]
자음w+eep=mourn, lament

동 울다, 슬퍼하다
눈물을 흘리다

They **wept** at the news.
그들은 그 소식을 듣고 울었다.

sheep
[ʃi:p]
자음sh+eep

명 양

Sheep supply us with wool.
양은 우리에게 양모(울)를 공급한다.

sleep
[sli:p]
자음sl+eep=slumber, nap

명 수면, 잠
동 잠자다

Frank had little **sleep** for two nights.
프랭크는 이틀 밤이나 거의 자지 않았다.

creep
[kri:p]
자음cr+eep=to move slowly and quietly

동 기다, 포복하다

The cat **crept** in the kitchen.
고양이가 부엌으로 살금살금 기어 들어왔다.

steep
[sti:p]
자음st+eep=sharp, hilly

형 험한, 가파른

Roy and frank went up a **steep** hill.
로이와 프랭크는 가파른 언덕을 올라갔다.

sweep
[swi:p]
자음sw+eep=clean, brush

동 청소하다, 쓸다

Mother is **sweeping** the living room.
어머니는 거실을 청소하고 계신다.

■ 공통어미〈eer〉로 연상되는 단어

peer
[piər]
자음p+eer=match, rival

명 또래, 동료, 귀족
동 자세히 들여다 보다

The **peers** of the British realm are listed in this book.
이 책에 대영제국 귀족들의 명단이 실려 있다.

cheer
[tʃiər]
자음ch+eer=encourage, applause

명 환호, 갈채, 격려
동 응원(성원)하다

All of us **cheered** our baseball team.
우리는 모두 우리 야구팀을 응원했다.

sheer
[ʃiər]
자음sh+eer=clear, simple

형 완전한
순수한, 순전한

She fell from **sheer** weariness.
그녀는 완전히 지쳐서 쓰러졌다.

sneer
[sniər]
자음sn+eer=scorn, mock

명 냉소, 조소
동 비웃다, 냉소하다

Don't **sneer** at my swimming records.
나의 수영기록을 비웃지 마라.

steer
[stiər]
자음st+eer=control, manage

동 조종하다
～의 키를 잡다

The captain **steered** the ship through the high waves.
선장은 높은 파도를 헤치고 배를 조정했다.

queer
[kwiər]
자음qu+eer=eccentric, unusual

형 별난, 기묘한
수상한, 괴상한

Mr. Johns has a **queer** way of walking.
존씨는 걸음걸이가 괴상하다.

career
[kəríər]
car〈타고〉+eer〈온 것〉=occupation

명 생애, 경력, 직업
동 걱정하다, 돌보다

We can learn much by reading about the **careers** of great men.
사람들은 위인이 걸어온 길에 대한 책을 읽음으로써 많은 것을 배울 수가 있다.

pioneer
[pàiəníər]
pion〈개척한〉+eer〈사람〉=explorer

명 개척자, 선구자
동 개척(선도)하다

The puritans were the **pioneers** of America.
청교도들은 미국의 개척자들이었다.

volunteer
[vàləntíər]
volunt〈자기의 의지로〉+eer〈하는 사람〉

명 지원자
동 자발적으로 하다

She **volunteered** to clear up the kitchen.
그녀는 자원하여 부엌을 청소했다.

■ 공통어미〈eet〉로 연상되는 단어

meet
[mi:t]
자음m+eet=encounter, collide

동 만나다
부딪히다, 마중하다

I am going to **meet** Mr. Brown at the airport.
나는 브라운씨를 공항으로 마중 나갈 예정이다.

fleet
[fli:t]
자음fl+eet=a group of ships

명 함대
(비행기의)편대

The United States Seventh **Fleet** is based in the orient.
미 제 7함대는 동양에 기지를 두고 있다.

greet
[gri:t]
자음gr+eet=meet, welcome

동 인사하다, 마중하다

Mrs. Brown **greeted** me with a smile.
브라운부인은 미소로 나를 맞이했다.

sleet
[sli:t]
자음sl+eet=rain mixed with snow

명 진눈깨비
동 진눈깨비가 내리다

It **sleeted** last night.
어젯밤에 진눈깨비가 내렸다.

discreet
[diskrí:t]
유 prudent, cautious

형 사려깊은, 신중한
(분별, 지각)있는

He was **discreet** in his behavior.
그는 행동이 신중했다.

■ 공통어미〈el〉로 구성되는 단어

compel
[kəmpél]
com〈함께〉+pel〈몰다〉=enforce, oblige

동 억지로 ～시키다
(강제로) ～하게 만들다

Hunger **compelled** him to surrender.
그는 허기가 져서 항복하지 않을 수 없었다.

repel
[ripél]
re〈뒤로〉+pel〈몰아내다〉=repulse, reject

동 쫓아버리다
격퇴하다, 반박하다

The soldiers **repelled** the enemy from the castle.
병사들은 성에서 적을 격퇴시켰다.

impel
[impél]
im〈안으로〉+pel〈몰고가다〉=constrain, enforce

동 강요하다, 다그치다

What **impelled** you to lie?
무엇이 너로 하여금 거짓말을 하게 했니?

expel
[ikspél]
ex〈밖으로〉+pel〈몰아내다〉=exile, dismiss

동 내쫓다, 추방하다

He was **expelled** from society.
그는 사회에서 추방되었다.

| **propel** [prəpél] | 동 추진하다, 몰고 가다
나아가게 하다 | The ship is **propelled** by steam.
그 배는 증기로 추진되어진다. |

pro〈앞으로〉+pel〈몰다〉=drive, transfer

| **excel** [iksél] | 동 ~을 능가하다
뛰어나다 | He **excels** in mathematics.
그는 수학이 우수하다. |

유 better, surpass

| **cancel** [kǽnsəl] | 동 취소하다, 말소하다 | We **canceled** an order for the book.
우리는 그 책의 주문을 취소했다. |

유 abolish, eliminate

| **counsel** [káunsəl] | 명 의논, 충고, 상담
동 충고하다 | He **counseled** me to quit smoking.
그는 나에게 담배를 끊으라고 충고했다. |

유 advise

| **marvel** [má:rvəl] | 명 경탄할 만한 일
동 놀라다, 경탄하다 | I **marveled** at your courage.
나는 너의 용기에 놀랐다. |

mar〈놀라운〉+vel〈것〉=wonder, miracle

| **novel** [návəl] | 명 소설
형 신기한, 유별난 | His approach is **novel**.
그의 해결방법은 기발하다. |

nov〈새로운〉+el〈것〉=unusual, strange

| **travel** [trǽvəl] | 명 여행
동 여행하다 | I want to **travel** around the world.
나는 세계 일주여행을 하고 싶다. |

유 tour, journey

■ 공통어미〈ell〉로 구성되는 단어

| **hell** [hel] | 명 지옥 | Driving a car in a snow storm is real **hell**!
눈보라치는 날에 차를 운전하는 것은 정말 지옥 같아! |

자음h+ell= 반 heaven

| **shell** [ʃel] | 명 (조개등의)껍질
딱지, 외피 | A tortoise has a **shell** on its back.
거북이는 등에 딱지가 있다. |

자음sh+ell=hard outer covering

| **spell** [spel] | 명 주문, 마법
동 철자하다 | How do you **spell** your name?
네 이름은 철자가 어떻게 되니? |

자음sp+ell=to write the letters

| **dwell** [dwel] | 동 살다, 거주하다 | My cousins **dwell** in the country.
나의 사촌들은 시골에서 살고 있다. |

자음dw+ell=inhabit, settle

swell
[swel]
유 expand, enlarge

명 부풀음
동 부풀다

Wood often **swells** when wet.
나무는 젖으면 부푼다.

foretell
[fɔ:rtél]
fore〈앞서〉+tell〈말하다〉=predict

동 예언(예고)하다

Nobody can **foretell** what will happen tomorrow.
내일 무슨일이 일어날지는 아무도 모른다.

farewell
[fɛərwél]
fare〈가다〉+well〈잘〉

감 안녕!
명 작별, 작별인사

"Good-bye" is a **farewell**.
"굿바이" 는 작별인사다.

■ 공통어미〈eme〉로 구성되는 단어

theme
[θi:m]
자음th+eme=topic, subject

명 주제, 화제

What is the **theme** of an essay?
논문의 주제는 무엇입니까?

scheme
[ski:m]
자음sch+eme=plan, program

명 계획, 기획
동 계획하다

They formed a **scheme** of building a new bridge.
그들은 새교량 건설계획을 세웠다.

extreme
[ikstrí:m]
ex〈밖의〉+treme〈한도〉 반 moderate

형 극도의, 심한

The cold is **extreme** in that place.
그곳은 추위가 극심하다.

supreme
[səprí:m]
supr〈최고〉+eme〈의〉=best, highest

형 최고의, 최상의

He was the **supreme** ruler.
그는 최고의 지배자였다.

■ 공통어미〈empt〉로 연상되는 단어

tempt
[tempt]
자음t+empt=entice, allure

동 부추기다, 유혹하다

Bad friends **tempted** him to smoke.
나쁜 친구들이 그에게 담배를 피우라고 부추겼다.

attempt
[ətémpt]
at〈~에게〉+tempt〈시도하다〉=try

명 시도
동 시도하다

The patient **attempted** to rise but failed.
환자는 일어서려고 했으나 실패하였다.

contempt
[kəntémpt]
유 scorn 반 respect

명 경멸, 모욕, 치욕

Traitors have always been treated with **contempt**.
반역자들은 항상 멸시받아 왔다.

exempt
[igzémpt]
동 면제하다

He was **exempted** from military service.
그는 병역을 면제받았다.

유 free, release

■ 공통어미〈end〉로 구성되는 단어

bend
[bend]
자음b+end=yield, curve, incline
명 구부리다, 굽히다
동 구부러지다, 휘다

The branch bent in the wind.
가지가 바람에 휘었다.

mend
[mend]
자음m+end=repair, improve
동 수선하다, 개선하다

I had my watch **mended**.
나는 시계를 고치게 했다.

tend
[tend]
자음t+end=care for
동 ~의 경향이 있다
~하기 쉽다
(환자를)돌보다

She **tended** to the patient.
그녀는 그 환자의 시중을 들었다.

blend
[blend]
자음bl+end=mix, interimingle
동 혼합하다, 섞다

We **blend** coffees to obtain a nice flavor.
좋은 맛을 얻기 위하여 커피를 섞는다.

spend
[spend]
자음sp+end=consume, pay
동 소비하다, 쓰다
(시간)을 보내다

How did you **spend** your vacation?
너는 방학을 어떻게 지냈니?

amend
[əménd]
a〈~을〉+mend〈고치다〉=correct
동 고치다, 변경하다
수정하다

Fred **amended** his ways and behaved very differently.
프레드는 자기의 태도를 고치고 아주 다르게 행동했다.

commend
[kəménd]
com〈완전히〉+mend〈맡기다〉=praise
동 추천(칭찬)하다
맡기다

He was highly **commended** for his good work.
그는 훌륭한 업적으로 매우 칭찬을 받았다.

recommend
[rèkəménd]
re〈다시〉+com〈강하게〉+mend〈명하다〉=suggest, advise
동 추천하다, 소개하다

Will you please **recommend** me to a good hotel?
좋은 호텔을 소개해 주시겠습니까?

defend
[difénd]
de〈멀리가게〉+fend〈때리다〉=guard, protect
동 지키다, 방어하다
막다

They fought to the last to **defend** their country.
그들은 조국을 지키기 위해 끝까지 싸웠다.

suspend
[səspénd]
sus〈밑에〉+pend〈매달다〉=interrupt
동 매달다, 중지하다
중단시키다

The lamp was **suspending** from the ceiling.
램프는 천장에 매달려 있었다.

expend
[ikspénd]
ex〈밖으로〉+pend〈내보내다〉=consume, waste

동 소비하다, 쓰다

He **expended** a lot of energy during the game.
그는 게임을 하는 동안 많은 에너지를 소비했다.

extend
[iksténd]
ex〈밖으로〉+tend〈뻗다〉=expand, stretch

동 (손, 발을)뻗다
늘이다, 연장하다

My farm **extends** as far as the river.
나의 농장은 강 있는데까지 뻗쳐있다.

pretend
[priténd]
pre〈앞에〉+tend〈뻗어놓다〉=feign

동 ~인 체하다
가장하다

She **pretended** to be ill.
그녀는 아픈 척 했다.

contend
[kənténd]
con〈함께〉+tend〈내뻗다〉=argue, contest

동 다투다, 논쟁하다
경쟁하다

The players are **contending** for first place.
선수들은 우승을 차지하려고 경쟁하고 있다.

intend
[inténd]
in〈안으로〉+tend〈뻗다〉=plan, design

동 ~할 작정이다
의도하다

What do you **intend** to do today?
오늘 무엇을 할 작정이냐?

attend
[əténd]
at〈~로〉+tend〈뻗다〉=watch, present

동 출석(주의)하다

Did you **attend** the meeting yesterday?
너는 어제 모임에 출석했느냐?

ascend
[əsénd]
a〈~로〉+scend〈오르다〉=rise, climb, mount

동 올라가다, 오르다

That year he **ascended** the throne.
그 해에 그는 왕위에 올랐다.

descend
[disénd]
de〈아래로〉+scend〈가다〉=lower, decline

동 내려가다, 내려오다

Many people **descended** the mountain.
많은 사람이 산을 내려갔다.

apprehend
[æprihénd]
ap〈~을〉+prehend〈잡다〉=arrest, capture

동 파악하다
체포하다, 붙잡다

The police have not **apprehended** the robber.
경찰은 그 강도를 붙잡지 못했다.

comprehend
[kàmprihénd]
com〈함께〉+prehend〈잡다〉=perceive, understand

동 (충분히)이해하다
포함하다

I could not **comprehend** the meaning of his word.
나는 그의 말의 의미를 이해할 수 없었다.

memo

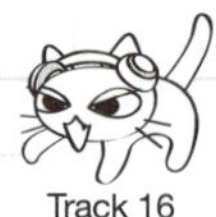

■ 공통어미〈ense〉로 구성되는 단어

dense
[dens]
자음d+ense=crowded, thick

  형 밀집한, 빽빽한
     짙은, 조밀한

London is famous for its **dense** fog.
런던은 짙은 안개로 유명하다.

---

sense
[sens]
자음s+ense=feeling, consciousness

  명 감각, 의식, 분별
     의미

He has a lot of common **sense**.
그는 상식이 풍부하다.

---

tense
[tens]
자음t+ense=tight, stretched

  형 긴장한, 팽팽한
  동 팽팽하게 하다

His face was **tense** with excitement.
그의 얼굴은 흥분으로 긴장해 있었다.

---

condense
[kəndéns]
con〈아주〉+dense〈진하게 하다〉=reduce, abridge

  동 압축하다
     농축시키다

The steam has been **condensed** into a few drops of water.
수증기는 몇 방울의 물로 응결되었다.

---

offense
[əféns]
of〈반대로〉+fense〈치는 것〉=crime, misdeed

  명 죄, 범죄, 무례

Driving while drunk is a serious **offence**.
음주운전은 중대한 죄이다.

---

defense
[diféns]
de〈멀리가게〉+fense〈치는 것〉=protection

  명 방어, 옹호, 수비

Offense is the best **defense**.
공격은 최대의 방어이다.

---

immense
[iméns]
im〈반대〉+mense〈재는〉=huge, enormous

  형 막대한, 거대한
     엄청난

It will bring **immense** profits.
그것은 막대한 이익을 가져올 것이다.

---

dispense
[dispéns]
dis〈따로〉+pense〈주다〉=give, distribute

  동 분배하다, 베풀다
     나누어주다

They **dispensed** food and clothing to the poor.
그들은 빈민에게 식량과 의복을 나누어 주었다.

---

expense
[ikspéns]
ex〈밖으로〉+pense〈내보내는 것〉=cost, payment

  명 비용, 지출

He published the book at his own **expense**.
그는 그 책을 자비로 출판했다.

---

recompense
[rékəmpèns]

  명 보수, 보답
  동 보답하다, 보상하다
  유 reward

Insurance **recompensed** him for his injury.
보험에서 그의 상해를 보상해주었다.

| intense
[inténs]

in〈안으로〉+tense〈뻗친〉=serious, earnest | 🔶 격렬한, 맹렬한

집중적인, 열심인 | He took an **intensive** course to improve his French.
그는 불어를 향상시키기 위해 집중적인 코스를 밟았다. |

■ 공통어미〈ent〉로 연상되는 단어

| bent
[bent]

자음b+ent=curved, crooked | 🔴 경향, 기호
🔶 (하기로) 결심한, 구부러진 | I am **bent** on studying hard.
나는 공부를 열심히 하기로 결심한다. |

| rent
[rent]

자음r+ent=money paid for using a house | 🔴 임대료
🔵 빌리다, 임대하다 | The **rent** for this house is $500 a month.
이 집의 월세는 500달러입니다. |

| scent
[sent]

자음sc+ent=fragrance, perfume | 🔴 향기
🔵 냄새맡다 | The **scent** of roses filled the air.
장미꽃 향기가 가득했다. |

| accent
[ǽksent]

🔵 emphasize | 🔴 악센트
🔵 강조하다 | Where does the **accent** for in this word?
이 단어의 강세는 어디입니까? |

| repent
[ripént]

🔵 regret, lament, mourn | 🔵 후회하다, 원망하다 | He **repented** his folly.
그는 자신의 어리석음을 후회했다. |

| assent
[əsént]

as〈~에〉+sent〈동감하다〉=agree, consent | 🔴 동의
🔵 동의하다 | He **assented** to the proposal.
그는 그 제안에 찬성했다. |

| consent
[kənsént]

con〈함께〉+sent〈느끼다〉=agree, permit | 🔴 동의, 승낙
🔵 동의(승낙)하다 | Her father reluctantly **consented** to the marriage.
그녀의 아버지는 마지못해 그 결혼에 동의했다. |

| resent
[rizént]

re〈강하게〉+sent〈느끼다〉 | 🔵 분개하다, 원망하다 | He **resented** being called a fool.
그는 바보라는 소리에 분개했다. |

| present
[prizént]

pre〈앞에〉+sent〈내놓다〉 | 🔵 선물(증정)하다
소개(제공)하다 | The director **presented** him with a gold watch.
지도자(관리자)는 그에게 금시계를 선물했다. |

| represent
[rèprizént]

re〈다시〉+present〈내놓다〉=symbolize | 🔵 대표하다, 대리하다
나타내다, 상징하다 | He **represented** Korea at the conference.
그는 회의에서 한국을 대표했다. |

content
[kəntént]
con〈함께〉+tent〈갖고 있는〉=pleased, satisfied

명 목차, 목록사용
형 만족한

Today's men can't be **content** with just earning a living.
오늘날 인간은 생계를 세우는 것만으로는 만족하지 않는다.

intent
[intént]
in〈안에〉+tent〈갖고 있는 것〉=aim, purpose

명 의향, 의지, 의도
형 열중하는

Their **intent** was noble but the results were disastrous.
그들의 의도는 훌륭했지만 결과는 처참했다.

extent
[ikstént]
ex〈밖으로〉+tent〈뻗는 것〉=scope, size, measure

명 넓이, 크기(범위)
정도(규모)

I agree with him to a certain **extent**.
나는 그와 어느 정도 의견을 같이 한다.

event
[ivént]
e〈밖으로〉+vent〈온 것〉=incidents, happening

명 사건, 경기종목
행사

History records important **events**.
역사는 중대한 사건을 기록한다.

prevent
[privént]
pre〈앞서〉+vent〈오다〉=hinder, interrupt

동 방해하다, 예방하다

War must be **prevented** by any means.
전쟁은 어떤 일이 있어도 방지되어야 한다.

invent
[invént]
in〈안으로〉+vent〈오다〉=devise, contrive

동 발명(창작)하다
창안(고안)하다

The electric lamp was **invented** by Edison.
전등은 에디슨에 의해 발명되었다.

convent
[kánvent]

명 수도원, 수녀원

Convent is a place where nuns live and work.
수녀원은 수녀들이 생활하는 곳이다.

accident
[æksidənt]
ac〈로〉+cid〈떨어진〉+ent〈것〉

명 사고, 우연

We had an **accident** on our way to work.
우리는 직장에 가는 도중에 사고를 당했다.

incident
[ínsədənt]
in〈안에〉+cid〈떨어진〉+ent〈것〉=disaster, misfortune

형 (우발적인)사고, 사건

We need more information of the **incident**.
우리는 그 사건의 더 많은 정보가 필요하다.

confident
[kánfədənt]
confid=confide〈신임하다〉+ent〈형 접〉

형 자신감 있는
확신하는

Don't be too **confident** of yourself.
자기자신을 과신하지 마라.

continent
[kántənənt]
con〈함께〉+tin〈갖는〉+ent〈장소〉

명 대륙

The country is located in the Asian **continent**.
그 나라는 아시아대륙에 위치해 있다.

pertinent
[pə́:rtənənt]
유 apt, appropriate

형 적절한

The opposite of **pertinent** is impertinent.
'적절한' 의 반대는 '부적절한' 이다.

permanent
[pə́:rmənənt]
per〈끝까지〉+man〈남아〉+ent〈있는〉=constant, changeless

형 영구적인, 불변의

I am looking for a **permanent** job.
나는 계속해서 할 수 있는 일을 찾고 있다.

eminent
[émənənt]
e〈밖으로〉+min〈나와〉+ent〈있는〉=noted, prominent

형 저명한, 뛰어난

Einstein is an **eminent** scientist.
아인슈타인은 저명한 과학자이다.

frequent
[frí:kwənt]
유 usual, common

형 빈번한, 상습적인
동 늘 출입하다
종종방문하다

The museum is **frequented** by visitors.
그 박물관은 방문객 출입이 빈번하다.

eloquent
[éləkwənt]
유 fluent

형 웅변의, 능변의
감명적인

The eyes are more **eloquent** than lips.
눈은 입 이상으로 말을 한다.

subsequent
[sʌ́bsikwənt]
유 following

형 뒤의, 그 이후의
계속해서 일어나는

Subsequent events proved his innocence.
연이어 일어나는 사건이 그의 무죄를 증명했다.

evident
[évədənt]
=clear, obvious

형 분명한, 눈에 뛰는

It is **evident** that he will win.
그가 이길 것은 분명하다.

current
[kə́:rənt]
=modern, present

명 (물·공기의)흐름, 해류, 기류
형 현재의, 통용되는

This money is not in **current** use any longer.
이 돈은 더 이상 통용되지 않는다.

transparent
[trænspéərənt]
trans〈통과하여〉+parent〈나타나는〉=plain, evident

형 투명한

Plain glass is **transparent**.
일반적인 유리는 투명하다.

apparent
[əpǽrənt]
ap〈~에게〉+parent〈보이게 하는〉=obvious, clear

형 명백한, 외관상의

It was **apparent** that he was killed.
그가 살해당한 것이 명백했다.

■ 공통어미〈erce〉로 구성되는 단어

fierce
[fiərs]
㊤ furious, violent

형 사나운, 험악한
격렬한, 난폭한

The tiger is a very **fierce** animal.
호랑이는 매우 사나운 동물이다.

pierce
[piərs]
㊤ puncture

동 뚫다, 가르다

The bullet **pierced** his shoulder.
탄환이 그의 어깨를 관통했다.

commerce
[kámə:rs]
com〈함께〉+merce〈장사하는 것〉=trade, business, enterprise

명 무역, 상업

This port is famous for foreign **commerce**.
이 항구는 외국무역으로 유명하다.

■ 공통어미〈ere〉로 구성되는 단어

mere
[miər]
자음m+ere=simple, only

형 ～에 불과한
단지 ～한, 단순한

I **merely** wanted to please her.
나는 단지 그녀를 즐겁게 해주고 싶었을 뿐이다.

sphere
[sfiər]
자음sph+ere=globe, orb

명 구(球), 범위
지구의(地球儀)

The earth is a **sphere**.
지구는 구형이다.

sincere
[sinsíər]
㊤ true, earnest, honest

형 성실한, 진실한

She sent me a **sincere** letter of thanks.
그녀는 나에게 정중한 감사의 편지를 보냈다.

interfere
[ìntərfíər]
inter〈사이에서〉+fere〈때리다〉=meddle

동 간섭(방해)하다
말참견하다

You had better not **interfere** the quarrel.
너는 그 말다툼에 끼어들지 않는 것이 낫다.

adhere
[ædhíər]
ad〈～에〉+here〈붙다〉=stick, fast

동 달라붙다, 접착하다
집착(고집)하다

A candle **adhered** to the table.
양초가 테이블에 들러붙었다.

revere
[rivíər]
re〈다시〉+vere〈우러러보다〉=respect

동 존경하다

They had **reverence** for the professor.
그들은 그 교수를 존경했다.

| **severe**
[sivíər]
㊀ strict, cruel | 형 엄격한, 가혹한 | He is **severe** with his children.
그는 그의 아이들에게 엄격하다. |

persevere
[pə̀:rsəvíər]
per〈자신에게〉+severe〈아주 엄격하다〉=endure

동 참다, 견디다

Northing important can be achieved without **perseverance**.
인내 없이는 소중한 것을 얻을 수 없다.

atmosphere
[ǽtməsfiər]
atmo〈공기〉+sphere〈지구의〉

명 대기, 분위기

That is a novel rich in **atmosphere**.
그것은 분위기를 잘 나타낸 소설이다.

hemisphere
[hémisfiər]
hemi〈절반〉+sphere〈지구〉

명 반구(체)

Seoul is in the northern **hemisphere**.
서울은 북반구에 속해있다.

17일

■ 공통어미〈erge〉로 구성되는 단어

merge
[mə:rdʒ]
㊀ unify, combine

동 합병하다

These small companies were **merged** into a large company.
그 작은 회사들이 합병되어 하나의 큰 회사가 되었다.

emerge
[imə́:rdʒ]
e〈밖으로〉+merge〈나오다〉=show, appear

동 나타나다, 나오다
벗어나다

The full moon will soon **emerge** from behind the clouds.
보름달이 곧 구름 뒤에서 나타날 것이다.

submerge
[səbmə́:rdʒ]
sub〈밑으로〉+merge〈내려가다〉=sink

동 잠기다, 가라앉다

The submarine **submerged** to avoid being spotted by the planes.
잠수함은 비행기에 발견되지 않기 위해 잠수했다.

verge
[və:rdʒ]
㊀ edge, margin

명 가장자리, 끝
변두리

The Middle East is on the **verge** of war.
중동지역은 전쟁에 직면해 있다.

diverge
[divə́:rdʒ]
div=divide〈나누다〉+erge=separate, divide

동 갈라지다, 나뉘다

The opposite of **diverge** is 'join'.
'나뉘다' 의 반대는 '결합하다' 이다.

■ 공통어미〈ern〉로 구성되는 단어

stern
[stə:rn]
자음st+ern=severe, strict

형 엄한, 엄격한

Our English teacher was very **stern** toward students.
우리 영어선생님은 학생들에게 매우 엄격하셨다.

modern
[mádərn]
유 current, recent, present

형 현대의, 근대의
최신식의

That hotel has **modern** equipment.
저 호텔은 최신식 설비를 갖추고 있다.

concern
[kənsə́:rn]
con〈함께〉+cern〈분리하다〉

동 ~에 관계하다
참여하다, 염려하다

That problem does not **concern** us.
그 문제는 우리와는 상관없다.

discern
[disə́:rn]
dis〈따로〉+cern〈분리하다〉=separate, distinguish

동 분간(식별)하다

He was just able to **discern** the road in the dark.
그는 어둠속에서 길을 바로 분간할 수 있었다.

pattern
[pǽtərn]
유 model, example

명 모범, 모형, 무늬
동 모방하다

Mary is wearing a dress with beautiful flower **patterns**.
메리는 아름다운 꽃무늬 드레스를 입고 있었다.

govern
[gʌ́vərn]
유 rule, reign, control

동 통치하다, 지배하다

The king **governed** his country very wisely.
왕은 자기 나라를 매우 현명하게 다스렸다.

■ 공통어미〈erse〉로 구성되는 단어

verse
[və:rs]

명 운문, 시

Most of the scene is written in **verse**.
그 장면의 대부분은 운문으로 씌어져 있다.

adverse
[ædvə́:rs]
ad〈반대로〉+verse〈도는〉=contrary, unlucky

형 거스르는, 반대의
불운의

Man knows his true friends only in **adversity**.
역경에 처했을 때만 진실한 친구를 알 수 있다.

diverse
[divə́:rs]
di〈다르게〉+verse〈도는〉=various, different

형 다양한, 다른
가지각색의

Her interests are very **diverse**.
그녀의 관심은 매우 다양하다.

converse
[kənvə́:rs]
con〈완전히〉+verse〈도는〉=argue, discuss

동 담화를 나누다
형 거꾸로의, 뒤바뀐

They wanted to **converse** with the terrorists.
그들은 테러리스트들과 대화하기를 원했다.

reverse
[rivə́:rs]
re〈뒤로〉+verse〈도는〉=opposite, contrary

동 거꾸로 하다
형 반대의, 거꾸로된

Play the **reversed** side of that record for me.
그 레코드의 반대편도 틀어 주세요.

universe
[jú:nəvə̀:rs]
uni〈하나로〉+verse〈도는 것〉

명 우주, 전세계

The **universe** has evolved since it was created.
우주는 그것이 창조된 이래로 진화해오고 있다.

traverse
[trǽvə:rs]
tra〈가로질러〉+verse〈돌다〉

통 가로지르다
횡단하다

He **traversed** the continent.
그는 대륙을 횡단했다.

perverse
[pərvə́:rs]
per〈반대로〉+verse〈도는〉=sinful, wicked

형 성질이 삐뚤어진
사악한

She has a **perverse** mind.
그녀는 마음이 비뚤어져 있다.

inverse
[invə́:rs]
in〈반대로〉+verse〈도는〉

형 반대의, 역의

Wealth is often in **inverse** proportion to their happiness.
부는 종종 행복에 반비례한다.

disperse
[dispə́:rs]
유 scatter, separate

통 퍼뜨리다
흩어지게 하다

The wind **dispersed** the fog.
바람은 안개를 흩어 놓았다.

memo

■ 공통어미〈ert〉로 구성되는 단어

insert
[insə́:rt], [ínsə:rt]
in〈안에〉+sert〈넣다〉

동 삽입하다, 끼워넣다
명 삽입문, (접어넣는) 광고

Insert the proper words in the blanks.
빈곳에 알맞은 단어를 넣으시오.

---

assert
[əsə́:rt]
as〈강하게〉+sert〈내놓다〉=allege, claim

동 ~을 단언하다
주장하다

He **asserted** that his son was innocent.
그는 자기 아들이 무죄라고 주장했다.

---

dessert
[dizə́:rt]
de〈뒤에〉+sert〈내놓는 것〉

명 디저트, 후식

He had cake for **dessert**.
그는 디저트로 케이크를 먹었다.

---

desert
[dézərt]
유 barren

명 사막
동 저버리다
형 불모의, 척박한

He was **deserted** by his friends.
그는 친구들에게 버림받았다.

---

exert
[igzə́:rt]
ex〈밖으로〉+ert=sert〈힘을 내놓다〉=effort, endeavor

동 노력하다, 발휘하다

They **exerted** himself to finish the work.
그는 일을 끝내기 위해 노력했다.

---

concert
[kánsə:rt]

명 콘서트, 음악회
연주회

We went to a **concert** last Sunday.
지난 일요일 우리는 음악회에 갔다.

---

invert
[invə́:rt]
in〈밖에서 안으로〉+vert〈돌리다〉=reverse, upset

동 ~을 거꾸로 하다
뒤집다

When the number 6 is **inverted**, it becomes number 9.
숫자 6을 거꾸로 하면 숫자 9가 된다.

---

convert
[kənvə́:rt]
con〈완전히〉+vert〈돌리다〉=change, transform

동 바꾸다, 변화시키다

Can this substance be **converted** to gas?
이 물질은 가스로 바뀔 수 있습니까?

---

alert
[ələ́:rt]
유 keen

형 빈틈없는, 기민한

He was very **alert** in answering.
그는 재빨리 대답했다.

■ 공통어미〈erve〉로 구성되는 단어

nerve
[nə:rv]

명 신경, 용기, 담력
동 용기를 북돋우다

자음n+erve=courage, encourage

It takes **nerve** to speak to a foreigner.
외국인에게 말을 거는 데는 담력을 요한다.

serve
[sə:rv]

동 섬기다, 봉사하다
이바지하다

자음s+erve=assist, attend

The waitress **served** me coffee.
여종업원이 나에게 커피를 내왔다.

observe
[əbzə́:rv]

동 관찰하다, 목격하다
준수하다

ob〈~에〉+serve=주의하다=inspect, discover

We **observed** the moon every night.
우리는 밤마다 달을 관측했다.

deserve
[dizə́:rv]

동 ~할 가치가 있다
~할 만하다

de〈완전히〉+serve〈부합하다〉=merit

The lion **deserves** to be the king of the animals.
사자는 동물의 왕이 될 만하다.

conserve
[kənsə́:rv]

동 보존하다, 유지하다

con〈함께〉+serve〈지키다〉=support, sustain

English people are said to be the most
conservative.
영국 사람들은 세계에서 가장 보수적이라고 한다.

preserve
[prizə́:rv]

동 보호하다, 보존하다
저장하다

pre〈앞서〉+serve〈지키다〉=protect

We must conserve energy.
우리는 에너지를 보존해야만 한다.

reserve
[rizə́:rv]

동 예약하다, 남겨두다
보류하다

re〈뒤에〉+serve〈간직하다〉=keep, retain

Reserve your strength for the future.
미래를 위해 힘을 아껴라.

■ 공통어미〈ess〉로 구성되는 단어

less
[les]

명 ~보다 적은(작은)

자음l+ess=fewer, smaller

Eat **less** meat and more vegetables.
고기를 덜 먹고 야채를 많이 먹어라.

mess
[mes]

명 혼잡, 더러움
동 더럽히다
혼란시키다

자음m+ess=disorder

This room is in a **mess**.
이 방은 엉망이다.

bless
[bles]

동 축복하다
찬미하다

자음bl+ess= 반 curse〈저주하다〉

Blessed are the poor in heart.
마음이 청결한 자는 복이 있다.

press
[pres]
자음pr+ess=hasten, push

명 출판물, 신문, 논평
동 누르다, 서두르다

Press the button to start the machine.
기계를 작동시키려면 버튼을 눌러라.

guess
[ges]
자음gu+ess=estimate, suppose

동 추측하다, 어림잡다
집작하다

Can you **guess** what I have in my hand?
내 손에 무엇을 가지고 있는지 알아 맞혀 보아라.

distress
[distrés]
di〈따로따로〉+stress〈당기다〉=torment, trouble

명 고통, 비탄
동 괴롭히다, 고민케하다

Don't **distress** yourself.
걱정하지마라.

possess
[pəzés]
poss〈가지고〉+ess〈있다〉=own, obtain

동 소유하다, 지배하다

He has lost everything he **possessed**.
그는 갖고 있던 것을 전부 잃었다.

access
[ǽkses]
ac〈~쪽으로〉+cess〈가는 것〉=approach, entrance

명 접촉, 접근권
동 (컴퓨터)접속하다

The senator has **access** to the president.
그 상원의원은 대통령을 면회할 수 있다.

process
[práses]
pro〈앞을 향해〉+cess〈가는 것〉=course, procedure

명 경과, 과정, 결과
동 처리하다

The highway is now in **process** of construction.
그 고속도로는 현재 건설 중이다.

excess
[iksés]
ex〈한계밖으로〉+cess〈가는 것〉=surplus, extravagance

명 초과, 과잉

Never spend in **excess** of your income.
네 수입보다 더 많이 지출하지 마라.

success
[səksés]
suc〈~의 아래로〉+cess〈가는 것〉=advance, prosperity

명 성공, 행운, 계승

Who is first in line of **succession** to the throne?
누가 그 왕위의 첫 번째 계승자입니까?

confess
[kənfés]
con〈완전히〉+fess〈말하다〉=admit, acknowledge

동 자백하다, 시인하다

The criminal **confessed** his crime.
그 범인은 자신의 범죄를 자백했다.

profess
[prəfés]
pro〈앞에서〉+fess〈말하다〉=declare, assert

동 공언하다, 고백하다
주장하다

He **professed** his innocence.
그는 그의 결백을 주장했다.

progress
[próugres]
pro〈앞에서〉+gress〈가다〉=advancement, improvement

명 진행, 진보
동 진행(진보)하다

China is making fast **progress**.
중국은 빠른 발전을 하고 있다.

congress
[káŋgris]
con〈함께〉+gress〈의논하러 가는 곳〉=parliament, assembly

명 의회, 국회, 대회

Congress has approved the new education laws.
국회는 새로운 교육 법안을 승인했다.

aggress
[əgrés]
동 공격하다
싸움을 걸다
ag〈~쪽으로〉+gress〈쳐들어가다〉

Aggressive nations must turn to peace.
침략적인 나라는 평화로워져야만 한다.

impress
[imprés]
동 인상을 주다
감동시키다
도장을 찍다
im〈마음안에〉+press〈찍혀누르다〉

First **impressions** are often wrong.
첫인상은 종종 틀린다.

depress
[diprés]
동 억압하다, 풀죽다
우울하게 하다
de〈밑으로〉+press〈누르다〉 유 dishearten

Her death **depressed** him.
그녀의 죽음으로 그는 우울했다.

oppress
[əprés]
동 압박하다, 억압하다
op〈강조〉+press〈짓누르다〉 유 torment

A good ruler does not **oppress** the poor.
훌륭한 통치자는 가난한 사람을 억누르지 않는다.

suppress
[səprés]
동 억압하다, 진압하다
sup〈아래로〉+press〈짓누르다〉=discourage

The new government quickly **suppressed** the rebellion.
새 정부는 신속히 반란을 진압했다.

compress
[kəmprés]
동 압축(단축)하다
요약하다
com〈함께〉+press〈누르다〉=compact, squeeze

They **compressed** cotton into bales.
그들은 솜을 압축하여 포장했다.

express
[iksprés]
동 발표하다, 나타내다
ex〈밖으로〉+press〈밀어내다〉=declare, describe

Drawings could not **express** everything.
그림으로 모든 것을 표현할 수는 없었다.

reckless
[réklis]
형 무모한, 분별없는
reck〈분별이〉+less〈없는〉=imprudent, indiscreet

He is a **reckless** spender.
그는 무분별한 낭비자이다.

ruthless
[rú:θlis]
형 무자비한, 무정한
잔인한
ruth〈자비가〉+less〈없는〉=cruel, savage

He has always been a **ruthless** manager.
그는 항상 인정머리 없는 관리인이었다.

witness
[wítnis]
명 목격자, 증인
동 (사건, 사고) 목격하다
유 notice, testimony

I **witnessed** the airplane accident.
나는 그 비행기사고를 목격했다.

■ 공통어미〈est〉로 구성되는 단어

rest
[rest]
자음r+est=stop work
- 명 휴식, 안전
- 동 쉬다

He want to take a little **rest**.
그는 좀 쉬고 싶어 한다.

test
[test]
자음t+est=examine, examination
- 명 시험, 테스트
- 동 시험(검사)하다

He got full marks on the **test**.
그는 시험에서 만점을 받았다.

chest
[tʃest]
자음ch+est=bossom, breast
- 명 가슴, 폐

His smoking gives him a pain in the **chest**.
그는 흡연을 하면 가슴에 통증을 느낀다.

guest
[gest]
자음gu+est=customer, visitor
- 명 손님, 내빈

The **guest** has not arrived yet.
손님이 아직 도착하지 않았다.

manifest
[mǽnəfèst]
유 clear, evident
- 형 명백한
- 동 명시하다, 증명하다

His fault was **manifested** in the report.
그의 결점이 보고서에 의해 증명되었다.

contest
[kántest]
con〈함께〉+test〈증언하다〉=dispute, competition
- 명 투쟁, 경쟁
- 동 다투다, 겨루다

We are to have a speech **contest** that day.
우리는 그날 웅변대회를 가질 것이다.

protest
[próutest]
pro〈앞에서〉+test〈증거를 대다〉=disagree, disapprove
- 명 항의, 주장
- 동 항의(주장)하다

What were the students **protesting** against?
학생들은 무엇에 대해 항의하고 있었는가?

conquest
[káŋkwest]
con〈완전히〉+quest〈얻은 것〉
- 명 정복, 극복

He made a **conquest** of her.
그는 그녀를 손아귀에 넣었다.

request
[rikwést]
re〈다시〉+quest〈구하다〉=pray, appeal
- 명 간청, 부탁
- 동 간청(부탁)하다

Your **request** will receive due consideration.
당신의 요청은 충분히 고려될 것입니다.

invest
[invést]
in〈안에〉+vest〈입히다〉
- 동 투자하다
  부여하다, 지출하다

He was **invested** with full authority.
그는 전권을 부여받았다.

arrest [ərést] ar〈~에게〉+re〈뒤로〉+est〈서게하다〉=capture, catch, seize	명 체포, 저지 동 체포(저지)하다	You are under **arrest**. 너를 체포한다.
digest [daiʒést] di〈따로 작게〉+gest〈나누다〉=consider, consume	동 소화하다, 숙고하다	I can't **digest** meat easily. 나는 고기는 소화가 잘 안 된다.
suggest [səgdʒést] sug〈앞에〉+gest〈내놓다〉 유 propose	동 제안하다, 암시하다	He **suggested** going out for a walk. 그는 산책하러 갈 것을 제안했다.
modest [mádist] mod〈규격에〉+est〈맞는〉=humble, moderate	형 겸손한, 알맞은	He was **modest** about his heroic action. 그는 자기의 영웅적 행위를 내세우지 않았다.
honest [ánist] 유 frank, sincere	형 정직한	I believe in his **honesty**. 나는 그의 정직함을 믿는다.
earnest [ə́:rnist] 유 sincere, serious	명 진지함, 진심 형 열심인, 진지한	She is a terribly **earnest** young woman. 그녀는 매우 진지한 젊은 여성이다.
harvest [há:rvist] 유 reap, gather	명 수확, 수확물 동 수확하다	This year's wheat **harvest** is improved. 올해의 밀 수확량은 증가되었다.
interest [íntərəst] 유 concern, benefit	명 이익, 흥미, 관심	I watched the movie with great **interest**. 나는 그 영화를 매우 재미있게 보았다.

■ 공통어미〈et〉로 구성되는 단어

forget [fərgét] 반 remember	동 잊다 생각이 나지 않다	I will never **forget** your kindness. 당신의 친절을 결코 잊지 않을 것입니다.
regret [rigrét] 유 remorse	명 후회 동 후회하다	He **regrets** his careless mistake. 그는 자기의 부주의로 인한 실수를 후회하고 있다.
upset [ʌpsét] up〈위로〉+set〈놓다〉	동 뒤집어엎다 전복시키다 당황케 하다	The cat has **upset** its saucer of milk. 고양이가 우유 접시를 뒤집어엎었다.

| **asset**
[ǽset]
ⓤ wealth, property | 명 재산, 자산, 유산
이점, 유용한 점 | Sociability is a great **asset** to a salesman.
외판원에게 사교성은 큰 강점이다. |

bullet
[búlit]
bull〈황소〉+et

명 총알

He was killed by a **bullet**.
그는 총탄에 맞아 죽었다.

faucet
[fɔ́:sit]

명 (수도)꼭지

He turned on the **faucet**.
그는 수도꼭지를 틀었다.

prophet
[práfit]
pro〈앞서〉+phet〈말하는 사람〉=fortuneteller

명 예언자

He was a pretty poor **prophet**.
그는 형편없는 예언자였다.

interpret
[intə́:rprit]
inter〈사이에서〉+pret〈말하다〉=translate, explain

동 통역하다, 해석하다

She kindly **interpreted** for foreign tourist.
그는 외국인 관광객을 위해 친절하게 통역해 주었다.

secret
[sí:krit]
ⓤ concealed, hidden

명 비밀, 기밀
형 비밀의

She brought some **secret** intelligence to him.
그녀는 그에게 뭔가 비밀정보를 갖고 왔다.

planet
[plǽnit]
plan〈계획〉+et

명 행성, 별

Venus is a beautiful **planet**.
금성은 아름다운 별이다.

budget
[bʌ́dʒit]

명 예산
동 예산을 세우다

Smart people **budget** their income.
영리한 사람들이 그들의 수입 예산을 세운다.

violet
[váiəlit]

명 제비꽃
보라색

She bought a **violet** curtain.
그녀는 보랏빛 커튼을 샀다.

banquet
[bǽŋkwit]
ⓤ feast, festival

명 연회

They gave a **banquet** for him.
그들은 그를 위해 연회를 베풀었다.

■ 공통어미〈etch〉로 구성되는 단어

fetch
[fetʃ]
자음f+etch=bring

동 가지고(데리고)오다

Please **fetch** me the newspaper.
신문을 좀 가져다주세요.

stretch
[stretʃ]

동 잡아당기다

쭉 뻗다, 기지개켜다

He **stretched** his arms and yawned.
그는 양팔을 뻗으며 하품하였다.

자음str+etch=expand, spread, extend

wretch
[retʃ]

명 비열한 사람, 불쌍한 사람

형 비열한, 불운한

I am **wretched** you are going.
가버리다니 슬픈 일이군

파 wretched 형 가엾은, 불쌍한

■ 공통어미〈ete〉로 구성되는 단어

athlete
[ǽθli:t]

명 운동선수

Athletes have to be careful with their diet.
운동선수들은 식이요법에 주의해야 한다.

delete
[dilí:t]

동 삭제하다, 지우다

Let's **delete** some old files.
오래된 파일을 삭제해봅시다.

유 erase, cancel

complete
[kəmplí:t]

형 전부의, 완전한

동 완성하다

We must **complete** the work by next month.
우리는 그 일을 다음 달까지 완성해야 한다.

com〈완전히〉+plete〈채우다〉=entire, whole, perfect

compete
[kəmpí:t]

동 겨루다, 경쟁하다

We must **compete** for success.
우리는 성공을 위해 경쟁해야 한다.

com〈함께〉+pete〈추구하다〉=contest, contend

■ 공통어미〈ew〉로 구성되는 단어

dew
[dju:]
자음d+ew=tiny drops of water

(명) 이슬

The grass was wet with **dew**.
풀이 이슬에 젖어 있었다.

new
[nju:]
자음n+ew (반) old, ancient

(형) 새로운, 처음 보는

In spring everything is **new**.
봄에는 모든 것이 새롭다.

renew
[rinjú:]
re〈다시〉+new〈새롭게 하다〉=renovate, restore

(동) 새롭게 하다
갱신하다

If you would like to **renew** the contract, please sign here.
계약을 갱신하고 싶으면, 여기에 서명하세요.

chew
[tʃu:]
자음ch+ew=gnaw, munch

(동) 깨물다, 씹다

You should always **chew** your food well.
음식은 언제나 잘 씹지 않으면 안 된다.

sew
[sou]
자음s+ew=mend, patch

(동) 바느질하다
꿰매다, 깁다

I saw mary **sewing** by the window.
나는 메리가 창가에서 바느질하는 것을 보았다.

■ 공통어미〈ice〉로 구성되는 단어

vice
[vais]
자음v+ice=crime, evil, guilt

(명) 악덕, 결점

My only **vice** is eating too much chocolate.
내 유일한 결점은 초콜릿을 너무 많이 먹는 것이다.

price
[prais]
자음pr+ice=worth, value

(명) 가격, 값, 대가

I bought this coat at a low **price**.
나는 이 코트를 싼값에 샀다.

advice
[ædváis]
(유) counsel, warning

(명) 충고, 조언

I will keep your **advice** in mind.
네 충고를 명심하겠다.

device
[diváis]
(유) tool, instrument

(명) 연구, 고안, 설비

Safety belts are a safety **device**.
안전띠는 하나의 안전장치다.

suffice [səfáis] ㉴ satisfy	동 충분하다 만족시키다	Fifty dollars will **suffice** for the needs of present. 50달러면 현재의 필요에 충분할 것이다.
sacrifice [sǽkrəfàis] ㉴ devote	명 희생 동 희생하다, 바치다	He gave his life as a **sacrifice** for his country. 그는 나라를 위해 자기 목숨을 희생했다.
office [ɔ́:fis]	명 사무소, 회사 관공서	My uncle works in a lawyer's **office**. 나의 아저씨는 변호사 사무실에서 일하고 계신다.
practice [prǽktis] ㉴ exercise	명 실습, 실행 동 실행(연습)하다	**Practice** what you preach. 설교하는 바를 스스로 행하여라.
prejudice [prédʒudis] pre〈before〉+judice〈judge〉	명 편견, 선입관	**Prejudice** is born of narrow mind. 편견은 좁은 마음에서 생겨난다.
malice [mǽlis] ㉴ ill, will	명 악의, 원한	There was no **malice** in his words. 그의 말에는 악의가 없었다.

▪ 공통어미〈ick〉로 구성되는 단어

lick [lik] 자음l+ick=taste, lap	동 핥다, 때리다, 치다	The dog **licked** his hand. 그 개는 그의 손을 핥았다.
pick [pik] 자음p+ick=elect, select	동 찌르다, 쪼다 고르다	Mrs. Green **picked** the best hat. 그린부인은 제일 좋은 모자를 골라잡았다.
sick [sik] 자음s+ick=ill, unhealthy	형 병든, 싫증나는	Jim has been **sick** for two weeks. 짐은 2주 동안 앓고 있다.
quick [kwik] 자음qu+ick=rapid, swift	형 빠른, 신속한	She is **quick** in doing everything. 그녀는 무엇이든 빠르게 한다.
thick [θik] 자음th+ick= 반 slim, thin	형 두꺼운, 짙은	Blood is **thicker** than water. 피는 물보다 진하다.

stick
[stik]

명 막대기, 지팡이
동 찌르다, 붙이다

자음st+ick=pierce, adhere

My grandfather walks with a **stick**.
할아버지는 지팡이를 짚고 다니신다.

trick
[trik]

명 책략, 속임수
동 속이다

자음tr+ick=cheat, deceit

He **tricked** me out of the money.
그는 속임수로 나의 돈을 빼앗았다.

wicked
[wíkid]

형 나쁜, 사악한
부정한, 심술궂은

유 bad, immoral

He has a **wicked** sense of humor.
그의 유머감각은 짓궂다.

■ 공통어미〈ict〉로 구성되는 단어

addict
[ǽdikt]

명 중독자, 열광하는 사람
동 중독 시키다

She is a TV **addict**.
그녀는 TV중독자이다.

predict
[pridíkt]

동 예언하다, 예보하다

pre〈미리〉+dict〈말하다〉=foretell, forecast

The predictor **predicted** that storm is coming.
그 예보관은 폭풍우가 올 것을 예보했다.

contradict
[kàntrədíkt]

동 반박하다, 모순되다

contra〈반대로〉+dict〈말하다〉=oppose, dispute

The witness **contradicted** the defendant's testimony.
목격자는 피고인의 증언을 부인했다.

afflict
[əflíkt]

동 괴롭히다

af〈~을〉+flict〈치다〉=disturb, bother

He is **afflicted** with an optical disorder.
그는 눈병에 시달리고 있다.

inflict
[inflíkt]

동 타격을 입히다, 주다

in〈~에 대해〉+flict〈치다〉=give, impose

Inflation **inflicted** suffering on many people.
인플레이션이 많은 사람들에게 고통을 주었다.

conflict
[kənflíkt]

명 투쟁, 전투, 충돌
동 싸우다, 모순되다

con〈함께〉+flict〈치다〉 유 fight

His testimony **conflicts** with yours.
그의 증언은 자네와 모순된다네.

strict
[strikt]

형 엄격한, 엄밀한

유 harsh, severe

They were very **strict** with their children.
그들은 자식들에게 매우 엄했다.

district
[dístrikt]

명 지구, 지역, 구역
관구

di〈따로〉+strict〈묶은 곳〉=region, territory

This city has seven postal **districts**.
이 도시는 7개의 우편구역이 있다.

restrict
[ristríkt]

re〈뒤로〉+strict〈묶어두다〉=limit, confine

동 제한하다, 속박하다

We are **restricted** to 30 miles per hour in residential areas.
주거지역에서는 시속 30마일로 속도가 제한된다.

convict
[kənvíkt]

con〈재판에서 완전히〉+vict〈이기다〉=sentence, condemn

동 유죄를 입증하다
유죄를 선고하다

They were **convicted** of murder.
그들은 살인죄로 유죄판결을 받았다.

depict
[dipíkt]

유 explain, describe

동 표현(묘사)하다
나타내다

The paintings **depict** moves of Taekwondo.
그 그림들은 태권도의 동작을 묘사하고 있다.

memo

Track 21

■ 공통어미〈ide〉로 구성되는 단어

hide
[haid]
자음h+ide=conceal, cover

동 숨다, 숨기다
감추다

We found him **hiding** in a side street.
우리는 그가 골목에 숨어있는 것을 발견했다.

tide
[taid]
자음t+ide=time, season

명 조수, 조류, 형세
때, 계절

Time and **tide** wait for no man.
세월은 사람을 기다리지 않는다.

wide
[waid]
자음w+ide=broad, large

형 넓은, 풍부한
부 넓게

Mr. Adam has a **wide** knowledge of music.
아담씨는 음악에 관한 풍부한 지식을 갖고 있다.

guide
[gaid]
자음gu+ide=lead, supervise

명 안내원
동 안내(지도)하다

Our **guide** showed us many famous places.
안내인은 우리에게 유명한 곳을 많이 보여 주었다.

bride
[braid]
자음br+ide=a woman who has just married

명 신부

My sister will be **bride** next spring.
누나는 내년 봄에 신부가 된다.

pride
[praid]
자음pr+ide=haughtiness

명 자존심, 자만
오만

Her child is her great **pride**.
그녀는 아이가 큰 자랑거리다.

stride
[straid]
자음str+ide=to walk with long steps

명 큰 걸음
동 큰 걸음으로 걷다

Stride means to walk with long steps.
스트라이트는 성큼 성큼 걷는 것을 뜻한다.

abide
[əbáid]
a〈~에〉+bide〈머무르다〉=stay, dwell, reside

동 살다, 머무르다

How long will you **abide** in America?
미국에 얼마나 체재할거죠?

decide
[disáid]
de〈따로〉+cide〈잘라내다〉=resolve, determine

동 결정(결심)하다

Tom **decided** that he would be a pilot.
탐은 파일럿이 되겠다고 결심했다.

coincide
[kòuinsáid]

동 동시에 일어나다
일치하다, 부합하다

Her arrival **coincided** with our departure.
우리가 떠나자 그녀가 도착했다.

suicide
[sjúːəsàid]
명 자살, 자살행위
자멸

She committed **suicide**.
그녀는 자살했다.

sui〈자신을〉+cide〈죽임〉

confide
[kənfáid]
동 신용하다, 위탁하다
털어놓다

He **confided** his secret to me.
그는 비밀을 나에게 털어 놓았다.

con〈완전히〉+fide〈믿다〉

collide
[kəláid]
동 부딪치다, 충돌하다

The car **collided** with the truck.
승용차와 트럭이 충돌했다.

col〈함께〉+lide〈부딪치다〉=crash, smash

aside
[əsáid]
부 곁에, 곁으로
옆에, 옆으로

He stepped **aside** for us to pass.
그는 우리가 지나가도록 옆으로 물러섰다.

a〈~의〉+side〈옆쪽〉

beside
[bisáid]
전 ~의 옆에(곁에)

We used to walk **beside** the river.
우리는 강을 따라 걷곤 했다.

be〈~에〉+side〈옆쪽〉

inside
[insáid]
명 내부, 안쪽
부 내부에
형 안쪽의

I painted the **inside** of the box red.
나는 그 상자의 내부를 빨갛게 칠했다.

in〈안〉+side〈쪽〉

outside
[áutsáid]
명 외부
부 밖에, 밖으로
형 밖의

His friends were waiting **outside**.
그의 친구들은 집 밖에서 기다리고 있었다.

out〈바깥〉+side〈쪽〉

subside
[səbsáid]
동 가라앉다, 내려앉다
푹 꺼지다

Pam's anger **subsided** when I explained the situation.
내가 그 상황을 설명하자 팜의 화가 진정되었다.

sub〈밑에〉+side〈쪽으로 가다〉=sink

upside
[ʌpsáid]
명 위쪽, 상부

The bus fell **upside** down into the valley.
버스는 계곡에 거꾸로 떨어졌다.

up〈위〉+side〈쪽〉

reside
[rizáid]
동 살다, 있다
존재하다

The power of decision **resides** in the President.
결정권은 대통령에게 있다.

re〈뒤에〉+side〈앉아있다〉=live, dwell

preside
[prizáid]
동 사회하다, 주재하다
관장하다

The manager **presides** over the business of the firm.
지배인은 회사의 일을 통괄한다.

pre〈앞쪽에〉+side〈앉아 사회를 보다〉=direct

chief
[tʃiːf]
자음ch+ief=commander, leader

명 우두머리, 수령
형 주요한

Mr. White is the **chief** of police station.
화이트씨는 경찰서장이다.

thief
[θiːf]
자음th+ief=burglar, robber

명 도둑, 절도범
좀도둑

The **thief** was caught at once.
도둑은 즉시 잡혔다.

brief
[briːf]
자음br+ief=short, temporary

형 간단한, 짧은

His speech was **brief** but very interesting.
그의 이야기는 짧지만 퍽 재미있었다.

grief
[griːf]
자음gr+ief=sadness, mourning

명 슬픔, 비통

The mother's **grief** over her son's dying was deep.
아들의 죽음에 대한 어머니의 슬픔은 컸다.

relief
[riliːf]
re〈다시〉+lief〈살게하는 것〉

명 (고통의)경감
제거, 구원

Mary devoted herself to the **relief** of the poor.
메리는 가난한 사람의 구제에 헌신했다.

belief
[biliːf]
유 faith, trust

명 믿음, 신뢰, 신앙

I don't have much **belief** in ghosts.
나는 유령이 있다고 별로 믿지 않는다.

mischief
[místʃif]
유 harm, damage

명 장난, 손해, 해악

That red-headed boy is full of **mischief**.
빨강머리 소년은 장난기로 가득하다.

achieve
[ətʃíːv]
a〈~로〉+chieve〈끝까지 가다〉=accomplish, perform, execute

동 성취하다, 얻다

She is **achieving** fame as an opera singer.
그녀는 오페라 가수로서 명성을 떨치고 있다.

believe
[bilíːv]
유 trust 반 doubt

동 (신을)믿다
신용(생각)하다

They **believe** him to be honest.
그들은 그가 정직하다고 생각한다.

relieve
[rilíːv]
re〈다시〉+lieve〈살게하다〉=ease, relax, cure

동 경감하다, 구제하다

This drug will **relieve** headaches.
이 약은 두통을 덜어줄 것이다.

■ 공통어미〈ift〉로 구성되는 단어

gift
[gift]
자음g+ift=present, talent

- 명 선물, 천부적 재능
- 동 증여하다

We are all **gifted** with conscience.
우리에게는 모두 타고난 양심이 있다.

lift
[lift]
자음l+ift=raise, pick up

- 명 들어올림
- 동 (들어)올리다

I can give you a **lift** to the library.
너를 도서관까지 태워다주겠다.

shift
[ʃift]
자음sh+ift=vary, change, transfer

- 동 바꾸다, 변경하다
  옮기다

The wind has **shifted** from west to south.
바람은 서쪽에서 남쪽으로 바뀌었다.

drift
[drift]
자음dr+ift=sail, float

- 동 표류하다, 떠다니다

The ship was **drifting** this way and that.
그 배는 이리저리 표류하고 있었다.

thrift
[θrift]
자음thr+ift=saving, economy

- 명 절약, 검약

He has the habit of **thrift**.
그는 절약하는 습관을 가지고 있다.

swift
[swift]
자음sw+ift=quick, fast

- 형 신속한, 빠른

Mike is **swift** with his judgement.
마이크는 판단이 빠르다.

■ 공통어미〈iff〉로 구성되는 단어

cliff
[klif]
자음cl+iff=precipice

- 명 절벽, 낭떠러지

Bill stood on the **cliff**.
빌은 절벽위에 서 있었다

sniff
[snif]
자음sn+iff=smell

- 동 냄새를 맡다

The dog **sniffed** at the stranger.
개는 낯선 사람의 냄새를 맡았다.

stiff
[stif]
자음st+iff=rigid, firm

- 형 뻣뻣한, 뻑뻑한

I have got a **stiff** neck.
목이 뻣뻣해져 잘 돌려지지 않는다.

■ 공통어미〈ight〉로 구성되는 단어

fight
[fait]
자음f+ight=battle, quarrel

명 싸움, 다툼
동 싸우다, 다투다

The U.S.A. **fought** against Japan in the second World War.
미국은 2차 대전 때 일본과 전쟁을 했다.

light
[lait]
자음l+ight=bright

명 빛
형 밝은, 가벼운
동 불을 켜다

My new overcoat is **light** but warm.
나의 새 외투는 가볍지만 따뜻하다.

might
[mait]
자음m+ight=force, power

명 힘, 완력, 능력
동 may의 과거

Work with all your **might**.
전력을 다해 일해라.

night
[nait]
자음n+ight= 반 day 동음knight

명 야간, 밤

What time did you go to bed last **night**?
어젯밤 몇 시에 잤니?

right
[rait]
자음r+ight=just, true

명 권리, 정의
오른쪽
형 올바른

Let me know the **right** answer.
올바른 답을 알려주세요.

sight
[sait]
자음s+ight=동음site

명 시력, 경치, 풍경

My father has good **sight**.
아버지는 시력이 좋으시다.

tight
[tait]
자음t+ight=firm, strong

형 단단한, 팽팽한
부 단단하게

These shoes are too **tight** for me.
이 구두는 내게 너무 꽉 낀다.

knight
[nait]
자음kn+ight=knight

명 기사
(영국의)나이트 작위

Knights in the middle ages were very brave.
중세의 기사들은 매우 용감했다.

flight
[flait]
자음fl+ight=flying

명 비행, 날기

A **flight** from San Francisco to Hawaii takes six hours.
샌프란시스코에서 하와이까지 비행기로 6시간 걸린다.

slight
[slait]
자음sl+ight=unimportant

동 경멸하다
형 적은, 하찮은

Some were **slightly** injured in the accident.
그 사고에서 몇 명이 경상을 입었다.

bright
[brait]
자음br+ight=clever, smart

형 빛나는, 밝은
총명한, 명랑한

She looks **bright** this morning.
오늘 아침 그녀는 명랑해 보인다.

fright
[frait]
자음fr+ight=fear, terror, alarm

명 놀람, 공포

He was trembling with **fright**.
그는 공포에 떨고 있었다.

twilight
[twáilàit]
twi〈밤과 낮사이의〉+light〈빛〉

명 어스름, 황혼
땅거미

We went for a walk in the **twilight**.
우리는 어스름에 산책하러 나갔다.

daylight
[déilàit]
day〈낮〉+light〈빛〉

명 일광, 햇빛
낮

He left before **daylight**.
그는 동이 트기 전에 떠났다.

upright
[ʌ́pràit]
up〈위로〉+right〈똑바른〉

형 똑바로 선
직립의, 수직의
정직한

He is **upright** in his business dealings.
그는 상거래에 있어서 정직하다.

overnight
[óuvərnàit]

부 밤새도록

My uncle stayed **overnight** with us.
아저씨는 우리와 함께 하룻밤을 묵었다.

midnight
[mídnàit]
mid〈중간〉+night〈밤〉

명 한밤중, 자정
암흑

The dancing party was closed at **midnight**.
댄스파티는 한밤중에 끝났다.

delight
[diláit]
유 joy, pleasure

명 즐거움
동 즐겁게 하다

She was **delighted** with her birthday present.
그녀는 생일 선물을 받고 기뻐했다.

enlighten
[inláitn]

동 계몽하다, 교화하다
가르치다

Will you be good enough to **enlighten** me on this subject?
이 제목에 관해서 가르쳐 주시겠습니까?

■ 공통어미〈ile〉로 구성되는 단어

pile
[pail]
자음p+ile=heap, accumulation

명 퇴적
동 쌓아올리다
축적하다

A lot of gold coins **piled** up on the tables.
많은 금화가 테이블위에 쌓여있다.

vile
[vail]
자음v+ile=ignoble, mean

형 비열한, 야비한
천한, 고약한

The small insect has a **vile** smell.
그 작은 벌레는 비위가 상하는 (고약한) 냄새가 난다.

while
[hwail]
자음wh+ile=

접 ~하는 동안

He was injured **while** playing football.
그는 축구를 하다가 부상을 입었다.

beguile
[bigáil]
유 deceive

동 속이다, 현혹시키다

He **beguiled** me with flattery.
그는 감언이설로 나를 현혹시켰다.

compile
[kəmpáil]
com〈함께〉+pile〈모아놓다〉

명 편집(수집)하다
동 자료를 모으다

He **compiled** many books.
그는 많은 책을 편집했다.

reconcile
[rékənsàil]
re〈다시〉+com〈함께〉+cile〈부르다〉=mediate

동 화해시키다
조정하다

The couple were **reconciled** after their misunder-standing.
그 부부는 오해를 풀고 화해했다.

meanwhile
[mí:nwàil]
mean〈중간의〉+while〈기간〉

부 그사이에, 동시에

Meanwhile, you must study hard.
그 사이에 열심히 공부해야 한다.

fragile
[frǽdʒəl]
frag〈깨질 수〉+ile〈있는〉=breakable

형 부서지기 쉬운

This vase is very **fragile**.
이 꽃병은 아주 깨지기 쉽다.

sterile
[stéril]
유 barren

형 불임의
불모의, 척박한
살균한, 소독한

This field is too **sterile** to yield anything.
이 땅은 너무 척박해서 아무것도 재배할 수 없다.

hostile
[hástl]
유 unfriendly

형 적의, 적국의
적의가 있는

He stared at me in a **hostile** manner.
그는 적대하는 태도로 나를 응시했다.

fertile
[fə́:rtl]
유 rich, fruitful

형 비옥한, 기름진

Fertile soil is indispensable for agriculture.
농사에는 비옥한 토지가 꼭 필요하다.

exile
[égzail]
=banish, banishment

명 망명, 국외추방
동 망명하다

He came back after an **exile** of ten years.
그는 10년간의 망명생활 끝에 돌아왔다.

■ 공통어미〈ill〉로 구성되는 단어

bill
[bil]
자음b+ill=charge, account

명 계산서, 청구서
목록, 지폐

I will take care of the **bill**.
내가 계산을 할게.

pill
[pil]
자음p+ill=a small tablet of medicine

명 환약, 알약

Take three **pills** a day.
하루에 3알 드세요.

sill
[sil]
자음s+ill=

명 문지방, 문턱

A pretty bird sat on the window **sill**.
예쁜 새 한 마리가 창문턱에 앉았다.

chill
[ʧil]
자음ch+ill=cold, cool

명 냉기, 오한, 환기

There is something **chilly** about him.
그에게는 어딘가 차가운 데가 있다.

drill
[dril]
자음dr+ill=training

명 훈련, 연습
송곳

The children have lots of English **drill**.
아이들은 영어연습을 많이 한다.

skill
[skil]
자음sk+ill=ability, talent

명 솜씨, 숙련, 기술

Sam is very **skillful** shoe maker.
샘은 매우 숙련된 구두수선사이다.

spill
[spil]
자음sp+ill=shed

동 흘리다, 엎지르다
살포하다

It is no use crying over **spilt** milk.
엎지른 물은 다시 주워 담을 수 없다.

till
[təl (강) tíl]
자음t+ill=plow, cultivate

전 ～까지, ～할 때까지
동 경작하다

He worked from morning **till** night.
그는 아침부터 밤까지 일했다.

still
[stil]
자음st+ill=calm, quiet

형 고요한
부 아직, 지금

Korea is the only country on earth that is **still** divided.
한국은 아직도 분단된 지구상의 유일한 국가이다.

thrill
[θril]
자음thr+ill=stimulation

명 스릴, 전율

The movie was full of **thrills**.
그 영화는 스릴이 넘쳤다.

■ 공통어미〈im〉로 구성되는 단어

dim
[dim]
자음d+im=faint, vague

형 어스레한
어둑어둑한

Don't read in **dim** light.
침침한 곳에서 책을 읽지 마라.

brim
[brim]
자음br+im=border, margin

명 언저리, 가장자리
동 가득붓다, 넘치다

He filled the glass to the **brim**.
그는 잔을 가장자리까지 채웠다.

grim
[grim]
자음gr+im=strict, severe

형 엄한, 무정한
사나운, 잔인한

Father looked **grim** hearing the news.
아버지는 그 소식을 듣고 무서운 얼굴을 하셨다.

trim
[trim]
자음tr+im=tidy, neat, clear

동 다듬다, 정돈하다
형 말쑥한

He is **trimming** the hedge.
그는 울타리를 손질하고 있다.

skim
[skim]
자음sk+im=to remove something

동 수면을 스쳐 지나가다
찌꺼기를 걷어내다

The bird **skimmed** over the water.
새가 물위를 스쳐 날아갔다.

slim
[slim]
자음sl+im=thin, slender

형 호리호리한
가냘픈, 빈약한

She looks quite **slim** now that she lost 20 pounds.
그녀는 20파운드의 몸무게가 빠져서 지금은 날씬해 보인다.

swim
[swim]

명 수영
동 수영하다

She **swam** across the lake.
그녀는 호수를 헤엄쳐 건넜다.

pilgrim
[pílgrim]

명 순례자

The knights met many **pilgrims** who were on the way to the holy land.
그 기사들은 성지로 가는 많은 순례자들을 만났다.

victim
[víktim]

명 (종교의식)희생
제물, 희생자

They were **victims** of Korean War.
그들은 한국전쟁의 희생자들이었다.

■ 공통어미〈ime〉로 연상되는 단어

crime
[kraim]
자음cr+ime=wrongdoing

(명) 범죄

He was punished for his **crime**.
그는 자기가 저지른 죄로 벌을 받았다.

prime
[praim]
자음pr+ime=first, superior

(명) 초기, 전성기
(형) 제1의, 최초의

His **prime** object was to see the king.
그의 첫째 목적은 국왕을 만나는 것이었다.

sublime
[səbláim]
(유) grand, supreme, noble

(형) 숭고한, 위대한

The wine tasted **sublime**.
그 와인은 맛이 최고다.

pantomime
[pǽntəmàim]

(명) 무언극, 판토마임
(동) 무언극하다

Pantomime means a play the actors use no words.
무언극은 배우가 말을 하지 않고 하는 연극을 말한다.

pastime
[pǽstàim]
=amusement

(명) 취미, 오락
소일거리

Driving is a good holiday **pastime**.
드라이브는 휴일의 좋은 기분전환취미이다.

regime
[rəʒí:m]
(유) government

(명) 정권, 정부
체제

They fought against the old feudal **regime**.
그들은 낡은 봉건체제에 대항하여 싸웠다.

■ 공통어미〈in〉로 구성되는 단어

sin
[sin]
자음s+in=evil, crime

(형) (종교상의)죄
(도덕상의)죄

It is **sin** to tell a lie.
거짓말을 하는 것은 죄악이다.

win
[win]
자음w+in=succeed, prevail

(동) 이기다, 얻다

We **won** the baseball game 3 to 1
우리는 야구경기에서 3대1로 이겼다.

thin
[θin]
자음th+in=lean, slender

(형) 얇은, 마른
수척한

She became pale and **thin** after her illness.
그녀는 앓고 난 후 창백하고 수척해졌다.

spin
[spin]
자음sp+in=turn, rotate, revolve

(동) 실을 잣다, 돌리다
방적하다

The little boy was **spinning** a top.
어린 소년은 팽이를 돌리고 있었다.

twin
[twin]
자음tw+in

명 쌍둥이

Twin means two children born to the same mother at the same time.
쌍둥이는 같은 시간에 같은 어머니에게서 태어난 두 아이를 말한다.

ruin
[rú:in]
유 spoil, destroy

명 파멸, 폐허
동 파멸시키다
　　망치다

The rain **ruined** our holiday.
비가 우리의 휴가를 망쳤다.

virgin
[və́:rdʒin]
유 genuine, innocent

명 처녀, 아가씨
형 처녀의, 순결한

The young **virgins** danced in the rites of spring.
젊은 처녀들은 봄의 의식에서 춤을 추었다.

origin
[ɔ́:rədʒin]
유 birth, source

명 기원, 탄생, 발단

Nobody knows the **origins** of these words.
이 낱말들의 기원은 아무도 모른다.

margin
[má:rdʒin]
유 border, boundary

명 가장자리, 여백

Don't write in the **margins** of the paper.
용지의 여백에 기입하지 마시오.

dolphin
[dálfin]

명 돌고래

Dolphins are known to be very clever.
돌고래는 아주 영리하다고 알려져 있다.

■ 공통어미〈ince〉로 구성되는 단어

since
[sins]
자음s+ince

접 ~한 이후로

I have not seen her **since** then.
나는 그 이후로 그녀를 만나지 못했다.

prince
[prins]

명 왕자, 군주, 귀족

He was a crown **prince**.
그는 왕세자였다.

convince
[kənvíns]
con〈완전히〉+vince〈이기게 하다〉

동 납득시키다
　　확인시키다

She is **convinced** of his honesty.
그녀는 그의 정직함을 확신하고 있다.

province
[právins]
유 district, region

명 주(州), 지방
　　분야

Canada is divided into **provinces**.
캐나다는 주로 나뉘어져있다.

■ 공통어미〈ind〉로 구성되는 단어

bind
[baind]
자음b+ind=fasten, connect

동 묶다, 얽어매다

Bind the dog to the tree.
그 개를 나무에 묶어 두어라.

mind
[maind]
자음m+ind=brain, spirit, soul

명 마음, 정신, 생각
동 염려하다, 주의하다

He made up his **mind** to study harder.
그는 더욱 열심히 공부하기로 마음먹었다.

find
[faind]
자음f+ind=discover, observe

동 찾다, 발견하다

I can't **find** my boots.
나는 내 부츠를 찾을 수가 없다.

blind
[blaind]
자음bl+ind=sightless

형 눈 먼, 맹목적인

She went **blind** suddenly.
그녀는 갑자기 눈이 멀었다.

grind
[graind]
자음gr+ind=mash, crush, powder

동 갈다, 빻다
가루로 만들다

I must **grind** this ax.
나는 이 도끼를 갈아야 한다.

behind
[biháind, bə-]
유 after, backward

전 뒤에, 이면에
부 뒤에, 배후에

Jane has something **behind** her back.
제인은 등 뒤에 무엇인가를 가지고 있다.

remind
[rimáind]
re〈다시〉+mind〈마음에 두다〉

동 생각나게 하다
일깨우다

He **reminds** me of my younger brother.
그를 보면 내 남동생이 생각난다.

mankind
[mænkaind]
man〈사람〉+kind〈종류〉=the human species

명 인간, 인류

He devoted his life to the welfare of **mankind**.
그는 인류의 복지를 위하여 일생을 바쳤다.

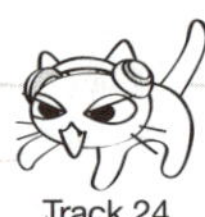

■ 공통어미〈ine〉로 구성되는 단어

dine
[dain]
자음d+ine=eat

동 식사하다
정찬을 들다

The Brown's invited me to **dine** with them.
브라운씨 가족은 같이 식사하자고 나를 초대했다.

fine
[fain]
자음f+ine=nice, handsome

명 벌금
형 훌륭한, 멋있는
벌금을 과하다

He was fined 100 dollars for a parking **fine**.
그는 주차위반으로 100달러의 벌금에 처해졌다.

mine
[main]
자음m+ine=shaft, pit

명 광산
동 채굴하다

They were mining a gold **mine**.
그들은 금광을 채굴하고 있었다.

vine
[vain]
자음v+ine=a climbing plant

명 포도나무, 덩굴
덩굴식물

The wall was covered with climbing **vines**.
담벼락은 위로 뻗은 덩굴로 덮여 있었다.

shine
[ʃain]
자음sh+ine=to be bright

명 햇빛
동 빛나다, 반짝이다

Make hay while the sun **shines**.
해가 있을 때 풀을 말려라.

shrine
[ʃrain]
자음shr+ine=a sacred place

명 사당, 묘

On new year's day we visited the **shrine** near our house.
설날 우리 집 근처의 사당에 갔다.

combine
[kəmbáin]
com〈함께〉+bine〈묶다〉=unite, connect

동 결합하다(시키다)
연합(합병)하다

Everything **combined** to make me do that.
여러 가지 일이 겹쳐서 나는 그렇게 하지 않을 수 없었다.

define
[difáin]
de〈~로부터〉+fine〈한계를 정하다〉=describe

동 정의를 내리다
규정짓다

The boundaries between countries are clearly **defined**.
나라와 나라사이에는 경계선이 확실히 정해져 있다.

refine
[rifáin]
re〈다시〉+fine〈깨끗하게 하다〉=clean, purify

동 정련(제련)하다
품위있게 하다

Sugar, oil and metals are **refined** before being used.
설탕, 기름과 금속은 사용되기 전에 정제된다.

confine
[kənfáin]
con〈함께〉+fine〈경계를 두다〉=limit, enclose

동 한정하다, 가두다
제한하다

They were **confined** in the elevator for two hours.
그들은 엘리베이터 속에 두 시간이나 갇혀있었다.

incline
[inkláin]

동 기울이다
(마음을) 기울이다

in⟨~쪽으로⟩+cline⟨경사지다⟩=lean, slope

I am **inclined** to go at once.
나는 곧 가고 싶어졌다.

decline
[dikláin]

명 쇠퇴
동 기울다, 쇠퇴하다
거절하다

de⟨~로부터⟩+cline⟨경사지다⟩

He has **declined** in health.
그는 건강이 쇠약해졌다.

divine
[diváin]

형 신의, 신성한
동 예언하다

유 holy, supernatural

A priest follows the **divine** will.
신부는 신의 뜻을 따른다.

destine
[déstin]

동 운명짓다, 예정하다

de⟨정해진 곳에⟩+stine⟨서다⟩

They were **destined** never to meet again.
그들은 결코 두 번 다시 못 만날 운명이었다.

determine
[ditə́:rmin]

동 결심(결정)하다

de⟨짓다⟩+termin⟨결론을⟩=decide, conclude

Demand **determines** the price.
수요는 가격을 결정한다.

marine
[mərí:n]

형 바다의, 해양의

mar⟨바다⟩+ine⟨의⟩

This village exports **marine** products.
이 마을은 해산물을 수출한다.

submarine
[sʌ́bmərí:n]

명 잠수함, 해저생물
형 해저의

sub⟨밑에⟩+marine⟨바다의⟩

Some **submarines** use atomic energy as fuel.
어떤 잠수함들은 원자력에너지를 연료로 사용한다.

routine
[ru:tí:n]

명 정해진 일, 관례
틀에 박힌 일

rout⟨정해진 길⟩+ine⟨의⟩

After the vacation, he returned to his **routine**.
휴가가 끝나자, 그는 일상의 일로 되돌아갔다.

machine
[məʃí:n]

명 기계, 장치, 기관

유 motor, device

This washing **machine** does not work well.
이 세탁기는 제대로 작동하지 않는다.

magazine
[mǽgəzí:n]

명 잡지
군창고, 탄약고

유 journal

I was absorbed in a Time **magazine**.
나는 타임지에 정신이 팔렸다.

famine
[fǽmin]

명 기근, 기아
굶주림

유 starvation

Parts of India have often suffered from **famine**.
인도의 몇몇 지방은 종종 기근을 겪어 왔다.

examine
[igzǽmin]

동 시험하다
검사(조사)하다

유 investigate

The policeman **examined** the room carefully.
경찰관은 주의깊게 방을 조사했다.

imagine
[imǽdʒin]
유 think, suppose

동 상상하다

Can you **imagine** such a thing?
그런 일을 상상할 수 있겠느냐?

■ 공통어미〈ing〉로 구성되는 단어

king
[kiŋ]
자음k+ing=a male ruler

명 왕

The lion is the **king** of beasts.
사자는 백수의 왕이다.

sing
[siŋ]
자음s+ing=chant, carol

동 노래하다
(새가)지저귀다

Birds are **singing** in the trees.
새들이 나무에서 지저귀고 있다.

cling
[kliŋ]
자음cl+ing=to hold tightly to something

동 달라붙다, 매달리다

The child is **clinging** to her mother's skirt.
아이는 어머니의 치맛자락에 매달려 있다.

sling
[sliŋ]
자음sl+ing=throw

명 투석기
동 내던지다

A **sling** is used for throwing stones.
투석기는 돌을 던지는데 사용된다.

fling
[fliŋ]
자음fl+ing=to throw with strong force

동 내팽개치다
내던지다

He **flung** off his coat.
그는 외투를 벗어 던졌다.

sting
[stiŋ]
자음st+ing=prick

명 찌르기, 쏘기
동 찌르다, (벌이)쏘다

A bee **stung** me on the arm.
벌이 내 팔을 쏘았다.

swing
[swiŋ]
자음sw+ing=wave, sway

명 진동, 흔들림
동 흔들리다, 진동하다

The lamp **swung** in the wind.
램프가 바람에 흔들렸다.

spring
[spriŋ]
자음spr+ing=jump, bound

명 봄, 샘, 용수철
동 뛰어오르다

There is a small **spring** in the village.
그 마을에는 작은 샘이 있다.

string
[striŋ]
자음str+ing=thin cord or rope

명 실, 끈, 줄, 현

How many **strings** does a violin have?
바이올린이 몇 줄인지 아느냐?

cunning
[kʌ́niŋ]

명 교활함
형 교활한, 정교한

She was as **cunning** as a fox.
그녀는 여우처럼 교활했다.

■ 공통어미〈ink〉로 구성되는 단어

link
[liŋk]
자음l+ink=unite, connect

명 고리
동 연결하다

Let's **link** this rope with another.
이 밧줄을 다른 것에 연결하자.

sink
[siŋk]
자음s+ink=drop, descend

동 가라앉다, 침몰하다

Two ships were **sunk** by the submarine.
두 척의 배가 잠수함에 의해서 격침당했다.

wink
[wiŋk]
자음w+ink=open and close one eye quickly

명 윙크, 눈짓
동 윙크(눈짓)하다

Tom gave me a **wink**.
탐이 나에게 윙크했다.

blink
[bliŋk]
자음bl+ink=wink, twinkle

동 (눈을)깜빡거리다

She **blinked** in the sun-light.
그녀는 햇빛에 눈이 부셔 눈을 깜빡였다.

brink
[briŋk]
자음br+ink=margin, edge, crisis

명 가장자리, 끝
언저리, 위기

We stood on the **brink** of destruction.
우리는 파멸직전에 서 있다.

shrink
[ʃriŋk]
자음shr+ink=diminish

동 오그라들다
줄어들다

The dress **shrank** when it was washed.
그 옷은 세탁하자 줄어들었다.

slink
[sliŋk]
자음sl+ink=

동 살금살금 움직이다

Slink means to move in a secret.
'Slink' 는 '몰래 움직이는 것' 을 의미한다.

stink
[stiŋk]
자음st+ink=to smell very unpleasant

명 악취
동 악취를 풍기다

This ham **stinks**.
이 햄은 악취가 심하다.

■ 공통어미〈int〉로 구성되는 단어

hint
[hint]
자음h+int=to suggest something

（명） 힌트, 암시, 징후
（동） 암시하다

Will you give me a **hint**?
힌트를 하나 주지 않겠니?

mint
[mint]

（명） 박하(사탕)

Mint is a plant used as a flavoring.
박하는 향미료로 사용되는 식물이다.

print
[print]
자음pr+int=issue, publish

（동） 인쇄하다
프린트하다

How many copies are you going to **print**?
몇 부나 인쇄하려고 하나요?

■ 공통어미〈ion〉로 구성되는 단어

legion
[líːdʒən]

（명） 군단, 군대, 다수
재향군인

Their numbers are **legion**.
그들의 수는 엄청나다.

region
[ríːdʒən]
reg〈통치〉+ion〈구역〉

（명） 지역, 지구, 지대

This **region** used to be sea then.
이 지역은 그 당시 바다였었다.

religion
[rilídʒən]
re〈뒤로〉+lig〈묶인〉+ion〈것〉

（명） 종교, 신앙, 종파

Buddhism is one of the great **religions**.
불교는 가장 위대한 종교들 중의 하나이다.

fashion
[fǽʃən]
（유）shape, style, mode

（명） 유행, 패션

This suit is out of the **fashion**.
이 양복은 유행에 뒤떨어집니다.

cushion
[kúʃən]
（유）pillow, pad

（명） 쿠션, 방석, 받침

Please have a seat on this **cushion**.
이 방석에 앉으세요.

million
[míljən]
mill〈방앗간〉+ion

（명） 100만, 다수, 무수

Millions of people are hungry in Africa.
아프리카에는 대단히 많은 사람이 굶주리고
있다.

opinion [əpínjən] opin〈고르는〉+ion〈생각〉	명 생각, 판단, 의견	I am of your **opinion**. 나는 너와 같은 의견이다.
union [júːnjən] uni〈하나로 뭉친〉+on〈것〉	명 결합, 합동, 연합 국가, 조합	I belong to the labor **union**. 나는 노동조합에 속해있다.
champion [tʃǽmpiən] 유 victor, winner	명 선수권 보유자 우승자, 챔피언	Who is the **champion** swimmer. 누가 수영의 우승자이냐?
vision [víʒən] vis〈보는〉+ion〈것〉 유 sight	명 시력, 시각 선견지명	You must take a test for your **vision**. 너는 시력검사를 받아야 한다.
pension [pénʃən] pens〈무게를〉+ion〈달아주는 것〉	명 연금, 생활보조금	Do you know how much your **pension** will be? 당신의 연금이 얼마일지 알고 있습니까?
passion [pǽʃən] pass〈강하게 느끼다〉+ion〈명점〉	명 격정, 열정, 정열	He is a man of **passion**. 그는 정열적인 사람이다.
mission [míʃən] miss〈보내는〉+ion〈것〉	명 사절단, 파견단 사명, 포교단체	Our **mission** is to help the sick. 우리의 임무는 병든 이들을 돕는 것이다.

■ 공통어미〈ip〉로 구성되는 단어

dip [dip] 자음d+ip=submerge	동 (물에)살짝 담그다	She **dipped** her handkerchief in the water. 그녀는 손수건을 물에 살짝 담갔다.
ship [ʃip] 자음sh+ip=	명 배 동 배에 타다	We went on board the **ship**. 우리는 배에 탔다.
whip [wip] 자음wh+ip=beat, thrash	명 회초리, 채찍 동 매질하다, 낚아채다	Tom was beaten several times with a **whip**. 탐은 회초리로 몇 차례 얻어맞았다.
drip [drip] 자음dr+ip=drop	명 물방울 동 뚝뚝 떨어지다	Water is **dripping** from the tap. 수도꼭지에서 물이 뚝뚝 떨어지고 있다.

gossip
[gásəp]
몡 소문, 험담, 수다
통 잡담하다

She is always **gossiping** with her friends.
그녀는 늘 그녀의 친구들과 수다를 떤다.

grip
[grip]
자음gr+ip=grasp, seize
몡 붙잡기, 쥐기
통 잡다, 쥐다

Grip the handle tightly.
손잡이를 꽉 잡아라.

trip
[trip]
자음tr+ip=journey, tour
몡 여행, 소풍

My father went on business **trip**.
아버지께서는 출장을 가셨다.

strip
[strip]
자음str+ip=undress
몡 가늘고 긴 조각
통 (옷, 껍질 등을)벗기다

The farmer **stripped** the bark from tree.
그 농부는 나무의 껍질을 벗겼다.

slip
[slip]
자음sl+ip=slide
통 미끄러지다
미끄러져 넘어지다

The spoon **slipped** down from the table.
스푼이 식탁에서 미끄러져 떨어졌다.

equip
[ikwíp]
㋃ provide, prepare
통 갖추다
장비(설비)하다

Her kitchen is **equipped** with various electrical devices.
그녀의 부엌은 여러 가지 전기 장치가 설비되어 있다.

■ 공통어미〈ipe〉로 구성되는 단어

ripe
[raip]
자음r+ipe=mature
몡 익은, 무르익은
성숙한

The grain was fully **ripe** in the fields.
들에는 곡식들이 무르익었다.

wipe
[waip]
자음w+ipe=to rub something
통 닦다, 문지르다
훔치다

I **wiped** my shoes on the mat.
나는 매트에 신발을 닦았다.

stripe
[straip]
자음str+ipe=a band of color
몡 줄무늬
통 줄무늬를 넣다

There are thirteen **stripes** in the American flag.
성조기에는 13개의 줄이 있다.

■ 공통어미〈ire〉로 구성되는 단어

fire
[faiər]
자음f+ire=dismiss
몡 불, 화재
통 발사(발포)하다
해고하다

There is no smoke without **fire**.
아니 땐 굴뚝에 연기 나랴!

hire
[haiər]
자음h+ire=employ, occupy

- 명 임대료, 임금
- 동 임대하다, 고용하다

We **hired** a woman to do the housework.
우리는 집안일을 할 여자를 한사람 고용했다.

tire
[taiər]
자음t+ire=fatigue

- 명 타이어
- 동 피곤하게 하다
  싫증나게 하다

They were **tired** from the long trip.
그들은 오랜 여행으로 피곤했다.

wire
[waiər]
자음w+ire=telegraph

- 명 철사, 전선, 전보
- 동 전보를 치다

Let me know by **wire** when you will arrive here.
당신이 언제 도착할지 전보로 알려 주세요.

spire
[spaiər]

- 명 뾰족탑, 첨탑
  소용돌이, 나선

The poor princess is locked in a **spire**.
그 불쌍한 공주는 뾰족탑에 갇혀 있었다.

empire
[émpaiər]

- 명 제국, 절대지배력
  황제의 권한

We studied about Roman **Empire** in our history class.
우리는 역사 시간에 로마제국에 대하여 배웠다.

umpire
[ʌ́mpaiər]

- 명 심판원, 중재원

We objected to an **umpire's** decision.
우리는 심판의 결정에 항의했다.

desire
[dizáiər]
유 want, request

- 명 욕망, 희망, 소망
- 동 바라다, 희망하다

All men **desire** happiness.
모든 사람은 행복을 원한다.

satire
[sǽtaiər]
유 humor, irony

- 명 풍자, 풍자문학

"Ready-made Life" is one of the greatest **satires**.
"레디메이드 인생"은 훌륭한 풍자소설 중의 하나이다.

entire
[entáiər]
유 whole, complete

- 형 완전한, 전체의

He wrote the **entire** story in only four weeks.
그는 그 전체이야기를 단지 4주 동안 썼다.

acquire
[əkwáiər]
ac〈~에서〉+quire〈구하다, 얻다〉=gain, obtain

- 동 얻다, 습득하다

He is **acquiring** a foreign language.
그는 외국어를 익히고 있다.

inquire
[inkwáiər]
in〈안에서〉+quire〈물어보다〉=ask, interrogate

- 동 묻다, 조사하다
  안부를 묻다

I **inquired** when he would come.
그에게 언제 오는지 물었다.

require
[rikwáiər]
re〈다시〉+quire〈구하다〉=want, demand

- 동 필요로 하다
  요청하다

They **require** me to work harder.
그들은 나에게 더욱 열심히 일하라고 요구한다.

admire
[æemáiər]

동 감탄(칭찬)하다

ad〈~에〉+mure〈놀라다〉=respect, revere

They **admired** him for his courage.
그들은 그의 용기를 칭찬했다.

aspire
[əspáiər]

동 열망(갈망)하다
희망하다

as〈~로〉+spire〈숨쉬다〉=desire, yearn for

He **aspires** to become an author.
그는 작가가 되기를 갈망한다.

expire
[ikspáiər]

동 만기가 되다
끝내다

ex〈밖으로〉+pire〈내쉬다〉=cease, terminate

My driving license **expires** next month.
내 운전면허는 다음 달이 만기다.

inspire
[inspáiər]

동 고취하다, 고무하다
영감을 주다

in〈안에서〉+spire〈숨쉬다〉=encourage

The story was **inspired** by my dream.
그 이야기는 내 꿈에서 영감을 얻었다.

conspire
[kənspáiər]

동 공모하다
음모를 꾸미다

con〈함께〉+spire〈숨쉬다〉=plot, scheme

The gang **conspired** to steal the car.
갱들은 차를 훔치기로 모의했다.

respire
[rispáiər]

동 호흡하다, 숨쉬다

re〈강조〉+spire〈숨쉬다〉

We cannot **respire** without our nose.
우리는 코가 없이는 호흡할 수 없다.

memo

Track 26

■ 공통어미〈ise〉로 구성되는 단어

rise
[raiz]
자음r+ise=climb, mount

⑧ 올라가다, 상승하다
(해, 달이)뜨다

The prices of commodities are **rising** these days.
최근 생필품 값이 오르고 있다.

wise
[waiz]
자음w+ise=intelligent, clever

⑧ 지혜로운

I think it **wise** to save money.
돈을 저축하는 것은 현명하다고 생각한다.

arise
[əráiz]
a〈강조〉+rise〈일어나다〉=emerge, appear

⑧ 일어나다, 나타나다
발생하다

Accidents **arise** from carelessness.
사고는 부주의에서 일어난다.

devise
[diváiz]
de〈내려다〉+vise〈보다〉=invent

⑧ 고안하다, 발명하다

I **devised** a way to catch flies.
나는 파리 잡는 법을 궁리했다.

revise
[riváiz]
re〈다시〉+vise〈보이다〉=correct, improve

⑧ 개정(교정)하다
복습하다

I am **revising** for my exam.
나는 시험 준비로 복습 중이다.

advise
[ædváiz]
ad〈~에게〉+vise〈보이다〉=warn, admonish

⑧ 충고(조언)하다
알리다

The doctor **advised** my mother to stay in bed.
의사는 어머니에게 누워있으라고 조언했다.

supervise
[sú:pərvàiz]
super〈위에서〉+vise〈보다〉=direct, manage

⑧ 감독하다, 관리하다

You have to **supervise** your children properly.
여러분은 자녀를 철저히 감독해야 한다.

despise
[dispáiz]
de〈밑으로〉+spise〈보다〉=scorn, condemn

⑧ 경멸(멸시)하다

Don't **despise** the poor and the weak.
가난한 사람이나 약자들을 경멸하지 마시오.

disguise
[disgáiz]
⑲ hide, conceal

⑧ 변장하다, 감추다

He **disguised** himself as an old man.
그는 늙은이로 변장했다.

surprise
[sərpráiz]
sur〈위에서〉+prise〈붙잡다〉=wonder, marvel

⑧ 놀라게 하다

We were **surprised** at the news.
우리는 그 소식을 듣고 놀랐다.

enterprise
[éntərpràiz]
명 기업, 사업 / 모험심

enter〈서로〉+prise〈꽉 잡은 일〉=venture, adventure

He started a new **enterprise**.
그는 새로운 사업을 시작했다.

exercise
[éksərsàiz]
명 운동, 연습 / 동 운동(연습)하다

유 drill, training

She gets **exercise** everyday.
그녀는 매일 운동을 한다.

concise
[kənsáis]
형 간결한, 축약된

유 neat, brief

Write a **concise** summary of the book.
그 책의 간결한 요약을 써라.

paradise
[pǽrədàis]
명 천국, 낙원

유 utopia, heaven

That island was a **paradise** for him.
그 섬은 그에게 낙원이었다.

merchandise
[mə́:rtʃəndàiz]
명 상품

merchand=merchant〈상인〉

Mostly the department stores have the best **merchandise**.
대체로 백화점에는 가장 좋은 상품들이 있다.

otherwise
[ʌ́ðərwàiz]
부 그렇지 않으면

other〈다른〉+wise〈현명한〉

Study English hard now, **otherwise** you will be sorry.
지금 영어를 열심히 공부해라, 그렇지 않으면 후회할 것이다.

likewise
[láikwàiz]
부 똑같이 / 마찬가지로

Likewise, Harry wanted to run for office.
해리도 역시 입후보하기를 원했다.

advertise
[ǽdvərtàiz]
동 광고하다

ad〈~쪽으로〉+vert〈돌리게〉+ise〈하다〉=announce

They **advertised** the goods in newspapers and on TV.
그들은 신문과 TV에 상품을 광고했다.

promise
[prámis]
명 약속, 가망

pro〈미리〉+mise〈정하는 것〉

Tom is a **promising** student.
탐은 장래가 유망한 학생이다.

compromise
[kámprəmàiz]
명 타협 / 동 타협하다

com〈함께〉+promise〈약속하다〉

I agreed to **compromise** the principles.
나는 그 원칙에 타협하는데 동의했다.

■ 공통어미〈ish〉로 구성되는 단어

abolish
[əbáliʃ]
동 폐지하다, 철폐하다

ab〈못〉+ol〈성장〉+ish〈하게하다〉=cancel, destroy

We must **abolish** unnecessary punishments.
불필요한 형벌은 폐지하지 않으면 안된다.

publish
[pʌ́bliʃ]
동 발표하다, 공표하다
출판하다

Most news magazines are **published** weekly.
대부분의 뉴스잡지는 매주 발행된다.

publ〈대중〉+ish〈화하다〉=declare, announce

establish
[istǽbliʃ]
동 설립(제정)하다

They are going to **establish** a company.
그들은 회사를 설립하려고 한다.

e〈완전히〉+stabl〈서있게〉+ish〈하다〉=found, institute

accomplish
[əkámpliʃ]
동 이루다, 성취하다
완성하다

I will **accomplish** it by tomorrow.
내일까지 그것을 완성하겠다.

ac〈~에게〉+com〈함께〉+pl〈채우게〉+ish〈하다〉=attain

perish
[périʃ]
동 멸망하다, 죽다
소멸하다

Many kinds of living things are **perished** from the earth.
수많은 종류의 생물이 지구에서 사라졌다.

per〈완전히〉+ish〈가버리다〉

cherish
[tʃériʃ]
동 소중히 알다
마음에 품다

The computer is his most **cherished** possession.
컴퓨터는 그가 가장 소중히 하는 물건이다.

유 value, treasure

flourish
[flə́:riʃ]
동 번창(번영)하다

The plant **flourishes** in good soil.
비옥한 땅에서는 식물이 무성하게 자란다.

유 thrive, prosper

nourish
[nə́:riʃ]
동 자양분을 주다
기르다

It is better to **nourish** school-children.
취학아동들은 영양분을 섭취하는 것이 좋다.

nour〈기르다〉+ish〈동사형어미〉 유 nurture, feed

impoverish
[impávəriʃ]
동 가난하게 하다

An intense Sunlight **impoverishes** the soil.
강렬한 태양빛은 땅을 메마르게 한다.

im〈만들다〉+pover〈가난〉+ish〈동사형어미〉

vanish
[vǽniʃ]
동 사라지다

His figure **vanished** in the crowd.
그의 모습은 군중 속으로 사라졌다.

van〈텅비게〉+ish〈하다〉=fade, disappear

banish
[bǽniʃ]
동 추방하다, 쫓아내다

He was **banished** from his home land.
그는 고국 땅에서 추방되었다.

ban〈away〉+ish〈동사형어미〉 유 exile, expel

finish
[fíniʃ]
동 끝내다, 완성하다

He **finished** reading the book.
그는 책읽기를 끝냈다.

fin〈end〉+ish〈동사형어미〉=end, complete

punish
[pʌ́niʃ]
동 처벌하다, 응징하다

Father sometimes **punishes** us when we do wrong.
아버지는 우리가 잘못하면 가끔 벌을 주신다.

pun〈벌〉+ish〈주다〉

furnish
[fɔ́:rniʃ]

⑧ 공급하다, 제공하다

The nurse **furnished** the children with refreshments.
보모는 아이들에게 다과를 주었다.

furn〈give〉+ish〈동사형어미〉=provide, supply

astonish
[əstániʃ]

⑧ 깜짝 놀라게 하다

He was **astonished** to find her there.
그녀가 거기에 있는 것을 알고 그는 깜짝 놀랐다.

㊠ amaze, surprise

diminish
[dimíniʃ]

⑧ 줄이다, 작아지다
감소시키다

As she turned the knob, the sound **diminished**.
그녀가 스위치를 누르자 소리가 줄어들었다.

di〈~로부터〉+min〈작게〉+ish〈하다〉=reduce, decrease

languish
[lǽŋgwiʃ]

⑧ 쇠약해지다, 시들다

The conversation **languished**.
대화의 맥이 빠졌다.

㊠ wither, weaken

extinguish
[ikstíŋgwiʃ]

⑧ 불을 끄다
소멸시키다

The fire was soon **extinguished**.
불은 곧 진화되었다.

ex〈밖에서〉+tingu〈끄다〉+ish〈동접〉=put out

distinguish
[distíŋgwiʃ]

⑧ 구별(분별)하다
식별하다

You must know how to **distinguish** right from wrong.
너는 옳은 것과 잘못된 것을 분별하는 방법을 알아야 한다.

di〈따로〉+stingu〈자르다〉+ish〈동접〉=discern

anguish
[ǽŋgwiʃ]

⑲ 고통, 고뇌

She was in **anguish** over her missing son.
그녀는 잃어버린 아들 때문에 고통 속에 있었다.

ang〈질식〉+uish〈시키는 것〉= torment, suffering

■ 공통어미〈iss〉로 구성되는 단어

miss
[mis]

⑧ 놓치다, 잃다

He **missed** a line in reading.
그는 한 줄을 빠뜨리고 읽었다.

자음m+iss=lose

bliss
[blis]

⑲ 더 없는 행복

What **bliss** it is to see you again!
너를 다시 만나게 되다니 얼마나 기쁜 일이냐!

자음bl+iss=happiness

dismiss
[dismís]

⑧ 버리다, 해고하다

The boss **dismissed** me.
그 사장이 나를 해고했다.

dis〈멀리〉+miss〈보내는 것〉=discharge, discard

Track 27

■ 공통어미〈ist〉로 구성되는 단어

list
[list]
자음l+ist=roll, register

명 목록, 명부
일람표

We made a **list** of things we want to buy.
우리는 사고 싶은 물건의 목록을 만들었다.

mist
[mist]
자음m+ist=fog, haze

명 안개, 연무

The hills were hidden in the **mist**.
산은 안개에 싸여 있었다.

twist
[twist]
자음tw+ist=bend, incline

동 뒤틀다, 비틀다
휘감다

He seized Tom and **twisted** his arm.
그는 탐을 잡고 팔을 비틀었다.

wrist
[rist]
*a wrist watch〈손목시계〉

명 손목

I caught Jim by the **wrist**.
나는 짐의 손목을 잡았다.

assist
[əsíst]
as〈~에게로〉+sist〈서다〉=help, support

동 돕다, 원조하다

He **assisted** me in tiding over the financial difficulties.
그는 내가 경제위기를 극복하는 것을 도와주었다.

resist
[rizíst]
re〈뒤로〉+sist〈서다〉=oppose, withstand

동 저항하다, 반항하다

Don't try to **resist** your parents.
부모님께 반항하려 하지 마라.

insist
[insíst]
in〈안에〉+sist〈서있다〉

동 주장(고집)하다
역설(강조)하다

He **insisted** on his innocence.
그는 자기의 무죄를 주장했다.

persist
[pərsíst]
per〈끝까지〉+sist〈서있다〉=continue, last

동 고집하다, 지속하다

He **persisted** in going out alone.
그는 혼자 가겠다고 고집했다.

exist
[igzíst]
ex〈밖으로〉+ist=sist〈서다〉=live, stand

동 존재하다
(역경 속에)살아가다

Can this plants **exist** in the desert.
이 식물은 사막에서 살 수 있습니까?

chemist
[kémist]
chem+ist〈사람〉

명 약사, 약국
화학자

Professor Green is a **chemist**.
그린교수는 화학자이다.

pessimist
[pésəmist]

⊗ 비관주의자

The opposite of **pessimist** is optimist.
'비관주의자' 의 반대는 '낙관주의자' 이다.

■ 공통어미〈it〉로 구성되는 단어

fit
[fit]
자음f+it=suitable, appropriate

⊗ ~에 맞다, 어울리다
⊗ 적당한, 알맞은

These stories are **fit** for children.
이런 이야기는 어린이들에게 알맞다.

hit
[hit]
자음h+it=beat, strike

⊗ 치다, 때리다
맞다, 명중하다

He **hit** me on the head.
그는 내 머리를 때렸다.

wit
[wit]
자음w+it=wisdom, intellect

⊗ 재치, 기지
이해력

His **writings** are full of wit and humor.
그의 작품은 재치와 유머로 가득 찼다.

knit
[nit]
자음kn+it=join

⊗ 뜨다, 짜다, 뜨개질하다
접합하다

Jane is **knitting** in the chair.
제인은 의자에 앉아서 뜨개질을 하고 있다.

spit
[spit]
자음sp+it=spittle

⊗ 침, 거품
⊗ 침을 뱉다

Sometimes people **spit** on the street.
때때로 사람들은 길에 침을 뱉는다.

split
[split]
자음spl+it=rend, cleave, divide

⊗ 찢다, 쪼개다
분배하다

Mrs. Green **split** an apple in five.
그린부인은 사과를 다섯 조각으로 쪼갰다.

orbit
[ɔ́:rbit]
⊕ path, course

⊗ (천체, 로켓의) 궤도

The rocket was successfully put into **orbit**.
그 로켓은 성공적으로 궤도에 진입했다.

merit
[mérit]
⊕ value, worth

⊗ 장점, 이점
가치, 공적

Frankness is one of his **merits**.
솔직한 것은 그의 장점 중의 하나이다.

spirit
[spírit]
spir〈숨쉬는〉+it〈것〉=soul, mind, ghost

⊗ 정신, 마음, 영혼

He drove away the evil **spirits**.
그는 나쁜 영혼을 쫓아버렸다.

exit
[éksit]
ex〈밖으로〉+it〈가다〉= leave, depart

⊗ 출구, 퇴장
⊗ 나가다

The theater has six **exits**.
그 극장에는 출구가 6개 있다.

| **visit**
[vízit]
vis〈보러〉+it〈가는 것〉=call on | 명 방문
동 방문하다 | We often **visit** each other.
우리는 종종 서로 방문한다. |

| **transit**
[trǽnzit]
trans〈건너〉+it〈가는 것〉=passage | 명 통과, 경과, 운반
동 통과(횡단)하다 | The goods were damaged in **transit**.
상품들이 운반 도중에 손상되었다. |

| **deposit**
[dipázit]
de〈아래에〉+posit〈놓아두다〉=put, place | 명 예금, 맡긴 것
동 놓다, 맡기다 | He has a large **deposit** in the bank.
그는 은행에 많은 예금이 있다. |

| **quit**
[kwit]
자음qu+it=leave, stop | 동 그만두다, 중지하다 | He **quit** his job for a better one.
그는 더 좋은 직업을 갖기 위하여 직장을 그만 두었다. |

| **acquit**
[əkwít]
ac〈~을〉+quit〈놓아주다〉=forgive, pardon | 동 방면하다, 놓아주다 | The accused was **acquitted** of the crime.
피고는 그 범죄에 대하여 무죄선고를 받았다. |

| **inherit**
[inhérit]
in〈몸속에〉+herit〈물려받다〉=receive, property | 동 상속받다, 물려받다
이어받다 | He **inherited** a large fortune from his father.
그는 아버지로부터 많은 재산을 상속받았다. |

| **habit**
[hǽbit]
hab〈몸에 갖고 있는〉+it〈것〉=custom, routine | 명 버릇, 습관, 습성 | Smoking is a bad **habit**.
흡연은 나쁜 습관이다. |

| **inhabit**
[inhǽbit]
in〈안에〉+habit〈살다〉=live in, dwell in | 동 살다, 거주하다 | No **inhabitants** were there at that time.
당시에는 그곳에 거주자가 아무도 없었다. |

| **exhibit**
[igzíbit]
ex〈밖에〉+hibit〈내놓다〉=show, display | 동 출품(진열)하다
보이다 | Some famous paintings by Millet are **exhibited** in the art museum.
밀레의 유명한 그림들이 그 미술관에 진열되어있다. |

| **prohibit**
[prəuhíbit]
pro〈앞에서〉+hibit〈지켜진〉=forbid, prevent | 동 금하다
제지(방해)하다 | Smoking is **prohibited** here.
이곳은 금연입니다. |

| **profit**
[práfit]
pro〈앞으로〉+fit〈만들어내다〉=gain, advantage | 명 이익, 수익
동 이익이 되다 | There is no **profit** in smoking.
흡연은 아무런 이득이 없다. |

| **outfit**
[áutfit]
유 equip, furnish | 명 예복, 장비
동 (복장, 장비를) 준비하다
갖추어주다 | I need to shop for a new **outfit**.
새 예복을 한 벌 사러 가야한다. |

unit [júːnit] uni〈하나로〉+it〈된 것〉	명 단일체, 하나 (구성, 계량)의 단위	A pound is a **unit** of weight. 파운드는 무게의 단위이다.
edit [édit] 유 correct, amend	동 (책을)편집하다	This is **edited** from the original text. 이것은 원문에서 편집된 것이다.
credit [krédit] cred〈믿는〉+it〈것〉=trust, belief	명 명예, 신용 동 신용하다	I give **credit** to his story. 나는 그의 말을 믿는다.
emit [imít] e〈밖으로〉+mit〈내보내다〉=expel, breathe	동 내뿜다, 발산하다 법령을 발포하다	The sun **emits** light and heat. 태양은 빛과 열을 발산한다.
omit [oumít] o〈밑으로〉+mit〈보내다〉=cancel, eliminate	동 빼다, 빠뜨리다 생략하다	Betty **omitted** a word while she was reading aloud. 베티는 소리 내서 책을 읽을 때 한 낱말을 빠뜨렸다.
admit [ædmít] ad〈～쪽으로〉+mit〈보내다〉=allow, permit	동 허락(인정)하다 승인하다	He will be **admitted** to the college. 그는 대학의 입학허가를 받게 될 것이다.
hermit [háːrmit]	명 은둔자 속세를 떠난 사람	A **hermit** was the tenant of the hut. 은둔자가 그 오두막의 주인이었다.
permit [pərmít] per〈완전히〉+mit〈보내다〉=allow, authorize	동 허락하다 묵인(방임)하다	If the weather **permits**, we shall start. 날씨가 허락하면 출발하겠다.
submit [səbmít] sub〈밑으로〉+mit〈보내다〉=yield, surrender	동 복종(종속)시키다 제출(제시)하다	He **submitted** the report on the matter to the committee. 그는 위원회에 그 문제에 관한 보고서를 제출했다.
summit [sʌ́mit] summ〈top〉+it〈명접〉=peak, top, head	명 정상, 절정	The **summit** commands a fine scenery. 정상에서 보면 멋진 풍경이다.
commit [kəmít] com〈함께〉+mit〈보내다〉=entrust	동 위임하다 (죄 따위를)범하다	They **committed** the patient to the mental hospital. 그들은 그 환자를 정신병원에 보냈다.
transmit [trænsmít] trans〈가로질러〉+mit〈보내다〉=convey, communicate	동 보내다, 발송하다 (빛, 열을)전도하다	I will **transmit** the money by mail. 나는 그 돈을 우편으로 보내겠다.

■ 공통어미〈itch〉로 구성되는 단어

itch
[itʃ]

- 몡 가려움, 열망, 욕구
- 동 가렵다
  (~하고 싶어)근질거리다

The boy is **itching** for a fight.
그 소년은 싸움이 하고 싶어 못 견딘다.

pitch
[pitʃ]
자음p+itch=to throw something

- 몡 던짐, (야구)투구
- 동 던지다, 고정시키다

He **pitched** for our team.
그는 우리 팀의 투구를 했다.

witch
[witʃ]
자음w+itch=magician

- 몡 마녀, 여자 마법사

Witches used their magic power to do evil.
마녀들은 그들의 마력을 나쁜 일에 사용하였다.

stitch
[stitʃ]
자음st+itch=sew

- 몡 한 바늘, 한 땀
- 동 바느질하다

A **stitch** in time saves nine.
제 때의 한 땀이 아홉 땀의 수고를 던다.(속담)

switch
[switʃ]
자음sw+itch=device for turning light

- 몡 스위치, 개폐기
- 동 바꾸다, 전환하다

He turned on the light **switch**.
그는 전등스위치를 켰다.

■ 공통어미〈ive〉로 구성되는 단어

live
[liv]
자음l+ive=dwell, reside, exist

- 동 살다, 거주하다

He **lived** a rich and comfortable life in the country.
그는 시골에서 부유하고 쾌적한 생활을 했다.

forgive
[fərgív]
유 pardon, excuse

- 동 용서하다

The noblest vengeance is to **forgive**.
가장 고결한 복수는 용서하는 것이다.

thrive
[θraiv]
자음thr+ive=flourish, prosper

- 동 번영(번성)하다
  번창하다

Children **thrive** on fresh air and good food.
아이들은 신선한 공기와 좋은 음식으로 잘 자란다.

strive
[straiv]
자음str+ive=endeavor, struggle

- 동 노력(투쟁)하다
  애쓰다

They are **striving** for independence.
그들은 독립을 얻으려고 투쟁하고 있다.

arrive
[əráiv]
ar⟨~에⟩+rive⟨닿다⟩=reach

동 도착(도달)하다

When she **arrived** home, she saw many firemen.
그녀가 집에 도착했을 때, 많은 소방관들을 보았다.

derive
[diráiv]
de⟨~에서⟩+rive⟨오다⟩=get, obtain

동 끌어내다, 유래하다

This word is **derived** from Greek.
이 말은 그리스에서 유래하였다.

revive
[riváiv]
re⟨다시⟩+vive⟨살아나다⟩=restore, renew

동 소생시키다
회복시키다

His encouraging words **revived** my dropping spirits.
그의 격려하는 말이 나의 의기소침함을 소생시켰다.

survive
[sərváiv]
sur⟨위에서⟩+vive⟨살아있다⟩=live, remain

동 살아남다, 견뎌내다
~보다 오래 살다

She **survived** her husband.
그녀는 남편과 사별했다.

deprive
[dipráiv]

동 빼앗다, 박탈하다

The angry people **deprived** the king of all his powers.
성난 국민들이 왕에게서 모든 권력을 빼앗았다.

■ 공통어미⟨ize⟩로 구성되는 단어

size
[saiz]
자음s+ize=measure, volume, largeness

명 크기, 사이즈
동 재다

What **size** shoes do you wear?
신발사이즈는 얼마지요?

prize
[praiz]
자음pr+ize=award, reward

명 상, 상품
동 소중히 여기다

Who got the first **prize**?
누가 일등상을 탔느냐?

realize
[rí:əlàiz]
real⟨실제의⟩+ize⟨동접⟩=comprehend

동 실현하다, 깨닫다

Tom's dream was **realized** at last.
탐의 꿈이 마침내 실현되었다.

organize
[ɔ́:rgənàiz]
organ⟨기관⟩+ize⟨동접⟩=assort, arrange

동 조직하다, 정리하다

The students **organized** a new club.
학생들은 새로운 동아리를 조직했다.

recognize
[rékəgnàiz]
re⟨다시⟩+cogn⟨알아보다⟩+ize⟨동접⟩=admit

동 인정하다
분간(인식)하다

I could scarcely **recognize** my old friend.
나는 옛 친구를 보고도 거의 못 알아볼 정도였다.

emphasize
[émfəsàiz]
emphas⟨emphasis⟩+ize⟨동접⟩=accentuate

동 강조하다, 역설하다

He **emphasized** the importance of education about human nature.
그는 인성교육의 중요성을 역설하였다.

apologize
[əpálədʒàiz]
동 사죄(변명)하다

apolog⟨apology⟩+ize⟨동접⟩=ask forgiveness

I must **apologize** to you for my rudeness.
제가 무례하게 대한 점을 사과드립니다.

sympathize
[símpəθàiz]
동 동정하다, 위로하다

sympath⟨symhathy⟩+ize⟨동접⟩=comfort, encourage

She has deep **sympathy** for sick people.
그녀는 병자에 대해 인정이 많다.

utilize
[jú:təlàiz]
동 이용하다

util⟨사용⟩+ize⟨하다⟩=use, apply

This machine has been **utilized** until now.
이 기계는 지금까지 계속 사용되고 있다.

civilize
[sívəlàiz]
동 교화하다
문명화하다

civil⟨시민으로⟩+ize⟨만들다⟩=teach, instruct

He wanted to **civilize** the tribe.
그는 그 부족을 문명화시키기를 원했다.

■ 공통어미⟨oach⟩로 구성되는 단어

coach
[koutʃ]
명 코치, 지도자
동 코치(지도)하다

*proach⟨기꺼이가다⟩

Mr. White **coaches** us in baseball.
화이트 선생님은 우리에게 야구를 지도하신다.

reproach
[ripróutʃ]
동 꾸짖다, 비난하다

=dishonor, insult

She **reproached** her son for being late for dinner.
그녀는 만찬에 늦었다고 아들을 꾸짖었다.

approach
[əpróutʃ]
명 접근
동 접근하다

ap⟨~로⟩+proach⟨기꺼이가다⟩=come near

His answer **approaches** to a refusal.
그의 대답은 거절이나 다름없었다.

■ 공통어미⟨oad⟩로 구성되는 단어

load
[loud]
명 무거운 짐
동 짐을 싣다

자음l+oad=burden, weight

We **loaded** the luggage into the car.
우리는 차에 짐을 실었다.

toad
[toud]
명 두꺼비
보기 싫은 놈

Have you ever seen a **toad**?
두꺼비를 본 적이 있니?

road
[roud]
명 도로, 길, 수단
방법

자음r+oad=street, way, highway

Take this **road** until you come to a traffic light.
신호등에 이를 때까지 이 길로 가시오.

railroad
[reilroud]

명 철도

They constructed a **railroad** across the desert.
그들은 사막을 건너는 철도를 건설했다.

broad
[brɔːd]
유 large, wide

형 넓은, 광대한

That avenue is **broad** enough for many cars.
저 길은 많은 차가 다닐 수 있을 만큼 넓다.

abroad
[əbrɔːd]
a〈〜로부터〉+broad〈넓은 곳〉=widely

부 외국에, 널리

The news of his coming was sent **abroad**.
그가 온다는 소문이 널리 퍼졌다.

■ 공통어미〈oak〉로 구성되는 단어

oak
[ouk]

명 오크나무
(떡갈나무, 참나무 등)

These **oaks** were planted by my dead mother.
이 오크나무들은 돌아가신 어머니에 의해 심어졌다.

soak
[souk]
자음s+oak=drench, saturate

동 젖다, 적시다
잠그다

We were **soaked** to the skin.
우리는 비에 흠뻑 젖었다.

cloak
[klouk]
자음cl+oak=hide, conceal

명 (소매 없는)외투
동 숨기다

He is wearing a **cloak**.
그는 소매없는 외투를 입고 있다.

croak
[krouk]

동 (개골개골, 깍깍) 울다

Croak means to make a low, hoarse sound like a frog makes.
Croak는 개구리가 내는 것 같은 낮고 목쉰 소리를 내는 것을 말한다.

■ 공통어미〈oal〉로 구성되는 단어

coal
[koul]
자음c+oal=a black mineral

명 석탄(조각)

We use **coal** in our stove.
우리는 난로에 석탄을 땐다.

goal
[goul]
자음g+oal=object, destination

명 골, 득점
목표

The UN has important **goals**.
국제연합은 중요한 목표들을 갖고 있다.

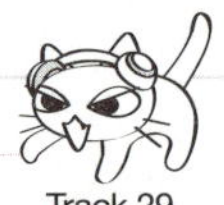
Track 29

■ 공통어미〈oam〉로 구성되는 단어

foam
[foum]
자음f+oam=a mass of small bubbles

명 거품
동 거품을 내다

He explained that one isn't supposed to use shaving **foam** with an electric razor.
그는 전기면도기는 비누거품을 쓰지 않게 되어 있다고 설명했다.

roam
[roum]
자음r+oam=wander, stroll

동 어슬렁거리다
헤매다, 배회하다

We just **roamed** from place to place.
우리는 이곳저곳을 배회했다.

■ 공통어미〈oan〉로 구성되는 단어

loan
[loun]
자음l+oan=credit, lend

명 대부(금), 융자
동 대부하다

He got a **loan** from the bank.
그는 은행으로부터 대부를 받았다.

moan
[moun]
자음m+oan=wail, lament

명 신음소리
동 신음하다, 불평하다

I heard someone in the next room give a loud **moan**.
나는 옆방에서 누군가가 내는 큰 신음소리를 들었다.

groan
[groun]
자음gr+oan=moan, complain

명 신음소리
동 신음하다

I heard you **groaning** in your sleep last night.
나는 네가 엊저녁 자면서 신음하는 소리를 들었다.

■ 공통어미〈oar〉로 구성되는 단어

oar
[ɔːr]

명 (배의)노
노 젓는 사람

He pulls a good **oar**.
그는 노 젓기를 잘한다.

roar
[rɔːr]
자음r+oar=yell, shout, howl

동 (동물의)포효하다
으르렁거리다

They heard lions **roar** in the distance.
그들은 사자가 멀리서 으르렁 거리는 소리를 들었다.

soar
[sɔːr]
자음s+oar=fly, hover, mount

동 높이 날다, 치솟다
날아오르다

High above us, the hawk **soared** in circles.
우리 위로 높이, 그 매는 원을 그리며 날고 있었다.

uproar
[ʌ́prɔ̀:r]
⊕ noise, desorder

명 소란, 소동
야단법석

The meeting ended in **uproar**.
회의는 야단법석으로 끝이 났다.

■ 기타〈board〉로 구성되는 단어

board
[bɔ:rd]

명 널빤지, 판자
위원회, 평의회

The school **board** appointed a new principal.
학교 이사회는 새 교장을 임명했다.

aboard
[əbɔ́:rd]
a〈위에〉+board〈판〉

부 (배, 자동차, 비행기를)
타고

All the passengers went **aboard**.
승객들은 모두 승선했다.

scoreboard
[skɔ́:rbɔ̀:rd]
score〈득점〉+board〈판〉

명 득점판

There is a **scoreboard** over there.
저기에 스코어보드가 있다.

signboard
[sáinbɔ̀:rd]
sign〈게시〉+board〈판〉

명 간판, 게시판

A drunken young man kicked the standing
signboard.
술 취한 젊은이가 입간판을 걷어찼다.

blackboard
[blǽkbɔ̀:rd]
black〈흑〉+board〈판〉

명 흑판, 칠판

Write your name on the **blackboard**.
칠판에 네 이름을 써라.

■ 공통어미〈oast〉로 연상되는 단어

boast
[boust]
자음b+oast=exaggerate

명 자랑
동 자랑하다
큰소리치다

Our school **boasts** a fine gymnasium.
우리 학교는 훌륭한 체육관이 자랑거리다.

coast
[koust]
자음c+oast=beach, shore

명 해안, 연안

Sokcho is on the east **coast**.
속초는 동해안에 있다.

roast
[roust]

명 불고기, 굽기
동 고기를 굽다

We **roasted** the meat on a spit.
우리는 고기를 꼬챙이에 꽂아 구웠다.

toast
[toust]

명 토스트, 구운 빵
동 굽다

This bread **toasted** well.
이 빵은 알맞게 구워졌다.

■ 공통어미〈oat〉로 구성되는 단어

goat
[gout]

몡 염소

Goats are stronger than sheep.
염소는 양보다 세다.

float
[flout]

통 뜨다, 떠다니다
띄우다

Continents are huge islands **floating** in the ocean.
대륙들은 대양에 떠있는 거대한 섬들이다.

throat
[θrout]

몡 목, 목구멍

He cleared his **throat** before he spoke.
그는 말하기 전에 헛기침을 하였다.

■ 공통어미〈ob〉로 구성되는 단어

job
[dʒab]
자음j+ob=task, occupation

몡 일, 직업

With so many people unemployed, my father was lucky to have a **job**.
많은 사람들이 실직했는데도, 아버지는 운 좋게 직업을 가졌다.

mob
[mab]
자음m+ob=crowd, swarm

몡 폭도, 군중
어중이떠중이

There was a **mob** of people gathered near the ice cream vendor.
아이스크림 행상 옆에 한 때의 군중이 모여 있었다.

rob
[rab]
자음r+ob=steal, bulgarize

통 강탈하다, 빼앗다

A young man **robbed** the lady of her bag.
한 청년이 그 부인의 손가방을 강탈했다.

sob
[sab]
자음s+ob=weep, lament

통 흐느껴 울다
목메어 울다

A young girl's **sobbing** voice was heard.
젊은 처녀의 흐느껴 우는 소리가 들렸다.

knob
[nab]
자음kn+ob=handle

몡 (문, 서랍이)손잡이
통 손잡이를 달다

Turn the door**knob** and pull the door.
손잡이를 돌리고 문을 잡아 당겨라.

throb
[θrab]
자음thr+ob=beat, pound

몡 맥박, 고통
통 (심장이)뛰다
두근거리다

My heart is **throbbing** heavily.
내 심장은 몹시 두근거리고 있다.

dock
[dak]
자음d+ock=anchor

명 선창, 부두
조선소

He does work on the **dock**.
그는 조선소에서 일한다.

lock
[lak]
자음l+ock=close, fasten

명 자물쇠
동 자물쇠를 채우다

Lock the door before you go to bed.
잠자리에 들기 전에 문을 잠가라.

mock
[mak]
자음m+ock=scorn, ridicule

명 조롱
동 우롱하다, 비웃다

When the singer come out on the stage, the audience **mocked** him.
가수가 무대에 나타나자 청중은 그를 조롱했다.

rock
[rak]
자음r+ock=sway, stone

명 바위
동 흔들다, 흔들리다

Mother **rocks** the baby to sleep.
어머니는 아기를 흔들어 재운다.

shock
[ʃak]
자음sh+ock=amaze, surprise

명 충격, 진동
동 타격을 주다, 놀라게 하다

We felt the **shocks** from an earthquake last night.
간밤의 지진으로 인한 몇 번의 진동을 느꼈다.

block
[blak]
자음bl+ock=obstacle, obstruction

명 덩어리, 토막
동 막다, 방해하다

Go two **blocks** along this road.
이 길을 따라 두 블록을 가시오.

flock
[flak]
자음fl+ock=herd, group

명 (동물의)떼
(사람의)무리

Flocks of sheep were moving here and there in the meadow.
초원에 양떼가 이곳저곳을 옮겨 다니고 있었다.

frock
[frak]
자음fr+ock=a girl's or woman's dress

명 여성복, 드레스
(성직자의)옷

She is wearing a beautiful **frock**.
그녀는 아름다운 드레스를 입고 있다.

stock
[stak]
자음st+ock=stem

명 줄기, 그루터기
주식, 재고(품)

The store has a large **stock** of toys.
그 상점에는 장난감 재고가 많다.

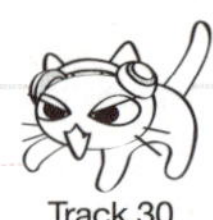
Track 30

■ 공통어미〈od〉로 구성되는 단어

nod
[nad]
자음n+od=bob, bow, bend

동 끄덕이다

He **nodded** with a smile on his face.
그는 웃으면서 고개를 끄덕였다.

pod
[pad]

명 꼬투리, 유선형 공간
동 꼬투리를 맺다

Add in water pea **pods**.
완두콩을 물에 넣으세요.

rod
[rad]
자음r+od=bar, pole, stick

명 막대, 회초리
낚싯대

Spare the **rod** and spoil the child.
(속담)매를 아끼면 아이를 버린다.

method
[méθəd]
유 way, manner

명 방법, 방식

We need a new **method** of learning English.
우리는 새로운 영어학습법이 필요하다.

period
[pí:əriəd]
유 era, age, interval

명 방법, 방식
기간, 시기, 시대

We are studying the Shilla **period**.
우리는 신라시대를 배우고 있다.

■ 공통어미〈oice/oise〉로 구성되는 단어

voice
[vɔis]
자음v+oice=express

명 소리, 목소리, (문법)태
동 표현하다

Your **voice** is the sounds that come from your mouth when you speak.
목소리는 말을 할 때, 입에서 나오는 소리를 말한다.

choice
[tʃɔis]
자음ch+oice=selection

명 선택, 고르기

Be careful in your **choice** of books.
주의해서 책을 선택하여라.

rejoice
[ridʒɔ́is]
re+joice=delight

동 기뻐하다, 좋아하다

Tom **rejoiced** over the bicycle his father bought him.
Tom은 아버지가 사주신 자전거를 보고 좋아했다.

| noise
[nɔiz]

자음n+oise=sound, clamor | 명 소리, 시끄러운 소리 | I heard a strange **noise** outside.
나는 밖에서 이상한 소리를 들었다. |

| poise
[pɔiz]

자음p+oise=calmness, balance | 명 침착, 균형 | He is a man of **poise**.
그는 침착한 사람이다. |

■ 공통어미〈ode〉로 구성되는 단어

| code
[koud] | 명 법전, 암호, 규약
신호법 | The company sent the message in **code**.
그 회사는 암호로 통신을 보냈다. |

| mode
[moud]

=way, method, manner | 명 방법, 양식 | A **mode** is way of speaking or behaving.
mode의 뜻은 언행의 방법을 말한다. |

| abode
[əbóud]

=home, dwelling place | 명 집, 거처 | **Abode** means a house or a dwelling place.
Abode는 집이나 거처를 말한다. |

| erode
[iróud]

=rust, consume | 동 부식하다 | Metals are **eroded** by acids.
금속은 산에 의해 부식된다. |

| explode
[iksplóud]

ex(밖으로)+plode(치다) | 동 폭발하다 | The bomb **exploded** and killed him.
폭탄이 폭발하여 그는 죽었다. |

| episode
[épəsòud] | 명 사건, 에피소드
삽화, 일화 | He told an **episode** in the war.
그는 한 전쟁의 일화를 말해 주었다. |

■ 공통어미〈oil〉로 구성되는 단어

| boil
[bɔil] | 동 끓다, 삶다
끓이다 | We **boiled** potatoes for food.
우리는 감자를 삶아 먹었다. |

| coil
[kɔil]

=wind, twist | 명 소용돌이, 코일
동 돌돌 감다, 말다. 사리다 | The snake **coiled** around its victim.
뱀은 먹이를 휘감았다. |

soil
[sɔil]
=stain, dirt

　명 흙, 토양, 오물
　동 더럽히다

Watermelons grow well on sandy **soil**.
수박은 모래땅에서 잘 자란다.

toil
[tɔil]
자음t+oil=labor, work

　명 노고, 수고
　동 힘써 일하다

Life is full of **toils** and tribulations.
인생은 노고와 시련으로 가득 차 있다.

spoil
[spɔil]
자음sp+oil=ruin, damage

　동 밍쳐놓다, 손상하다

Our holidays were **spoiled** by the heavy rain.
우리 휴가는 호우로 망쳤다.

■ 공통어미〈oin〉로 구성되는 단어

join
[dʒɔin]
자음j+oin=unite, combine

　동 결합하다
　　연결(합류)하다
　　가입(참가)하다

Our country **joined** the UN in 1991.
우리나라는 1991년에 UN에 가입했다.

adjoin
[ədʒɔin]
ad〈~쪽으로〉+join〈결합하다〉=connect, attach

　동 이웃하다, 인접하다

Our house **adjoins** theirs.
우리 집은 그들의 집과 인접해 있다.

■ 공통어미〈oint〉로 구성되는 단어

joint
[dʒɔint]
자음j+oint=union, connection

　명 접합부분, 이음 매
　동 접합하다

Water leaks from the **joint** in the pipe.
파이프의 이음매에서 물이 센다.

point
[pɔint]
자음p+oint=aim, direct

　명 점, 요점, 득점
　동 가리키다, 지시하다

Our team won by six **points**.
우리 팀은 6점차로 이겼다.

appoint
[əpɔ́int]
ap〈~쪽으로〉+point〈지적하다〉=nominate

　동 임명하다, 지정하다

He was **appointed** to be governor.
그는 지사로 임명되었다.

disappoint
[dìsəpɔ́int]
dis〈반대〉+apoint〈임명하다〉=discourage

　동 실망시키다
　　낙담시키다

I was **disappointed** at the news.
나는 그 소식을 듣고 실망했다.

viewpoint
[vju:pɔ́int]
view〈보는〉+point〈점〉=standpoint

　명 관점

The novel is shown from the girls'**viewpoint**.
그 소설은 소녀의 관점에서 펼쳐진다.

standpoint
[stǽndpɔ́int]

명 입장, 견지, 관점

stand〈서있는〉+point〈점〉=viewpoint, attitude

He is faultless from a moral **standpoint**.
도덕적 관점에서 그는 흠잡을 데가 없다.

■ 공통어미〈oke〉로 구성되는 단어

joke
[dʒouk]

명 농담, 익살
동 농담을 하다

자음j+oke=jest, anecdote

You must be **joking**.
틀림없이 농담이겠지.

choke
[tʃouk]

동 숨막히게 하다
질식시키다
교살하다

자음ch+oke=suffocate

I was **choked** with smoke.
나는 연기 때문에 숨이 막혔다.

stroke
[strouk]

명 타격, 일격

자음str+oke=blow

He killed the snake with one **stroke** of his stick.
그는 지팡이로 한 번 때려서 뱀을 죽였다.

evoke
[ivóuk]

동 되살려내다
(영혼을)부르다

e〈밖으로〉+voke〈불러내다〉=summon

I **evoke** spirits from the other world.
나는 저승에서 영혼을 불러낸다.

provoke
[prəvóuk]

동 화나게 하다
화내다

pro〈앞으로〉+voke〈부르다〉

Don't **provoke** or tease the animal in the cage.
우리 속에 있는 동물을 성나게 하거나 괴롭히지 마라.

revoke
[rivóuk]

동 철회(취소)하다

re〈뒤로〉+voke〈부르다〉=cancel, abolish

Your driver's license will be **revoked**.
당신의 운전면허는 취소될 것이다.

Track 31

■ 공통어미〈old〉로 구성되는 단어

bold
[bould]
자음b+old=brave, rude

형 용감한, 대담한
뻔뻔스러운

He was so **bold** that everyone got angry with him.
그는 몹시 뻔뻔스러워 모두 그에게 화를 냈다.

---

fold
[fould]
자음f+old=envelop

동 (종이를)접다
접어 포개다

Bill **folded** the letter into four sections.
빌은 편지를 네 쪽으로 접었다.

---

hold
[hould]
자음h+old=grasp, occupy

동 (손에)들다, 잡다
개최하다

The 1988 Olympic Games were **held** in Seoul.
1988년 올림픽 경기는 서울에서 열렸다.

---

mold
[mould]
자음m+old=make, produce

명 주형, 거푸집
동 거푸집을 만들다

He **molded** plastic clay into a bust.
그는 새공용 점토로 흉상을 만들었다.

---

scold
[skould]
자음sc+old=blame, admonish

동 꾸짖다, 잔소리하다

Dad **scolded** me for coming home late for dinner.
아버지는 늦은 귀가로 저녁식사에 늦은 것에 나를 꾸짖
으셨다.

---

behold
[bihóuld]
be+hold=look, observe

동 보다

They ran to the window to **behold** him.
그들은 그를 보기 위하여 창문으로 달려갔다.

---

withhold
[wiðhóuld]
with〈~을 가지고〉+hold〈유지하다〉=check, refrain

동 보류(억제)하다

The captain **withheld** his men from the attack.
대장은 부하들에게 공격을 보류하도록 했다.

---

uphold
[ʌphóuld]
up〈위로〉+hold〈잡다〉=maintain, assert

동 (떠)받치다
지지하다

I cannot **uphold** such conduct.
나는 그런 행위를 지지할 수 없다.

■ 공통어미〈ole〉로 구성되는 단어

hole
[houl]
자음h+ole=cavity, pit

명 구멍, 구덩이

She must mend the **holes** in her socks.
그녀는 양말의 구멍을 기워야 한다.

pole
[poul]
자음p+ole=stick

명 막대기, 기둥, 극

How many **poles** do you need to support a tent?
천막을 치는데 몇 개의 기둥이 필요합니까?

role
[roul]
자음r+ole=task, function

명 (배우의)역, 역할
임무

We discussed women's **roles** in society.
우리는 사회에서 여성의 역할을 토론했다.

sole
[soul]
자음s+ole=only, single

명 발바닥
형 유일한, 단하나의
단독의, 독신의

My **sole** intention was the public good.
내가 의도한 바는 오로지 공공의 이익이었다.

whole
[houl]
자음wh+ole=all, total, entire

명 (the를 붙여)전체
형 전체의, 모든

The **whole** school welcomed the new principal.
학교 전체가 새로 오시는 교장 선생님을 환영했다.

console
[kənsóul]
유 solace, comfort

동 위로(위문)하다
힘내게 하다

That **consoled** me for the loss.
그것은 나에게 손실에 대한 위안이 되었다.

■ **공통어미〈애〉로 구성되는 단어**

roll
[roul]
자음r+oll=rotate, revolve

명 두루마리, 기록
동 구르다, 회전하다

A lot of stones **rolled** down the mountain side.
많은 돌들이 산허리로 굴러 내렸다.

toll
[toul]
자음t+oll=rate, burden

명 통행세, 통행료

A **toll** is tax charged for crossing or using a certain road.
톨은 길을 건너가거나 사용하는데 부과되는 세금을 말한다.

scroll
[skroul]
자음scr+oll=a roll of paper

명 두루마리

If you **scroll** the monitor you can see the hidden line.
모니터 화면을 스크롤하면 감춰진 진행을 볼 수 있다.

stroll
[stroul]
자음str+oll=walk, ramble

명 산책
동 어슬렁어슬렁 걷다

I went for a **stroll** after dinner.
나는 저녁을 먹은 뒤 산책하러 나갔다.

enroll
[inróul]
유 record, register

동 명부에 올리다
등록하다

She was **enrolled** in Seoul university.
그녀는 서울 대학에 입학했다.

■ 공통어미〈olt〉로 구성되는 단어

jolt
[dʒoult]

자음j+olt=sway, shake, quake

명 급격한 동요
동 거칠게 흔들다
　 충격을 주다

The electric wire touched my finger and **jolted** me.
전선이 내 손가락에 닿자 짜릿했다.

volt
[voult]

자음v+olt=the unit of electricity

명 볼트(전압의 단위)

A **volt** is the unit used for measuring the force of electricity.
볼트는 전력을 측정하는데 사용되는 단위를 말한다.

revolt
[rivóult]

re〈뒤로〉+volt〈돌다〉=rebel, resist

명 배반, 반항
동 배반(반항)하다

People **revolted** against their government.
민중은 그들의 정부에 반기를 들었다.

■ 공통어미〈omb〉로 구성되는 단어

bomb
[bɔm]

명 폭탄

A **bomb** was going to go off!
폭탄이 막 터지려했다!

A-bomb
[éibàm]

명 원자폭탄

An-**A-bomb** was dropped on Hiroshima.
원자폭탄 하나가 히로시마에 투하되었다.

comb
[koum]

명 빗, 빗질
동 빗다, 빗질하다

Jane **combs** her hair every morning.
제인은 매일 아침 머리를 빗는다.

tomb
[tu:m]

자음t+omb=grave, monument

명 묘, 무덤

The tourist visited an ancient **tomb** of a king.
그 여행자는 옛 왕릉을 방문했다.

■ 공통어미〈ome〉로 구성되는 단어

come
[kʌm]

자음c+ome=arrive, approach

동 오다, 들어오다
　 ~이 되다, 일어나다

You will **come** to like English.
너는 영어를 좋아하게 될 것이다.

income
[ínkʌm]

in〈안으로〉+come〈들어오는 것〉=earnings, wages

명 수입

They lived on a small **income**.
그들은 적은 수입으로 생활했다.

become
[bikʌm]
be+come=suit, befit

동 ～이 되다, 어울리다

The dress **becomes** you very well.
그 옷이 당신에게 잘 어울리는 군요.

overcome
[óuverkʌm]
over〈장애물을 넘어〉+come〈오다〉=conquer, defeat

동 이겨내다, 극복하다

We will be able to **overcome** many problems soon.
우리는 곧 많은 문제들을 극복할 수 있을 것이다.

outcome
[áutkʌm]
out〈밖으로〉+come〈나온 것〉=effect, result

명 결과, 성과

I didn't know the **outcome** of the game.
나는 그 경기의 결과를 몰랐다.

welcome
[wélkəm]
wel〈잘〉+come〈오다〉=greet, accept

명 환영
동 환영하다

They were **welcomed** by the citizens.
그들은 시민들로부터 환영을 받았다.

some
[sʌm]

형 약간의, 다소의
어떤, 개중에는

All stones are not heavy. **Some** stones are light.
모든 돌이 다 무거운 것은 아니다. 개중에는 가벼운 돌도 있다.

handsome
[hǽnsəm]
hand〈손〉+some〈형접〉=good looking

형 잘생긴, 훌륭한

He grew up to be a **handsome** young man.
그는 자라서 미남 청년이 되었다.

wholesome
[hóulsəm]
whole〈전체〉+some〈형접〉=healthy

형 건강에 좋은
건전한

Mother was waiting for us with a **wholesome** dinner.
어머니는 건강에 좋은 저녁 식사를 차려놓고 우리를 기다리고 있었다.

troublesome
[trʌ́blsəm]
trouble〈고통〉+some〈형접〉=annoying

형 괴로운

The opposite of **troublesome** is easy.
'괴로운' 의 반대는 '편안한' 이다.

awesome
[ɔ́:səm]
awe〈두려움〉+some〈형접〉

형 경탄할 만한
어마어마한, 멋진

You look **awesome** in that pair of pants.
너 그 바지 입으니까 멋져 보인다.

lonesome
[lóunsəm]
lone〈고독〉+some〈형접〉=desolate

형 쓸쓸한, 외로운

I feel **lonesome**.
나는 몹시 쓸쓸하다.

■ 공통어미〈on〉로 구성되는 단어

abandon
[əbǽndən]
유 give up, forsake
동 그만두다, 단념하다
He had to **abandon** his plan.
그는 그의 계획을 포기하여야만 했다.

common
[kámən]
유 general, ordinary
형 보통의, 일반적인
평범한
She came to the party in **common** clothes.
그는 평범한 옷을 입고 파티에 나왔다.

summon
[sʌ́mən]
유 call, invite
동 호출하다
소환(소집)하다
He was **summoned** to appear in court.
그는 법정 출두를 명령받았다.

sermon
[sə́:rmən]
명 설교, 잔소리
He treated me to a **sermon**.
그는 내게 잔소리를 했다.

demon
[dí:mən]
유 devil
명 악마, 귀신
Demon means a devil or an evil spirit.
'데몬' 은 '악마 혹은 악령' 을 말한다.

person
[pə́:rsn]
유 human, indivdual
명 사람, 인간
Three **persons** were killed in the crash.
그 충돌로 세 사람이 죽었다.

prison
[prízn]
유 jail
명 교도소, 감옥
Unfortunately he died in **prison**.
불행하게도 그는 감옥에서 죽었다.

reason
[rí:zn]
유 cause, motive
명 이유, 사유, 근거
She had her own **reasons** for coming here.
그녀가 여기에 온 것은 나름대로의 이유가 있다.

season
[sí:zn]
유 mature, ripen
명 철, 계절
동 익다
The four **seasons** are spring, summer, fall and winter.
4계절은 봄, 여름, 가을, 겨울이다.

imprison
[imprízn]
im〈안으로 가다〉+prison〈감옥〉
동 교도소에 넣다
구금하다
He was **imprisoned** for theft.
그는 절도죄로 투옥되었다.

| treason
[trí:zn]
(유) betrayal | 명 반역죄 | He was imprisoned for high **treason**.
그는 대역죄로 투옥되었다. |

| pardon
[pá:rdn]
(유) forgive, excuse | 동 용서하다 | **Pardon** me for interrupting you.
방해해서 미안합니다. |

■ 공통어미〈ond〉로 구성되는 단어

| bond
[band]
자음b+ond=tie, attachment | 명 묶는 것, 속박
약정, 접착제 | There was a strong **bond** of affection between them.
그들 사이에는 강한 애정의 끈이 있었다. |

| fond
[fand]
자음f+ond=loving, affectionate | 형 좋아하는, 다정한 | I am **fond** of reading books.
나는 독서를 좋아한다. |

| blond
[bland] | 형 금발의 | Mr. Brown is **blond**.
브라운씨는 금발이다. |

| beyond
[bijánd]
(유) exceeding | 전 ~의 저쪽에
~을 넘어서 | He lives **beyond** his income.
그는 수입 이상의 생활을 하고 있다. |

| respond
[rispánd]
re〈다시〉+spond〈약속하다〉=answer, reply | 동 응답하다, 대답하다 | They **responded** promptly to the survey.
그들은 조사에 막힘없이 대답했다. |

| correspond
[kɔ̀:rəspánd]
con〈함께〉+respond〈응답하다〉=agree, coincide | 동 대응하다, 교신하다
~에 상당하다, 일치하다 | His actions do not **correspond** with his words.
그는 언행이 일치되지 않는다. |

■ 공통어미〈one〉로 구성되는 단어

| bone
[boun] | 명 뼈 | Dogs like **bones** very much.
개는 뼈다귀를 무척 좋아한다. |

| lone
[loun]
자음l+one=solitary | 형 혼자의, 고독한
쓸쓸한 | A **lone** cowboy rode along the lonely alley.
카우보이 혼자서 말을 타고 오솔길을 달렸다. |

tone
[toun]
자음t+one=noise, sound

명 음색, 음조, 어조

He spoke in an angry **tone**.
그는 화난 어조로 말했다.

zone
[zoun]
자음z+one=destrict, territory

명 지대, 지역
(열대, 온대 등의)대(帶)

These animals live in the tropical **zone**.
이 동물들은 열대지역에 살고 있다.

stone
[stoun]
자음st+one=gravel, rock

명 돌, 석재
동 돌을 던지다

A rolling **stone** gathers no moss.
구르는 돌에는 이끼가 끼지 않는다. (속담)

throne
[θroun]
자음thr+one=a special chair for a king

명 왕좌, 옥좌, 왕위

He came to the **throne** at the age of ten.
그는 10세에 즉위했다.

alone
[əlóun]
유 llonely, solitary

형 단지, 홀로
부 혼자서

You have to stay home **alone** all day.
너는 온종일 혼자 집에 있어야 한다.

postpone
[poustpóun]
post〈뒤에〉+pone〈놓다〉=delay, put off

동 연기하다

The meeting was **postponed** until the following day.
모임은 다음날까지 연기되었다.

monotone
[mánətòun]
mono〈한〉+tone〈소리〉 형 monotonous 단조로운

명 (음악)단조, 단조음, 단조로움

Country life is **monotonous** compared with city life.
시골생활은 도시생활에 비해 단조롭다.

telephone
[téləfòun]
tele〈먼〉+phone〈소리〉

명 전화
동 전화를 걸다

Please **telephone** me tomorrow morning.
내일 아침 내게 전화해라.

prone
[proun]
자음pr+one=apt

형 ~하기 쉬운

He is **prone** to get angry.
그는 화를 잘 낸다.

■ 공통어미〈ong〉로 구성되는 단어

long
[lɔːŋ]
자음l+ong=yearn, desire

형 긴, 오랜
동 바라다, 열망(동경)하다

We **long** for peace.
우리는 평화를 간절히 바라고 있다.

throng
[θrɔːŋ]
자음thr+ong=crowd, mob

명 군중, 인파
동 떼지어 모이다

The doors are **thronged** with callers.
방문객으로 문전성시를 이루고 있다.

wrong
[rɔ́:ŋ]
자음wr+ong=incorrect, evil

(형) 나쁜, 부정한
틀린

Mr. White took the **wrong** train.
화이트씨는 기차를 잘못 탔다.

along
[əlɔ́:ŋ]
(전) ~을 따라
(부) 따라서, 전방으로

The dog was running **along** behind its owner.
개는 주인의 뒤를 따라 달리고 있었다.

belong
[bilɔ́:ŋ]
be〈완전히〉+long〈~에 속하다〉
(동) ~에 속하다
~의 것이다

This dictionary **belongs** to our class.
이 사전은 우리 반의 것이다.

prolong
[prəlɔ́:ŋ]
pro〈앞으로〉+long〈길게하다〉=extend, stretch
(동) 연장(연기)하다
늘이다

The meeting was **prolonged**.
그 모임은 연기됐다.

lifelong
[laiflɔ́:ŋ]
life〈생명〉+long〈긴〉
(형) 일생의

The husband and wife are **lifelong** friends.
부부는 일생의 친구이다.

■ 공통어미〈ood〉로 구성되는 단어

mood
[mu:d]
자음m+ood=temper
(명) 기분, 마음가짐

The boss is in a good **mood** now.
사장님은 지금 기분이 좋다.

wood
[wud]
자음w+ood=forest
(명) 나무, 목재, 숲

The children went into the **woods** for wild flowers.
아이들은 들꽃을 따러 숲 속으로 갔다.

flood
[flʌd]
자음fl+ood=overflow
(명) 홍수, 범람
(동) 범람시키다

The whole city was **flooded** last night.
어젯밤 도시 전체가 온통 물에 잠겼다.

blood
[blʌd]
자음bl+ood=family line
(명) 피, 혈액, 가문

Blood takes nutrients to all parts of our bodies.
피는 우리 신체의 모든 부분에 영양소를 운반해준다.

brood
[bru:d]
자음br+ood=ponder, consider
(명) 새끼들
(동) 알을 품다
심사숙고하다, 되씹다

He is **brooding** over his misfortune.
그는 자기 불행에 대해 곰곰이 생각하고 있다.

Track 33

■ 공통어미〈oof〉로 구성되는 단어

hoof
[hu:f]
- 명 발굽
- 동 뻥 차다

Hoof means the hard part of the foot of horse, cow, etc.
'후푸' 는 말이나 소 등의 '발의 딱딱한 부분' 을 말한다.

roof
[ru:f]
- 명 지붕

The **roof** of the car was wet.
자동차의 지붕은 젖어 있었다.

proof
[pru:f]
- 명 증명, 증거
- 형 견디는

This is a water**proof** watch.
이것은 방수시계이다.

자음pr+oof=evidence, testimony

■ 공통어미〈ook〉로 구성되는 단어

cook
[kuk]
- 명 요리사
- 동 요리하다

Bill was once a **cook** for a first class hotel.
빌은 예전에 일류호텔 요리사였다.

hook
[huk]
- 명 갈고리, 낚시바늘

Frank caught some fish with a **hook**.
프랭크는 낚시로 고기를 잡았다.

look
[luk]
- 동 보다, 주시하다
- ~하게 보이다

Jane **looked** happy at that time.
제인은 그 때 행복해 보였다.

자음l+ook=see, watch

crook
[kruk]
- 동 구부리다, 굽히다

The opposite of **crooked** is straight.
'굽은' 의 반대는 '곧은' 이다.

파 crooked 형 굽은, 부정직한

outlook
[áutlùk]
- 명 조망, 전망, 경치
- 예측

He has a gloomy **outlook** on life.
그는 인생에 대해 비관적 견해를 가지고 있다.

out〈밖을〉+look〈보는 것〉=view

overlook
[òuvərlúk]
- 동 내려다보다
- 감독하다
- 눈감아주다

The judge said that he was going to **overlook** the criminal's past record.
판사는 죄에 대한 과거 기록은 문제 삼지 않겠다고 말했다.

over〈위에서 넘겨〉+look〈보다〉

■ 공통어미 〈ool〉로 구성되는 단어

fool
[fu:l]
자음f+ool=clown 반 sage

명 바보, 얼간이
동 속이다

You cannot **fool** all of the people all of the time.
모든 사람을 언제나 속일 수는 없다.

tool
[tu:l]
자음t+ool=device, apparatus

명 도구, 연장

I can't dig a hole without **tools**.
도구 없이는 구멍을 팔 수 없다.

stool
[stu:l]

명 (등이 없는)걸상
의자, 발판

Betty sat on the **stool** and ordered a cup of coffee.
베티는 걸상에 앉아서 커피 한 잔을 주문했다.

wool
[wul]

명 양털, 모직물
털실

Korea imports a lot of **wool** from Australia.
한국은 호주에서 많은 양모를 수입한다.

■ 공통어미 〈oom〉로 구성되는 단어

boom
[bu:m]
=flourish, progress

명 굉음
벼락경기, 붐

There was a **boom** in the leisure industry.
여가(레저)산업의 붐이 있었다.

doom
[du:m]
자음d+oom=fortune, destine

명 나쁜 운명, 파멸
동 운명짓다

I was **doomed** to die then and there.
나는 그 때 그곳에서 죽을 운명이었다.

bloom
[blu:m]
자음bl+oom=blossom, flourish

명 꽃, 개화, 한창때
동 꽃이 피다, 번창하다

The flowers are in full **bloom**.
꽃이 만발했다.

gloom
[glu:m]
자음gl+oom=sadness, melancholy

명 어둠, 울적함
동 어두워지다
우울해지다

He felt **gloomy** about the future.
그는 자기 장래가 희망이 없는 것으로 생각했다.

broom
[bru:m]

명 빗자루
동 ～을 비로 쓸다

She is sweeping her living room with a **broom**.
그녀는 자기 방을 비로 쓸고 있었다.

mushroom
[mʌʃru:m]

명 버섯, 양송이

Have you ever eaten **mushrooms**?
버섯을 먹어 본 적이 있니?

homeroom [hóumrù:m] home〈집, 가정〉+room	명 홈룸, 학급교실	Mr. Ham is our **homeroom** teacher. 햄선생님은 우리들의 담임이시다.
bathroom [bǽθrù:m] bath〈목욕〉+room〈실〉	명 목욕실	I washed my face in the **bathroom**. 나는 욕실에서 세수를 하였다.
bridegroom [bráidgrù:m] bride〈신부〉+groom〈마부〉	명 신랑	He introduced to us the bride and **bridegroom**. 그는 우리에게 신랑과 신부를 소개했다.

■ 공통어미〈oop〉로 구성되는 단어

coop [ku:p]	명 닭장, 우리 교도소	The chicken **coop** was large and noisy. 닭장은 우리는 크고 시끄러웠다.
hoop [hu:p]	명 (나무 등의)테 동 테를 두르다	**Hoop** means a large wooden or metal ring. '훕' 은 '큰 나무 혹은 금속의 테' 를 말한다.
scoop [sku:p]	명 숟가락	**Scoop** is a tool used for serving food. 숟가락은 음식을 먹는데 사용되는 도구이다.
troop [tru:p] 자음tr+oop=soldier, group	명 무리, 떼, 집단 군대	We watched a **troop** of boys marching down the street. 우리는 한 무리의 소년들이 거리를 행진하고 있는 것을 보았다.
stoop [stu:p] 자음st+oop=bow, bend, crouch	동 웅크리다 (상체를)굽히다	He **stooped** to put on his shoes. 그는 신발을 신으려고 머리를 구부렸다.

■ 공통어미〈oose〉로 구성되는 단어

| **goose**
[gu:s] | 명 거위, 거위고기 | They killed the **goose** that lays the golden eggs.
그들은 황금알을 낳는 거위를 죽였다. |
| **loose**
[lu:s]
자음l+oose=untied, slack | 형 묶여있지 않는
풀린, 느슨한 | The dog was **loose** in the yard.
개가 정원에 풀려있었다. |

choose
[tʃuːz]
자음ch+oose=elect, select

동 택하다, 고르다

Choose your friends carefully.
친구를 조심해서 선택하라.

■ 공통어미〈op〉로 구성되는 단어

hop
[hap]
자음h+op=leap, jump

명 깡충깡충 뜀
동 (한발로)깡충 뛰다

I saw a frog **hopping** from stone to stone.
나는 개구리가 이 돌 저 돌로 뛰는 것을 보았다.

chop
[tʃap]
자음ch+op=hew, cut

동 찍다, 자르다
잘게 썰다

My mother **chopped** up a cabbage.
어머니는 양배추를 잘게 써셨다.

crop
[krap]
자음cr+op=harvest, reaping

명 농작물, 곡물
수확

Potatoes are the main **crop** in this region.
감자는 이 지방의 주요 농산물이다.

drop
[drap]
자음dr+op=fall

명 (물)방울
동 떨어지다
떨어뜨리다

The temperature has **dropped** this morning.
오늘 아침에 기온이 내려갔다.

prop
[prap]
자음pr+op=support

명 지주, 버팀목
동 받치다

A son is **prop** for one's old age.
아들은 노후에 의지가 된다.

bishop
[bíʃəp]

명 주교

He is **bishop** from Rome.
그는 로마에서 온 주교다.

develop
[divéləp]
de〈반대〉+velop〈싸다〉=advance, progress

동 발달(발전)시키다
발육시키다

Plants **develop** from seeds and seeds develop into plants.
식물은 씨에서 발육하고, 씨는 발육하여 식물이 된다.

envelop
[invéləp]
en〈안에〉+velop〈싸다〉=wrap, cover, surround

동 싸다, 봉하다
덮어 싸다

The long cape **enveloped** the baby completely.
긴 망토로 아기가 푹 싸여 있었다.

■ 공통어미〈ope〉로 구성되는 단어

cope
[koup]

통 맞서다, 대처하다
수습하다, 필적하다

She **coped** with difficulties successfully.
그녀는 난국을 성공적으로 처리했다.

---

mope
[moup]

통 울적해지다
우울하게 지내다

자음m+ope=gloom, grieve

He is **moping**.
그는 의기소침해 있다.

---

pope
[poup]

명 로마교황

The **pope** is the head of Roman Catholic church.
교황은 로마 카톨릭교회의 우두머리이다.

---

rope
[roup]

명 밧줄, 로프

자음r+ope=cord, wire, string

She jumped **rope** a hundred times.
그녀는 줄넘기를 백번 했다.

---

grope
[group]

통 손으로 더듬다
더듬어 찾다

자음gr+ope=fumble

He **groped** for the door knob in the dark.
어둠 속에서 그는 문의 손잡이를 찾으려고 손으로 더듬
었다.

---

scope
[skoup]

명 범위, 영역
(정신적)시야

자음sc+ope=area, extent

The matter is not within the **scope** of our understanding.
그 일은 우리의 이해 범위 밖이다.

---

slope
[sloup]

명 경사, 비탈
통 경사(비탈)지다

자음sl+ope=incline, leaning

The vast orchard **slopes** towards the sea.
그 광대한 과수원은 바다를 향해 경사져 있다.

---

envelope
[énvəlòup]

명 봉투, 싸는 것
덮개, 포장

en〈안에〉+velope〈싸는 것〉

Ann wrote her address on the **envelope**.
앤은 봉투에 자기 주소를 썼다.

---

telescope
[téləskòup]

명 망원경

tele〈멀리〉+scope〈보는 것〉

We can see the stars by using a **telescope**.
우리는 망원경을 이용하여 별을 볼 수 있다.

---

microscope
[máikrəskòup]

명 현미경

micro〈작은 것을〉+scope〈보는 것〉

We can see very small objects with a **microscope**.
우리는 현미경으로 아주 작은 물체를 볼 수 있다.

■ 공통어미〈orch〉로 구성되는 단어

porch
[pɔːrtʃ]
자음p+orch=veranda

명 현관

Porch is entrance to a building.
현관은 건물로 들어가는 입구이다.

torch
[tɔːrtʃ]

명 손전등, 횃불
동 방화하다

The **torch** was lighted.
횃불이 점화되었다.

scorch
[skɔːrtʃ]
자음sc+orch=burn, consume

동 그슬리게 하다
시들다

The wall had been **scorched** by the fire.
화재로 인해 벽이 검게 그을렸다.

■ 공통어미〈orce〉로 구성되는 단어

force
[fɔːrs]
자음f+orce=might, power

명 병력, 군대, 힘
동 억지로~시키다, 강요하다

I was **forced** to do so.
나는 하는 수없이 그렇게 했다.

enforce
[infɔ́ːrs]
en〈만들기〉+force〈힘으로〉=force, compel

동 실시(집행)하다
강제하다

Government make laws and the police **enforce** them.
정부는 법을 만들고 경찰이 법을 시행한다.

reinforce
[rìːinfɔ́ːrs]
re〈다시〉+in〈안에〉+force〈힘을 넣다〉=fortify

동 보강(강화)하다

The troops **reinforced** the fort for battle.
그 부대는 전투에 대비하여 요새를 강화했다.

airforce
[ɛərfɔ́ːrs]
air〈하늘에서〉+force〈싸우는 군대〉

명 공군

He was **airforce** during Korean war.
그는 6·25전쟁때 공군이었다.

divorce
[divɔ́ːrs]
di〈따로〉+vorce〈돌아감〉

명 이혼
동 이혼하다

She **divorced** her husband.
그는 남편과 이혼했다.

■ 공통어미〈ord〉로 구성되는 단어

cord
[kɔːrd]

명 끈, 밧줄
(전기의)코드

Please tie up those books with this **cord**.
저 책들을 이 노끈으로 묶어 주시오.

lord
[lɔːrd]

자음l+ord=ruler, master, owner

(명) 지배자, 군주
우두머리, 지주

Man is the **lord** of creation.
인간은 만물의 영장이다.

sword
[sɔːrd]

(명) 칼, 검

Mr. Kim owns an old Korean **sword**.
김씨는 오래된 한국 검을 가지고 있다.

record
[rikɔ́ːrd]

re〈다시〉+cord〈기록하다〉=write, register

(동) 기록하다, 녹음하다

He broke the world **record**.
그는 세계 기록을 깼다.

accord
[əkɔ́ːrd]

ac〈~로〉+cord〈마음이 가다〉=agree, harmonize

(명) 조화, 일치
(동) 조화(일치)하다

His actions are in **accord** with his words.
그는 말과 행동이 일치한다.

concord
[kánkɔːrd]

con〈함께〉+cord〈마음이 가다〉=agreement

(명) 일치, 화합

Concord means agreement and harmony.
'콩코드' 는 '일치, 조화' 를 의미한다.

discord
[dískɔːrd]

dis〈떨어져 있는〉+cord〈마음〉=disagreement

(명) 불화, 불일치
부조화

What has brought **discord** into the family.
무엇이 가정불화를 초래했습니까?

afford
[əfɔ́ːrd]

(유) supply, furnish

(동) ~할 여유가 있다
공급하다

Can you **afford** time for the movies?
너는 영화 볼 시간이 있니?

■ 공통어미〈ore〉로 구성되는 단어

core
[kɔːr]

자음c+ore=heart, center

(명) (과일의)속
응어리, 핵심, 골자

He always grasps the **core** of the subject.
그는 언제나 문제의 핵심을 정확하게 파악한다.

sore
[sɔːr]

자음s+ore=hurting, painful

(형) 쓰라린, 아픈
쑤시는

I have a **sore** throat.
나는 목이 아프다.

chore
[tʃɔːr]

자음ch+ore=routine, task

(명) 잡일, 허드렛일
지루한(싫은)일

Children should help with the household **chores**.
아이들은 집안 허드렛일을 도와야 한다.

shore
[ʃɔːr]

자음sh+ore=seaside, beach

(명) 바닷가, 물가
해안

We walked along the **shore** of the lake.
우리는 호숫가를 따라 걸었다.

score
[skɔːr]
자음sc+ore=mark, record

명 득점, 점수
20, 스무 개 정도

He is proud of his **score** in the exam.
그는 시험에서 받은 점수를 자랑스럽게 생각한다.

store
[stɔːr]
자음st+ore=save, deposit

명 가게, 상점, 저축
동 저축(저장)하다

Thousands of books are **stored** in the school library.
학교 도서관에는 수천 권의 책이 갖추어져 있다.

ignore
[ignɔːr]
ig〈부정〉+nore〈알다〉=disregard

동 무시하다
묵살(기각)하다

The driver **ignored** the speed limit.
그 운전기사는 제한 속도를 무시했다.

therefore
[ðɛ́ərfɔ̀ːr]
유 consequently

부 그러므로, 따라서

He was ill, and **therefore** did not come.
그는 아파서 오지 않았다.

explore
[iksplɔ́ːr]
ex〈밖으로〉+plore〈외치다〉=search, investigate

동 탐험(조사)하다

He **explored** the uninhabited island.
그는 무인도를 탐험했다.

restore
[ristɔ́ːr]
re〈다시〉+store〈제자리에 놓다〉=recover, reestablish

동 복구하다, 회복하다

He was **restored** to health two weeks later.
그는 2주 후 건강을 회복했다.

■ 공통어미〈orm〉로 구성되는 단어

form
[fɔːrm]
자음f+orm=shape, appearance

명 모양, 모습, 형식
동 형성하다, 모으다

Ice has **formed** over the pond.
연못에 얼음이 얼었다.

---

worm
[wəːrm]

명 벌레, 지렁이

Most **worms** have soft bodies and no legs.
무엇보다도 지렁이는 부드러운 몸이 있고 다리는 없다.

---

storm
[stɔːrm]
자음st+orm 반 calm

명 폭풍우
동 폭풍우가 일다

A **storm** caught us.
우리는 폭풍우를 만났다.

---

uniform
[júːnəfɔːrm]
uni〈하나의〉+form〈형태〉

명 제복
형 같은 모양의, 일정한

A man in a policeman's **uniform** came into the room.
경찰복을 입은 사람이 방으로 들어왔다.

---

inform
[infɔːrm]
in〈생각을 안에〉+form〈형성하다〉 유 tell, notify

동 알리다, 통지하다

We were **informed** that two prisoners had escaped.
두 죄수가 탈주하였다는 통고를 받았다.

---

reform
[rifɔːrm]
re〈다시〉+form〈형성하다〉 유 change, improve

명 개혁, 개정
동 개혁(개정)하다

The government **reformed** the education system.
정부는 교육제도를 개정했다.

---

perform
[pərfɔːrm]
per+form=act, play

동 수행하다
연기(연주)하다

He **performed** many roles on stage.
그는 무대에서 여러 가지 역할을 하였다.

---

conform
[kənfɔːrm]
con〈함께〉+form〈형식에 따르다〉

동 일치시키다
(규칙에)따르다, 순응하다

He makes his deeds **conform** with the customs.
그는 관습에 따라 행동한다.

---

deform
[difɔːrm]
de〈잘못〉+form〈형성하다〉

명 변형, 기형
동 흉하게 하다

The boy has a **deformed** foot.
그 소년은 발이 불구다.

---

transform
[trænsfɔːrm]
trans〈바꾸다〉+form〈모양을〉 유 transfigure

동 변형하다, 바꾸다

In a wink, the prince was **transformed** into a green frog.
눈 깜짝할 사이에 왕자는 초록색 개구리로 변했다.

■ 공통어미〈orn〉로 구성되는 단어

corn
[kɔːrn]

명 옥수수, 곡식

Our car passed by a large field of **corn**.
우리 차는 넓은 옥수수 밭 옆을 지나갔다.

---

horn
[hɔːrn]

명 (동물의)뿔, 경적
(악기의)호른

The driver blew his **horn**.
운전사는 경적을 울렸다.

---

thorn
[θɔːrn]

명 (식물의)가시

I don't like plants with lots of **thorns**.
나는 가시가 많은 식물은 싫다.

---

scorn
[skɔːrn]

명 경멸, 모욕
동 경멸(모욕)하다

자음sc+orn=despise, contempt

She gave him a look of **scorn**.
그녀는 경멸에 찬 눈으로 그를 보았다.

---

inborn
[ínbɔ́ːrn]

형 타고난, 선천적인

in〈안에 가지고〉+born〈태어난〉

She has an **inborn** talent for art.
그녀는 예술에 타고난 재능이 있다.

---

stubborn
[stʌ́bərn]

형 완고한, 고집 센

유 obstinate, inflexible

He is **stubborn** about doing everything himself.
그는 모든 일을 제멋대로 하려고 고집한다.

---

forlorn
[fərlɔ́ːrn]

형 고독한, 버려진
의지가 없는

유 desolate, abandoned

This girl is a **forlorn** child.
이 소녀는 의지할 곳이 없는 아이다.

■ 공통어미〈ort〉로 구성되는 단어

fort
[fɔːrt]

명 요새, 성체, 보루

The general **fortified** the town with a great wall.
장군은 그 도시를 큰 벽으로 요새화했다.

---

port
[pɔːrt]

명 항구, 항구도시
(배의)피난처

자음p+ort=harbor, refuge

Any **port** is welcome in a storm.
어떤 항구든지 폭풍 중에는 다 피난처이다.

---

sport
[spɔːrt]

명 운동경기, 스포츠

자음sp+ort=outer exercise

Some **sports** are baseball, boxing and swimming.
몇몇 스포츠는 야구, 권투, 수영이다.

short
[ʃɔ:rt]
자음sh+ort=brief

형 짧은, 키가 작은
부족한

The new highway **shortened** the trip.
새로운 간선도로로 여행시간이 단축되었다.

escort
[éskɔ:rt]
유 accompany, convoy

명 호위, 호송자
동 호위하다

She **escorted** the guests to the table.
그녀는 손님들을 식탁으로 모셨다.

comfort
[kʌ́mfərt]
com〈아주〉+fort〈강하게하다〉=console, encourage

명 위로, 위안, 안락
동 위로(위안)하다

Science has made our lives more **comfortable**.
과학은 우리 생활을 더욱 편하게 만들었다.

effort
[éfərt]
ef〈밖으로〉+fort〈힘쓰는 것〉=labor, endeavor

명 노력, 수고

I will make every **effort** to help you.
나는 너를 돕기 위해 모든 노력을 다 할 것이다.

resort
[rizɔ́:rt]

명 행락지, 유흥지
사람들이 모이는 곳

This place is famous as a hot spring **resort**.
이 곳은 온천휴양지로 유명하다.

retort
[ritɔ́:rt]
유 reply, respond

동 보복하다, 반박하다
말대꾸하다

He **retorted** that it was all my fault.
그는 그것이 모두 나의 잘못이라고 응수했다.

distort
[distɔ́:rt]
=twist

동 찡그리다, 왜곡하다

He seemed to have **distorted** the facts of the accident.
그는 그 사건의 진상을 왜곡한 것 같다.

export
[ikspɔ́:rt]
ex〈밖으로〉+port〈운반하다〉

명 수출
동 수출하다

Korea **exports** a great number of cars every year.
한국은 매년 많은 자동차를 수출한다.

import
[impɔ́:rt]
im〈안으로〉+port〈운반하다〉

명 수입
동 수입하다

The country has to **import** most of its raw materials.
그 나라는 대부분의 원자재를 수입해야 한다.

report
[ripɔ́:rt]
유 declare, announce

명 보도, 보고
동 보도(전)하다

It is **reported** that they have attained the summit.
그들은 산꼭대기에 올라가는데 성공했다고 보고되었다.

support
[səpɔ́:rt]
sup〈밑에서〉+port〈받치다〉 유 assist

동 지탱하다, 버티다
원조(부양)하다

He has to **support** his mother and his sister.
그는 어머니와 누이를 부양해야 한다.

transport
[trænspɔ́:rt]
tans〈가로질러〉+port〈운반하다〉 유 carry, convey

동 수송(운송)하다

It was hard to obtain **transportation** because of the oil shortage.
기름이 부족하여 운송수단을 확보하는 것이 힘들었다.

| **airport**
[έərpɔːrt] | 명 공항 | I went to the **airport** to see my friend off.
나는 친구를 배웅하러 공항에 갔다. |
| **passport**
[pǽspɔːrt] | 명 여권 | May I have your **passport**?
여권을 보여주시겠습니까? |

■ 공통어미〈ory〉로 구성되는 단어

glory [glɔ́ːri] 유 praise, honor	명 영광, 영예, 찬양	He won **glory** in science. 그는 과학 분야에서 명예를 얻었다.
history [hístəri] hi=his+story (그의 이야기)	명 역사(학)	Tom is reading a **historical** novel. 탐은 역사소설을 읽고 있다.
factory [fǽktəri] 유 plant, installation	명 공장, 제작소	He works in a **factory**. 그는 공장에서 일한다.
victory [víktəri] 유 triumph, success	명 승리, 전승, 극복	The volleyball game ended in a **victory** for our university. 배구시합은 우리 대학교의 승리로 끝났다.
territory [térətɔ́ːri] 유 region, district	명 영토, 지역	This Meeting is to be held on neutral **territory**. 이 회담은 중립지역에서 개최된다.
dormitory [dɔ́ːrmətɔ́ːri]	명 기숙사, 합숙사	Our **dormitory** is on campus. 우리 기숙사는 대학구내에 있다.
compulsory [kəmpʌ́lsəri] 유 unavoidable	형 강제적인 의무적인	Military service is **compulsory** in Korea. 한국에서 군복무는 의무적이다.
theory [θí:əri] 유 doctrine	명 이론, 학설	Your plan is excellent in **theory**. 너의 계획은 이론적으로는 참으로 훌륭한다.
sorry [sɔ́:ri]	형 유감스러운, 미안한	I am **sorry** to trouble you. 폐를 끼쳐 미안합니다.

■ 공통어미〈ose〉로 구성되는 단어

pose
[pouz]
자음p+ose=attitude

명 자세, 태도
동 자세(포즈)를 취하다

The actor **posed** for photographs.
배우는 사진을 찍기 위하여 포즈를 취했다.

---

close
[klouz]
자음cl+ose=shut, near, intimate

동 (눈을)감다, (문을)닫다
형 가까운

She is our **close** relative.
그녀는 우리의 가까운 친척이다.

---

prose
[prouz]

명 산문
단조로운 이야기

He is the **prose** writer of the 19th century.
그는 19세기의 산문작가 이다.

---

compose
[kəmpóuz]
com〈함께〉+pose〈놓다〉=constitute, organize

동 구성하다
(마음을)가라앉히다

The committee was **composed** of lawyers.
위원회는 변호사들로 구성됐다.

---

expose
[ikspóuz]
ex〈밖으로〉+pose〈내놓다〉=reveal, uncover

동 드러내다, 폭로하다

She **exposed** her skin to the sun.
그녀는 피부를 햇볕에 노출시켰다.

---

dispose
[dispóuz]
dis〈분리하여〉+pose〈놓다〉=arrange, adjust

동 배치(처리)하다
정리하다, 처분하다

He **disposed** of all his property.
그는 자기 재산을 모두 처분했다.

---

impose
[impóuz]
im〈위에〉+pose〈놓다〉=demand, require

동 부과하다, 강요하다
성가시게 굴다

You must do the task has been **imposed** on you.
너는 너에게 부과된 일을 해야 한다.

---

oppose
[əpóuz]
op〈반대로〉+pose〈놓다〉=resist, withstand

동 반항(반대)하다
대립시키다

My father is **opposed** to my marriage.
아버지는 나의 결혼에 반대하고 계신다.

---

propose
[prəpóuz]
pro〈의견을 앞에〉+pose〈내놓다〉=offer, recommend

동 제의하다, 신청하다

That was a good **proposition**.
그것은 좋은 제안이었다.

---

suppose
[səpóuz]
sup〈아래로〉+pose〈놓아보다〉=assume, think

동 가정하다, 생각하다
~라고 생각하다

I don't **suppose** that he will come.
나는 그가 오지 않으리라 생각한다.

purpose
[pə́:rpəs]
pur〈앞에〉+pose〈놓은 것〉=goal, intention

명 목적, 의도, 동기

For what **purpose** did he come here?
그가 여기 온 목적은 뭐지?

close
[klouz]
=shut, finish, complete

동 닫다, 끝마치다
형 가까운

She is our **close** relative.
그녀는 우리의 가까운 친척이다.

enclose
[inklóuz]
en〈안에 넣고〉+close〈닫다〉=envelop

동 동봉하다, 둘러싸다

I will **enclose** your letter along with mine.
너의 편지도 내 편지에 동봉하겠다.

disclose
[disklóuz]
dis〈반대〉+close〈닫다〉=expose, reveal

동 드러내다, 폭로하다

The secret was **disclosed** to the public.
그 비밀이 일반에게 폭로되었다.

diagnose
[dáiəgnòus]

동 진단하다

The doctor **diagnosed** her case tuberculosis.
의사는 그녀의 병을 결핵으로 진단했다.

■ 공통어미〈ot〉로 구성되는 단어

dot
[dat]
자음d+ot=small round mark

명 점, 반점, 얼룩
동 점을 찍다

Some small islands **dotted** the blue sea.
몇 개의 작은 섬이 푸른 바다위에 점점이 떠 있었다.

lot
[lat]
자음l+ot=doom, many, amount

명 제비(뽑기), 운
운명, 많음

A **lot** of boys were playing baseball.
많은 소년들이 야구를 하고 있었다.

pot
[pat]
자음p+ot=a round container

명 단지, 화분, 냄비

You can grow this flower in a **pot**.
이 꽃은 화분에서 기를 수 있다.

rot
[rat]
자음r+ot=spoil, decay

동 썩다, 부패하다
썩게 하다

Water standing in the fields **rots** young plants.
들에 고인 물은 어린 식물을 썩힌다.

shot
[ʃat]
자음sh+ot=the firing of a gun

명 탄환, 발사, 총성

I heard several **shots**.
나는 몇 발의 총성을 들었다.

blot
[blat]
자음bl+ot=stain, dishonor

명 얼룩, 흠

The spilled oil made some **blots** on the cloth.
엎질러진 기름은 천을 얼룩지게 했다.

slot
[slat]
명 홈, 가늘고 긴 구멍
동 홈을 파다

I put a coin into the **slot** machine.
나는 슬롯머신에 동전을 넣었다.

plot
[plat]
자음pl+ot=plan, scheme
명 음모, 계획, 줄거리
동 음모하다

Some think that the oil shortage is the result of an international **plot**.
기름부족은 국제적인 음모라고 생각하는 사람이 있다.

spot
[spat]
자음sp+ot=place, stain
명 장소, 지점
반점, 얼룩

My dog is brown with white **spots**.
나의 개는 갈색 바탕에 흰 반점이 있다.

allot
[əlát]
유 share, distribute
동 할당(분배)하다

I was **alloted** three tickets.
나는 표 석장을 배당받았다.

riot
[ráiət]
유 tumult, revolt
명 폭동
동 폭동을 일으키다

The army was called to put down a **riot**.
폭동을 진압하려고 군대가 출동했다.

pilot
[páilət]
a person who flies on aircraft
명 수로 안내인, 조종사
동 안내(조종)하다

In a calm sea every man is a **pilot**.
잔잔한 바다에서는 누구나 수로 안내인이다.

patriot
[péitriət]
a person who loves his country
명 애국자

The **patriot** can't be made by education.
애국자는 결코 교육에 의하여 만들어지는 것이 아니다.

■ 공통어미〈ote〉로 구성되는 단어

note
[nout]
자음n+ote=notice, memo
명 각서, 메모, 주의
동 메모하다

She **noted** down my telephone number.
그녀는 내 전화번호를 적어 두었다.

vote
[vout]
자음v+ote=cast a vote
명 투표
동 투표하다

We **voted** for(against) the new plan.
우리는 새로운 계획에 찬성(반대)투표를 했다.

quote
[kwout]
자음qu+ote=cite, paraphrase
동 인용하다

Our teacher always **quotes** from the principal's speech.
우리 선생님은 교장선생님의 말씀을 자주 인용하신다.

devote
[divóut]
유 give, dedicate
동 바치다, 봉납하다

He **devoted** all his time to the invention.
그는 그의 시간 전부를 발명에 바쳤다.

emote [imóut] e〈감정을 밖으로〉+mote〈움직이다〉	동 감정을 나타내다	She is an **emotional** actress. 그녀는 감정표현을 잘 하는 배우이다.
remote [rimóut] re〈멀리〉+mote〈이동하다〉=far, distant	형 먼, 먼 곳에	The village was **remote** from the civilized world. 그 마을은 문명화된 세계로부터 멀리 떨어져 있었다.
promote [prəmóut] pro〈앞으로〉+mote〈움직이다〉 유 advance	동 승진시키다 승진(촉진)하다	He was **promoted** to principal. 그는 교장으로 승진했다.

■ 공통어미〈oud〉로 구성되는 단어

loud [laud] 자음l+oud=noisy, roaring	형 큰소리의, 고음의 시끄러운	Please don't speak in such a **loud** voice in the hospital. 병실에서 그렇게 큰소리로 말하지 마세요.
cloud [klaud] 자음cl+oud=fog, mist, haze	명 구름	The black **clouds** announced a coming storm. 검은 구름이 폭풍이 다가옴을 알렸다.
proud [praud] 자음pr+oud=arrogant, haughty	형 뽐내는, 자랑하는 거만한	The people next door are too **proud**. 옆집 사람들은 너무 거만하다.
aloud [əláud] 반 silently	부 소리를 내어 큰소리로	Say new English words **aloud**. 새 영어단어를 큰소리로 말해라.

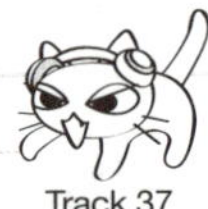

Track 37

■ 공통어미〈ough〉로 구성되는 단어

rough
[rʌf]
자음r+ough 〈반〉 smooth, even

형 거친, 울퉁불퉁한
가공되지 않는

Her hands are always **rough**.
그녀의 손은 항상 거칠다.

tough
[tʌf]
자음t+ough=hard, strong

형 튼튼한, 질긴
강인한

He is very **tough**.
그는 대단히 튼튼하다.

enough
[inʌf]
〈유〉 ample, sufficient

형 충분한

I have **enough** gasoline.
휘발유는 충분히 있다.

though
[ðou]
자음th+ough=notwithstanding

접 ～이지만
～일지라도

Let's try **though** we may fail.
실패할지모르지만, 시도해 보자.

although
[ɔ:lðóu]
al+though〈～이지만〉

접 비록～일지라도
～이긴 하지만

Although he is very old, he is active.
그는 나이는 많이 먹었으나, 활동적이다.

thorough
[θə́:rou]
=perfect, entire

형 빈틈없는, 철저한
완전한

It was a **thorough** waste of time.
그것은 완전한 시간낭비였다.

through
[θru:]
th+rough〈거친〉

전 ～을 지난
～을 통하여

They went **through** the woods.
그들은 숲을 통과하여 갔다.

■ 공통어미〈ounce〉로 구성되는 단어

announce
[ənáuns]
an〈～에게〉+nounce〈알리다〉 〈유〉 proclaim, publish

동 발표하다, 알리다

They **announced** the winner.
그들은 승자를 발표했다.

pronounce
[prənáuns]
pro〈앞에서〉+nounce〈말하다〉

동 발음하다

How do you **pronounce** this word?
이 단어는 어떻게 발음합니까?

| **denounce**
[dináuns]
de〈나쁘게〉+nounce〈말하다〉=blame, condemn | 동 비난(고발)하다 | He was **denounced** as a coward.
그는 비겁한 사람이라고 비난받았다. |
| **renounce**
[rináuns]
re〈뒤로〉+nounce〈말하다〉=forsake, abandon | 동 포기(단념)하다 | He **renounced** the throne.
그는 왕좌를 포기했다. |

■ 공통어미〈ound〉로 구성되는 단어

bound [baund] 자음b+ound=leap, jump, spring	명 뛰기, 경계, 범위 동 뛰어오르다	With one **bound** he had crossed the stream. 한 번 뛰어서 그는 개울을 건넜다.
found [faund] 자음f+ound=organize, establish	동 설립(창건)하다	Our school was **founded** in 1920. 우리 학교는 1920년에 설립되었다.
mound [maund] 자음m+ound=hill, heap, pile	명 흙무더기, 고분 작은 산, 둑, 제방	The picnickers left behind a **mound** of garbage. 소풍객들은 쓰레기더미를 잔뜩 쌓아 놓고 갔다.
round [raund] 자음r+ound=circular	명 원, 둥근 것 형 둥근, 원형의	Several people were sitting at a **round** table. 몇몇 사람이 둥근 식탁에 앉아 있었다.
sound [saund] 자음s+ound=healthy	명 소리, 음향 형 건강한 동 소리가 나다	His story **sounds** strange. 그의 이야기는 이상하게 들린다.
ground [graund] 자음gr+ound=earth, land, foundation	명 땅, 토지, 운동장 근거	We have good **grounds** for believing it. 우리는 그것을 믿을 만한 충분한 근거가 있다.
pound [paund] 자음p+ound=beat, strike	명 파운드(무게의 단위) 동 세게 두드리다	I weigh about 120 **pounds**. 나는 몸무게가 120파운드 정도 나간다.
abound [əbáund] 유 overflow, plentiful	동 풍부하다, 가득하다, 많이 있다 형 풍부한	This river **abounds** in fish. 이 강에는 물고기가 많다.
profound [prəfáund] 유 deep, intelligent	형 깊은, 심원한 심오한, 지적인	She takes a **profound** interest in music. 그녀는 음악에 깊은 관심을 가지고 있다.

confound
[kámpaund]
㊌ confuse, bewilder

동 혼동하다
당황케하다

Don't **confound** the means with the ends.
수단과 목적을 혼동하지 마라.

compound
[kámpaund]
com〈함께〉+pound〈넣다〉=blend, mix

명 혼합물
동 혼합하다

Water is a **compound** of oxygen and hydrogen.
물은 산소와 수소의 혼합물이다.

around
[əráund]
a+round〈둥근〉

부 둘레에, 주위에
여기저기에, 사방에

He walked **around** to find his dog.
그는 개를 찾기 위해 여기저기 걸어 다녔다.

surround
[səráund]
sur〈주변을〉+round〈두르다〉=circle, encircle

동 둘러싸다, 에워싸다

The prison is **surrounded** by a high wall.
그 교도소는 높은 담으로 둘러싸여 있다.

astound
[əstáund]
㊌ amaze, astonish

동 깜짝 놀라게 하다

she was **astounded** to discover that he had left his wife.
그녀는 그가 그의 아내를 떠났다는 것을 알고 매우 놀랐다.

background
[bǽkgraund]
back〈등〉+ground〈운동장〉

명 배경, 경력

We should consider our social **background**.
우리는 사회적 배경을 고려해야 한다.

underground
[ʌ́ndərgraund]
under〈밑에〉+ground〈땅〉

명 지하도, 지하철
형 지하의, 비밀의

We walked to the **underground** station.
우리는 걸어서 지하철역으로 갔다.

resound
[rizáund]
re〈다시〉+sound〈소리나다〉=echo

동 (악기소리 등이) 울리다
울려 퍼지다

Music **resounded** through the hall.
음악이 홀 전체에 울렸다.

■ 공통어미〈ount〉로 구성되는 단어

count
[kaunt]
자음c+ount=compute, estimate

동 세다, 계산하다
셈하다

The boy can **count** from one to ten.
그 소년은 1에서 10까지 셀 수 있다.

mount
[maunt]
자음m+ount=rise, climb

명 승마, 오르기, 산
동 오르다, 올라타다

He **mounted** to the chief of a policestation.
그는 경찰서장으로 승진했다.

discount
[dískaunt]
dis〈밑으로〉+count〈계산하다〉

명 할인, 에누리
동 할인(감)하다

The price was **discounted** by 10 percent.
가격은 10%가 에누리되었다.

account [əkáunt] acc⟨~쪽으로⟩+count⟨계산하다⟩=explanation	몡 계산(서), 계정, 계좌 동 계산(설명)하다	My brother has a bank **account**. 내 동생은 은행 예금계좌를 가지고 있다.
amount [əmáunt] a⟨~에⟩+mount⟨오르다⟩=sum, total	몡 총계, 총액, 금액 동 ~에 달하다	The loss from the flood **amounts** to a million dollars. 홍수로 인한 손실은 100만 달러에 이른다.
dismount [dismáunt] dis⟨반대⟩+mount⟨오르다⟩	동 (말, 차에서) 내리다, 떼어내다	The opposite of **dismount** is mount. '내리다' 의 반대는 '오르다' 이다.
paramount [pǽrəmàunt] para⟨정상에⟩+mount⟨오르다⟩	혱 최고의, 탁월한 가장 중요한	This task is **paramount** to all others. 이 일은 어느 것보다 우선한다.
surmount [sərmáunt] sur⟨정상까지⟩+mount⟨오르다⟩	동 극복하다, 넘다 이겨내다	They **surmounted** all opposition to their plans. 그들은 자신들의 계획에 대한 모든 반대를 이겨냈다.

■ 공통어미⟨our⟩로 구성되는 단어

sour [sauər] 자음s+our=acid, bitter	혱 신, 시큼한, 심술궂은 동 시게하다	That old man certainly has a **sour** disposition. 저 노인은 분명 심술궂은 성격이다.
flour [fláuər] 자음fl+our=flower⟨동음어⟩	몡 밀가루, 분말	Bread is made from **flour**. 빵은 밀가루로 만든다.
scour [skauər] 자음sc+our=scrub, clean	동 문질러 닦다 세탁하다	She used powder to **scour** the baking pan. 그녀는 빵 굽는 팬을 문질러 닦기 위해 가루를 사용했다.
devour [diváuər] 유 swallow, gulf	동 게걸스럽게 먹다 삼켜버리다	The fire **devoured** the whole town. 불은 마을을 온통 삼켜버렸다.
tour [tuər] 자음t+our=travel, journey	몡 관광여행 동 여행하다	He met a foreign **tourist** who was asking the way. 그는 길을 묻고 있는 한 외국관광객을 만났다.
detour [díːtuər] de+tour⟨관광여행⟩	몡 우회(로) 동 돌아서 가다, 우회하다	The city officials decided to pave the **detours** with concrete. 시 당국자들은 우회도로를 콘크리트로 포장하기로 결정했다.

Track 38

■ 공통어미〈ource〉로 구성되는 단어

source
[sɔːrs]
유 spring, foundation

명 원천, 근원, 출처

What's the **source** of trouble?
그 문제의 원인이 무엇이냐?

resource
[ríːsɔːrs]
re〈다시〉+source〈솟아나는 것〉

명 자원, 재원, 수단

The land is rich in natural **resources**.
그 나라는 천연자원이 풍부하다.

course
[kɔːrs]
유 progress, advance

명 진로, 경로, 진행

The captain made up his mind to change the ship's **course**.
선장은 배의 항로를 바꾸기로 결심했다.

discourse
[dískɔːrs]

명 강연
동 강연(논술)하다, 말하다

In seminar, we analyzed the structure of **discourse**.
세미나에서 우리는 강연 내용을 분석했다.

■ 공통어미〈ourn〉로 구성되는 단어

mourn
[mɔːrn]
유 weep, lament

동 슬퍼하다, 애통하다

She **mourned** over the death of her friend.
그녀는 친구의 죽음을 애도했다.

adjourn
[ədʒə́ːrn]
ad〈~쪽으로〉+journ〈날을 잡다〉=put off, postpone

동 연기하다
휴회(폐회)하다

The committee **adjourned** till Monday.
위원회는 월요일까지 연기됐다.

sojourn
[sóudʒəːrn]
유 stay for a time

동 머무르다, 체류하다

A politician in exile is **sojourning** in my house.
망명한 정치인이 우리 집에 일시 체재하고 있다.

■ 공통어미〈ouse〉로 구성되는 단어

mouse
[maus]
자음m+ouse=a small furry animal

명 생쥐

Have you ever seen a **mouse**?
생쥐를 본 적이 있니?

spouse [spaus] 자음sp+ouse=a husband or wife	명 배우자	**Spouse** means a husband or wife. 배우자는 남편 혹은 부인을 말한다.
rouse [rauz] 자음r+ouse=waken, awaken	동 깨우다 일어나게 하다	A loud knock at the door **roused** me. 문을 두드리는 시끄러운 소리에 나는 잠을 깼다.
arouse [əráuz] a+rouse=stimulate, animate	동 깨우다, 자극하다 분기시키다	His words **aroused** a doubt in my mind. 그의 말은 마음에 의구심을 일으켰다.

■ 공통어미〈out〉로 구성되는 단어

shout [ʃaut] 자음sh+out=yell, cry	동 외치다, 고함치다	She **shouted** her son's name. 그녀는 아들의 이름을 큰소리로 불렀다.
clout [klaut] 자음cl+out=to hit hard	명 때림 동 주먹(손바닥)으로 때리다	**Clout** means to hit hard with your hand. '클라웃' 는 '손으로 세게 때리는 것' 을 뜻한다.
spout [spaut] 자음sp+out=spurt	동 내뿜다, 분출하다 솟아나오다	The lava could be seen **spouting** out of the volcano. 용암이 화산에서 분출하는 것이 보였다.
trout [traut]	명 송어	**Trout** fishing is now popular among young people. 송어 낚시는 요즘 젊은 사람들 사이에 인기가 있다.
stout [staut] 자음st+out=fat, overweight	형 뚱뚱한, 살찐	She became **stout** as she grew older. 그녀는 나이가 들면서 뚱뚱해졌다.
doubt [daut] 유 distrust, suspect	명 의심 동 의심하다	I am **doubtful** about the weather on Sunday. 일요일에는 날씨가 어떨지 모르겠다.
devout [diváut] 유 sacred, holy, spiritual	형 믿음이 깊은 독실한	He is a **devout** believer in God. 그는 독실한 신자이다.
without [wiðáut] without delay〈곧, 지체없이〉	전 ~이 없이	We cannot live **without** water and air. 우리는 물과 공기가 없이 살 수가 없다.

throughout
[θru:áut]
though〈～을 통하여〉+out〈밖으로〉

전 내내
부 도처에,
처음부터 끝까지

This day is celebrated **throughout** the country.
전국 모든 곳에서 이 날을 축하한다.

■ 공통어미〈ove〉로 구성되는 단어

rove
[rouv]
자음r+ove=wander, roam

명 빙랑자
동 배회하다

Rove means roam, wander.
'로우브' 는 '배회하다, 헤매다' 를 뜻한다.

move
[mu:v]
자음m+ove=progress, proceed

동 움직이다
이동시키다

The earth **moves** around the sun.
지구는 태양의 주위를 돈다.

remove
[rimú:v]
re〈다시〉+move〈움직이다〉=eliminate

동 이사하다, 제거하다

We **removed** our factory to another area.
우리는 공장을 다른 지역으로 옮겼다.

prove
[pru:v]
pr+ove=demonstrate

동 입증(증명)하다
～으로 판명되다

The report **proved** to be true.
보고서는 사실임이 판명되었다.

approve
[əprú:v]
ap〈～을〉+prove〈입증하다〉=praise, appreciate

동 인정(승인)하다
찬성(찬동)하다

Her parents did not **approve** of her marriage.
그녀의 부모는 그녀의 결혼을 찬성하지 않았다.

improve
[imprú:v]
im〈～을〉+prove〈좋게하다〉=better, reform

동 개선(개량)하다
향상시키다

Her health is gradually **improving**.
그녀의 건강은 점차 좋아지고 있다.

reprove
[riprú:v]
유 blame, rebuke

동 비난하다, 꾸짖다

The mother **reproved** her child for disobedience.
말을 듣지 않는다고 어머니가 자식을 꾸짖었다.

■ 공통어미〈ow〉로 구성되는 단어

bow
[bau]
자음b+ow=stoop

명 절
동 절하다
머리를 숙이다

We **bow** to our teacher.
우리는 선생님에게 머리 숙여 인사한다.

vow
[vau]
자음v+ow=oath, swear

명 맹세, 서약, 약속
동 맹세하다

I took a **vow** that I should get to school on time.
나는 정각에 학교에 도착하겠다고 약속했다.

| **plow**
[plau]
자음pl+ow=a farm tool | 명 쟁기
동 쟁기로 갈다 | I don't know how to **plow**.
나는 밭을 가는 법을 모른다. |

| **endow**
[indáu]
en〈안에〉+dow〈주다〉=bestow, contribute | 동 기부(기증)하다
부여하다 | Nature had **endowed** her wit and intelligence.
하늘은 그녀에게 기지와 지성을 주었다. |

| **allow**
[əláu]
유 admit, permit | 동 허락하다, 묵인하다 | Smoking is not **allowed** here.
여기서는 금연입니다. |

| **sow**
[sou]
자음s+ow=scatter seeds | 동 씨를 뿌리다
파종하다 | One must reap what he has **sown**.
자기가 뿌린 씨는 자기가 거둬야 한다. |

| **show**
[ʃou]
자음sh+ow=reveal, explain | 동 보이다, 보여주다
알려주다, 가리키다 | Will you **show** me the way to the station?
역으로 가는 길을 알려 주시겠습니까? |

| **blow**
[blou]
자음bl+ow=hit, slap | 명 타격, 강타
동 폭파하다 | Suddenly, the airplane **blew** up in midair.
갑자기 그 비행기는 공중에서 폭발하였다. |

| **flow**
[flou]
자음fl+ow=flood | 동 (물이)흐르다
범람하다 | A lot of people **flowed** out of the movie theater.
많은 사람들이 극장에서 쏟아져 나왔다. |

| **slow**
[slou]
자음sl+ow 반 fast, quick, swift | 형 느린
부 느리게 | **Slow** and steady wins the race.
느려도 꾸준하면 이긴다. |

| **crow**
[krou] | 명 까마귀 | We can't see **crows** in the city anymore.
이제 도시에서는 까마귀를 볼 수 없다. |

| **grow**
[grou]
자음gr+ow=cultivate, increase | 동 성장하다, 재배하다
증가하다 | The field mice are **growing** in number.
들쥐의 수가 증가하고 있다. |

| **throw**
[θrou]
자음thr+ow=cast, pitch | 동 던지다, 던져주다 | We must not **throw** trash into the river.
우리는 강에 쓰레기를 버려서는 안 된다. |

| **glow**
[glou]
자음gl+ow=shine, burn | 동 빛나다, 타다
붉어지다 | Her face **glowed** with joy.
그녀의 얼굴은 기쁨으로 붉어졌다. |

low
[lou]
자음+ow=cheap

(명) 낮은, (값이) 싼
(부) 낮게, 아래로

The room has a very **low** ceiling.
방의 천정이 매우 낮다.

---

shallow
[ʃǽlou]
(반) deep

(형) 얕은, 천박한

The water was so **shallow** that children could not swim.
물이 너무 얕아서 어린이들은 헤엄칠 수 없었다.

---

fellow
[félou]
(유) companion

(명) 동료, 친구, 동무
사내, 사람

Jack was kind to his **fellow** workers.
잭은 함께 일하는 동료들에게 친절하였다.

---

billow
[bílou]
(유) big wave

(명) 큰 물결, 놀
(동) 소용돌이치다

A **billow** is a great wave.
'빌로우' 는 '큰 파도' 를 말한다.

---

pillow
[pílou]

(명) 베개
(동) 얹다

Jim went to sleep as soon as his head touched the **pillow**.
짐은 베개를 베자마자 잠이 들었다.

---

willow
[wílou]
*a tree with long, thin branches

(명) 버들, 버드나무

The **willows** along the side walk are very pretty in spring.
보도에 서 있는 버드나무는 봄이 되면 대단히 아름답다.

---

follow
[fálou]
(유) chase, pursue

(동) 뒤따라가다(오다)
~의 다음에 오다

If you **follow** this street, you will see the post office.
이 길을 쭉 따라가면 우체국이 나온다.

---

hollow
[hálou]
(유) vacant, empty

(형) 속이 빈, 움푹패인

There is a big **hollow** tree in the forest.
숲에는 속이 빈 큰 나무가 있다.

---

swallow
[swálou]
(유) eat, gulp

(명) 제비
(동) 마시다, 삼키다

A snake **swallowed** the frog.
뱀은 개구리를 꿀꺽 삼켰다.

---

row
[rou]
(유) line, rank

(명) 줄, 열, 노젓기
(동) 배를 젓다

Let's go for a **row**.
노젓기 하러가자.

---

arrow
[ǽrou]

(명) 화살, 화살표

I followed the **arrow**.
나는 화살표를 따라갔다.

---

narrow
[nǽrou]
nar+row=thin, slender

(형) 좁은, 한정된
아슬아슬한

They walked along a **narrow** river.
그들은 좁은 강을 따라 걸었다.

borrow
[bárou]
bor+row 반 lend

동 빌리다, 차용하다

May I **borrow** your dictionary?
사전을 좀 빌려 주시겠습니까?

sorrow
[sárou]
sor+row=sadness 반 joy

명 슬픔, 불행

He felt great **sorrow** when his mother died.
그의 어머니가 돌아가셨을 때 커다란 슬픔을 느꼈다.

sparrow
[spǽrou]

명 참새

Sparrows are common in many parts of the world.
참새는 세계 각지에 있는 흔한 새이다.

burrow
[bə́:rou]
=hole, cave

명 구멍, 굴, 은신처

The rabbit ran back to his **burrow**.
토끼는 그의 굴로 달려 들어갔다.

bestow
[bistóu]
유 give, award, confer

동 주다, 증명하다
수여(부여)하다

The critics **bestowed** their highest honor on the playwright.
비평가들은 그 극작가에게 최고의 명예를 수여 했다.

meadow
[médou]
유 field, pasture

명 목초지, 초원

The stream winds through the **meadow**.
시내가 초원을 굽이굽이 흐르고 있다.

widow
[wídou]
*a woman whose husband is dead

명 미망인, 과부

The **widow** puts her hopes on her only son.
그 미망인은 외아들에게 희망을 걸고 있다.

window
[wíndou]
wind〈바람〉+ow

명 창문, 창구

Will you close the **window**?
창문을 좀 닫아주겠니?

■ 공통어미〈own〉로 구성되는 단어

own
[oun]
(유) have, possess

(동) 소유하다
(형) 자신의

He **owns** a large farm.
그는 큰 농장을 소유하고 있다.

crown
[kraun]

(명) 왕관, 정부, 왕권
(동) 왕관을 씌우다

The people **crowned** him king.
국민들은 그를 왕위에 앉혔다.

drown
[draun]
자음dr+own=sink, submerge

(동) 물에 빠져 죽다
익사하다

He was **drowned** in the river.
그는 강에 빠져죽었다.

hometown
[houmtáun]
home〈집, 가정〉+town〈읍〉

(명) 고향

Seoul is my **hometown**.
서울은 나의 고향이다.

downtown
[dauntáun]
down〈아래로〉+town〈읍〉

(부) 시내에(로)

She is going **downtown** with her mother.
그녀는 어머니하고 시내로 가는 길이다.

■ 공통어미〈oy〉로 구성되는 단어

joy
[dʒɔi]
(유) delight, pleasure

(명) 기쁨, 즐거움
(동) 기뻐하다

He looked up with a **joyful** look.
그는 즐거운 표정으로 쳐다보았다.

enjoy
[indʒɔi]
in+joy〈기쁨〉 (반) deplore

(동) 즐기다, 향락하다

He **enjoyed** good health and fine talent.
그는 좋은 건강과 훌륭한 재능을 갖고 있었다.

annoy
[ənɔi]
(유) bother, irritate

(동) 짜증나게 하다
괴롭히다

I am **annoyed** at his obstinacy.
그의 고집이 골칫거리다.

employ
[implɔi]
em〈안에 넣고〉+ploy〈접다〉 (유) engage, hire

(동) 고용하다, 사용하다

We **employed** her as an adviser.
우리는 그녀를 고문으로 고용했다.

destroy
[distrɔ́i]
de〈반대〉+stroy〈세우다〉=annihilate

동 파괴하다
파멸시키다

The fire **destroyed** most of the building.
그 화재로 그 건물의 대부분이 못 쓰게 되었다.

■ 공통어미〈ude〉로 구성되는 단어

rude
[ru:d]
자음r+ude=impolite, impudent

형 버릇없는, 무례한

You were **rude** to interrupt him.
그의 말을 가로막은 것은 실례였다.

crude
[kru:d]
자음cr+ude=rough, coarse

형 가공하지 않은
거친, 천연그대로의

They built this beautiful temple with their **crude** tools.
그들은 조악한 연장으로 아름다운 사원을 지었다.

intrude
[intrú:d]
in〈안으로〉+trude〈밀고오다〉

동 밀어붙이다
강요하다
밀고 들어가다

The thought **intruded** itself into my mind.
그 생각이 나의 마음을 파고 들었다.

allude
[əlú:d]
유 hint, suggest

동 (넌지시)암시하다
언급하다

Be careful not to **allude** to his recent mistakes.
그의 최근 실수에 대하여 언급하지 않도록 주의 하시오.

delude
[dilú:d]
de〈아래서〉+lude〈웃다〉

동 속이다, 현혹하다
착각하다

You must not **delude** him into believing it.
그를 속여 그것을 믿게 해서는 안된다.

prelude
[prélju:d]
pre〈앞서〉+lude〈하는 것〉

명 전주곡, 서막, 서문

I fear that fighting is a **prelude** to more serious trouble.
그 싸움이 더 심각한 사태의 전조가 아닐까 우려된다.

conclude
[kənklú:d]
con〈완전히〉+clude〈닫다〉=finish, terminate

동 끝내다, 결말짓다
결론을 내리다

I **concluded** it to be the best.
나는 그것이 최선이라고 단정했다.

include
[inklú:d]
in〈안에 넣고〉+clude〈닫다〉=contain, involve

동 포함하다

The tour **includes** a visit to the science museum.
그 관광에는 과학박물관 방문이 포함되어 있다.

exclude
[iksklú:d]
ex〈밖에두고〉+clude〈닫다〉=eliminate, except

동 배척하다
제외(차단)하다

The nation endorsed the **exclusion** of woman from certain jobs.
국가는 몇몇 직업에서의 여성배제를 승인했다.

preclude
[priklú:d]
pre〈앞서〉+clude〈닫다〉=hinder, prevent

동 제외(방해)하다
차단하다

The police **precluded** all means of escape.
경찰은 모든 도피수단을 차단했다.

| **attitude** | 명 태도(자세) | This is his **attitude** toward life. |
| [ǽtitjùːd] | 사고방식 | 이것이 인생에 대한 그의 태도다. |

유 pose, position

| **multitude** | 명 아주 많은 수 | There are **multitudes** of reason for it. |
| [mʌltətjùːd] | 다수 | 그것에 대해 많은 이유가 있다. |

유 large number

■ 공통어미〈ue〉로 구성되는 단어

| **rue** | 동 뉘우치다, 후회하다 | **Rue** means "repent of". |
| [ruː] | | '루' 는 '~을 후회하다' 는 뜻이다. |

자음r+ue=regret, deplore

| **blue** | 명 청색, 파랑 | She is wearing a **blue** sweater. |
| [bluː] | 형 푸른, 우울한 | 그녀는 푸른 스웨터를 입고 있다. |

자음bl+ue=sad, gloomy

| **clue** | 명 실마리, 단서 | The detective found a **clue** linked to the theft of the bracelet. |
| [kluː] | | 형사는 팔찌도난과 관련된 단서를 찾았다. |

자음cl+ue=hint, suggestion

| **glue** | 명 아교, 접착제 | His eyes were **glued** to the girl. |
| [gluː] | 동 (아교로)붙이다 | 그의 눈은 소녀에게서 떨어질 줄 몰랐다. |

자음gl+ue=paste, fasten

| **true** | 형 참된, 진실한 | That is a **true** account of what happened. |
| [truː] | 정말의 | 그것이 일어난 사건의 정확한 기술이다. |

자음tr+ue=real, sincere

| **ensue** | 동 잇따라 생기다 | A quarrel **ensued** from the accident. |
| [insúː] | 계속해서 일어나다 | 그 사건으로 싸움이 잇따라 생겼다. |

en+sue〈고소하다〉=arise, succeed

| **issue** | 명 발행(물), 문제, 쟁점 | We had very heated arguments over the **issue**. |
| [íʃuː] | 동 발표하다, 발행하다 | 우리는 그 문제에 대하여 한 바탕 입씨름을 벌였다. |

is〈밖으로〉+sue〈나간 것〉=come, originate

| **tissue** | 명 조직, 직물 | I need a box of **tissues**. |
| [tíʃuː] | 화장지 | 나는 화장지 한 통이 필요하다. |

tis+sue〈고소하다〉

| **pursue** | 동 쫓다, 추적하다 | The police are **pursuing** an escaped prisoner. |
| [pərsúː] | | 경찰은 탈옥한 죄수를 쫓고 있다. |

pur〈앞으로+sue〈쫓다〉=chase, follow

virtue
[və́:rtʃu:]
유 merit, goodness

명 미덕, 선행, 장점

Patience and kindness are **virtues**.
인내와 친절은 미덕이다.

value
[vǽlju:]
유 worth, price

명 가치, 진가, 가격
동 값을 매기다

A healthy man does not know the **value** of health.
건강한 사람은 건강의 가치를 모른다.

argue
[á:rgju:]
유 discuss, dispute

동 논의(주장)하다
논쟁하다

We **argued** for an increase in time for lunch.
우리는 점심시간의 연장에 대하여 토론했다.

rescue
[réskju:]
유 deliver, release, save

명 구조, 구출
동 구조(보호)하다

He **rescued** the woman from drowning.
그는 물에 빠진 여인을 구했다.

subdue
[səbdjú:]
유 overcome, defeat

동 정복하다, 억누르다
약화시키다

The people were quickly **subdued** by the advancing army.
그 백성은 진격하는 적에게 곧 정복됐다.

avenue
[ǽvənjù:]

명 가로수 길, 통로
대로

We walked down the 5th **Avenue**.
우리는 5번가로 내려갔다.

revenue
[révənjù:]

명 소득, 세입, 수입

Revenue means the total annual income of a state.
세입은 국가의 1년치 총수입을 말한다.

vague
[veig]
유 dim, ambiguous

명 막연한, 어렴풋한

I got only a **vague** reply.
나는 막연한 답을 얻었을 뿐이었다.

fatigue
[fətí:g]
유 weariness, exhaustion

명 피로, 피곤
동 피로하게 하다

He was suffering from **fatigue** and stress.
그는 피로와 스트레스로 인해 고통을 받고 있었다.

tongue
[tʌŋ]
유 dialect, speech

명 혀, 언어, 국어

Korean is my mother **tongue**.
한국어는 나의 모국어이다.

league
[li:g]
유 partnership, association

명 연맹, 동맹, 연합

There are two baseball **leagues** in the U.S.A.
미국에는 두 개의 야구연맹이 있다.

colleague
[káli:g]
유 comrade, companion

명 동료

This is Sam, a **colleague** of mine.
이 사람은 내 동료, 샘이다.

■ 공통어미〈ug〉로 구성되는 단어

rug
[rʌg]
=floor mat

명 깔개, 융단
양탄자

The floor under the table was covered with a **rug**.
테이블 밑 부분은 융단으로 덮여있었다.

tug
[tʌg]
자음t+ug=pull hard

동 세게 당기다, 끌다

A tractor **tugged** the car out of the mire.
트랙터(견인차)가 그 차를 진창에서 끌어냈다.

snug
[snʌg]
자음sn+ug=cozy, comfortable

형 아늑한, 기분좋은
동 기분 좋게 하다

We built a **snug** den in our house.
우리는 집에 아늑한 밀실을 만들었다.

mug
[mʌg]

명 잔, 머그잔
동 노상강도짓을 하다

She was **mugged** in broad daylight.
그녀는 대낮에 노상강도를 당했다.

drug
[drʌg]
자음dr+ug=medicine

명 마약, 약품

Try not take a sleeping **drug**.
수면제를 먹지 않도록 노력해봐.

■ 공통어미〈ule〉로 구성되는 단어

rule
[ru:l]
유 law, regulation

명 규정, 관례, 규칙
동 지배하다

The King **ruled** his country wisely.
왕은 그 나라를 현명하게 통치했다.

molecule
[máləkjù:l]

명 (화학)분자

A **molecule** of water consists of hydrogen and oxygen.
물의 분자는 수소와 산소로 구성되어있다.

ridicule
[rídikjù:l]
유 mock, laugh at

명 비웃음, 조소, 조롱
동 비웃다

He became an object of **ridicule**.
그는 비웃음의 대상이 되었다.

schedule
[skédʒu:l]
유 program, timetable

명 시간표, 예정표

I have a busy **schedule** tomorrow.
나는 내일 일정이 빡빡하다.

■ 공통어미〈ull〉로 구성되는 단어

bull
[bul]
자음b+ull=ox 반 cow

명 황소

There are many **bulls** on this farm.
이 농장에는 황소들이 많이 있다.

full
[ful]
자음f+ull=perfect, entire

형 가득한, 넘치는
완전한

The glass was **full** of milk.
컵은 우유로 가득 찼다.

pull
[pul]
자음p+ull=draw, attract

동 끌다, 당기다

I have to have my tooth **pulled** by the dentist.
나는 치과에서 이를 뽑지 않으면 안 된다.

dull
[dʌl]
자음d+ull=blunt, tedious

형 지루한, 무딘
무감각한

The knife is **dull**.
그 칼은 무뎠다.

skull
[skʌl]

명 두개골

He fell and fractured his **skull**.
그는 넘어져서 두개골 골절상을 입었다.

lull
[lʌl]
자음l+ull=quiet, calm, soothe

동 달래다, 어르다

We were **lulled** to sleep by the sound of the waves.
우리는 파도소리에 마음이 잔잔해져 잠이 들었다.

■ 공통어미〈ult〉로 구성되는 단어

insult
[insʌlt]
in〈안으로〉+suit〈뛰어오르다〉=offend, humiliate

명 모욕
동 모욕하다

We won't **insult** you by saying it's fault.
우리는 너의 결점을 말함으로써 너를 모욕하지 않겠다.

result
[risʌlt]
re〈뒤로〉+suit〈뛰어오르는 것〉=consequence

명 결과, 성적

The **result** of the experiment were satisfactory.
실험 결과는 만족스러웠다.

consult
[kənsʌlt]
con〈함께〉+suit〈뛰어오르다〉=discuss, confer

동 상담(상의)하다
찾다

We often **consult** the dictionary for pronunciation.
우리는 자주 사전에서 발음을 찾아본다.

exult
[igzʌlt]
ex〈밖에서〉+suit〈기뻐 날뛰다〉=rejoice, delight

동 기뻐 날뛰다
의기양양해하다

He **exulted** in his victory.
그는 승리에 기뻐 날뛰었다.

adult
[ədʌ́lt]
유 mature

명 성인, 어른
형 성인의

They treat the children as **adults**.
그들은 아이를 어른처럼 대한다.

difficult
[dífikʌ̀lt]
유 hard, 반 easy

형 곤란한, 어려운

It is **difficult** for me to read this book.
나는 이 책을 읽기가 어렵다.

tumult
[tjú:məlt]
유 noise, agitation

명 소란, 소동, 소요

His word caused a **tumult** in the assembly.
그의 말은 집회에서 대혼란을 야기했다.

■ 공통어미⟨um, umn⟩로 구성되는 단어

gum
[gʌm]

명 고무, 나무진, 껌

Gum is obtained from certain trees.
고무는 어떤 일정한 나무에서 채취된다.

hum
[hʌm]

감 흥!, 음!
동 (벌들이)윙윙거리다

He is **humming** a song to himself.
그는 혼자서 콧노래를 부르고 있다.

sum
[sʌm]
자음s+um=total, amount

명 합계, 총액, 개요
동 합계(요약)하다

He deposited the **sum** of 500 dollars in the bank.
그는 은행에 500달러를 예금하였다.

slum
[slʌm]

명 빈민굴, 빈민가
동 빈민굴을 방문하다

The **slums** of New York are well known to us.
뉴욕의 빈민가는 우리에게 잘 알려져 있다.

plum
[plʌm]

명 서양자두

Plums are purple fruit with smooth skin.
서양자두는 매끈매끈한 껍질에 자주 빛을 띤 과일이다.

drum
[drʌm]

명 드럼
동 북을 치다

He **drummed** on the table with his fingers.
그는 손가락으로 테이블을 두드렸다.

column
[káləm]

명 기둥, 원주
(신문의)난, 칼럼

I read the sports **column** of the newspaper everyday.
나는 매일 신문의 스포츠 칼럼을 읽는다.

autumn
[ɔ́:təm]

명 가을

How do things change in the **autumn**?
만물이 가을에는 어떻게 바뀔까?

■ 공통어미〈umb〉로 구성되는 단어

dumb
[dʌm]
자음d+umb=not able to speak

형 벙어리의
말 못하는

The class remained **dumb** when the teacher asked a difficult question.
선생님께서 어려운 질문을 하셨을 때 학생들은 말이 없었다.

numb
[nʌm]
자음n+umb=unfeeling

형 감각을 잃은
마비된
동 마비시키다

Her fingers were **numb** with cold.
그녀의 손가락은 추위로 마비되어 있었다.

thumb
[θʌm]

명 엄지손가락

There was a hole in the **thumb** of his glove.
그의 장갑은 엄지손가락에 구멍이 나 있었다.

crumb
[krʌm]

명 빵부스러기
작은 조각

A **crumb** is a tiny piece of bread or cake.
'크럼' 은 '빵이나 케이크의 작은 부스러기' 다.

■ 공통어미〈ume〉로 구성되는 단어

fume
[fju:m]
자음f+ume=steam, gas, vapor

명 증기, 가스, 연무
향기

The **fume** from the back of the car were very strong.
차 뒤에서 나는 연기는 지독했다.

plume
[plu:m]
자음pl+ume=feather

명 깃털

Plume is used as ornament of feather.
깃털은 깃털장식으로 사용된다.

perfume
[pə́:rfju:m]
per〈두루〉+fume〈냄새피우는 것〉=scent

명 향수, 향기
동 향수를 뿌리다

This room is **perfumed** with smell of flower.
이 방에서 꽃향기가 난다.

resume
[rizú:m]
re〈다시〉+sume〈갖다〉

동 다시 취하다, 되찾다
다시 시작하다

That work has not yet been **resumed**.
이 일은 다시 시작되지 않았다.

presume
[prizú:m]
pre〈앞서〉+sume〈생각을 갖다〉=guess, assume

동 추정(가정)하다
상상하다

I **presume** that you are right.
당신 말이 옳다고 생각한다.

costume
[kɔ́stju:m]
유 dress, clothes

명 복장, 의상
동 의상을 입히다

They were all dressed in hunting **costumes**.
그들은 모두 사냥꾼 옷을 입었다.

Track 41

■ 공통어미〈ump〉로 구성되는 단어

bump
[bʌmp]
자음b+ump=collide

명 충돌
동 충돌하다

The truck **bumped** into the car in front.
트럭이 앞차와 충돌했다.

---

dump
[dʌmp]
자음d+ump=drop, abandon

동 (쓰레기를) 버리다

They **dumped** garbages into the river.
그들은 쓰레기를 강에 내버렸다.

---

jump
[dʒʌmp]
자음j+ump=leap, bound, hop

동 뛰다, 도약하다
뛰어넘다

He **jumped** the stream.
그는 개울을 뛰어 넘었다.

---

plump
[plʌmp]
자음pl+ump=fat, stout

형 통통하게 살찐
포동포동 한

The baby has **plump** cheeks.
그 아기는 얼굴이 포동포동하다.

---

stump
[stʌmp]

명 그루터기
동 쩔쩔매게 하다

The student was **stumped** by the difficult question.
그 학생은 어려운 문제 때문에 쩔쩔맸다.

---

triumph
[tráiəmf]
유 victory, success, achievement

명 승리, 대성공
업적

The soldiers returned home in **triumph**.
병사들은 의기양양하여 고국으로 돌아왔다.

■ 공통어미〈un〉로 구성되는 단어

nun
[nʌn]

명 수녀

She is a **nun**.
그녀는 수녀이다.

---

stun
[stʌn]
자음st+un=amaze, alarm

동 기절시키다
정신을 잃게 하다
깜짝 놀라게 하다

Everyone was **stunned** by the news.
그 소식을 듣고 모두 깜짝 놀랐다.

■ 공통어미〈unt〉로 구성되는 단어

hunt
[hʌnt]
自音h+unt=chase, pursue

동 사냥하다, 추적하다

They went out to **hunt** hares.
그들은 토끼를 사냥하러 나갔다.

blunt
[blʌnt]
自音bl+unt=dull, impolite

형 무딘, 퉁명스러운
무뚝뚝한

She is **blunt**.
그녀는 무뚝뚝하다.

grunt
[grʌnt]

동 (돼지가) 꿀꿀거리다
투덜투덜 불평하다

He uttered in a **grunting** way.
그는 투덜거리며 말했다.

■ 공통어미〈ure〉로 구성되는 단어

cure
[kjuər]
自音c+ure=heal, remedy

명 치료, 치유
동 치료하다

The doctor **cured** my bad headache.
의사선생님은 나의 심한 두통을 치료하였다.

lure
[luər]
自音l+ure=charm, temptation

명 매력, 유혹물
동 유혹하다

Don't **lure** him away from his studies.
공부하는 그를 꾀어내지 마라.

pure
[pjuər]
自音p+ure=clean, innocent

형 순수한, 순결한
깨끗한

She is **pure** in heart.
그녀는 마음이 깨끗하다.

sure
[ʃuər]
自音s+ure=certain, confident

형 확신하는
확실히 아는

She is **sure** to succeed.
그녀는 꼭 성공한다.

secure
[sikjúər]
se〈떨어져 있는〉+cure〈걱정과〉

형 안전한, 걱정이 없는
동 안전하게 하다

We are **secure** from flood here.
여기는 홍수의 위험이 없다.

procure
[proukjúər]
유 gain, obtain

동 획득하다, 얻다

Money may **procure** pleasures but not happiness.
돈은 쾌락을 얻을 수 있어도 행복을 얻을 수는 없다.

obscure
[əbskjúər]
유 vague, ambiguous

형 애매한, 분명치 않는
동 흐리게 하다

These examples are rather **obscure**.
이 예들은 전혀 모르겠다.

allure
[əlúər]
㊤ tempt, fascinate

⑧ 유혹하다, 꾀다

A fisherman **allured** fishes with a lure.
낚시꾼은 가짜 미끼로 물고기들을 꾀었다.

impure
[impjúər]
im〈not〉+pure〈깨끗한〉=spoiled, contaminated

⑧ 불결한, 더러운

The opposite of **impure** is pure.
'impure' 의 반대는 'pure' 이다.

mature
[mətjúər]
㊤ ripe, mellow

⑧ 성숙한, 익은
⑧ 성숙하다

She is **mature** beyond her years.
그녀는 나이 이상으로 성숙하다.

immature
[ìmətʃúər]
im〈not〉+mature〈성숙한〉

⑧ 미숙한

The opposite of mature is **immature**.
'성숙한' 의 반대는 '미숙한' 이다.

figure
[fígjər]
㊤ calculate, compute

⑧ 숫자, 모양, 형태
⑧ 계산하다

I have already **figured** my income tax for this year.
나는 이미 금년의 내 소득세를 계산해 놓았다.

endure
[indjúər]
㊤ continue, tolerate

⑧ 견디다, 계속하다
인내하다

We must **endure** to the last.
우리는 최후까지 버텨야 한다.

procedure
[prəsí:dʒər]
㊤ process

⑧ 순서, 절차, 진행

I didn't know the **procedure**.
나는 절차를 몰랐다.

injure
[índʒər]
in〈부정〉+jure〈바르게하다〉 ㊤ harm, damage

⑧ 해치다
상처 입히다

I was badly **injured** yesterday.
나는 어제 몹시 다쳤다.

sure
[ʃuər]
㊤ certain, confident

⑧ 확신하는
⑧ 반드시 ~할

I am **sure** that you can do it.
틀림없이 너는 그것을 할 수 있다.

insure
[inʃúər]
in〈만들다〉+sure〈확실하게〉

⑧ 보험에 들다
보증하다

Our house is **insured** against fire.
우리 집은 화재보험에 들어있다.

assure
[əʃúər]
as〈~에게〉+sure〈확실히하다〉=promise, convince

⑧ 보증(보장)하다

The captain of the ship **assured** the passengers that there was no danger.
선장은 승객들에게 위험은 없다고 확언했다.

ensure
[inʃúər]
en〈만들다〉+sure〈확실하게〉=guarantee, assure

⑧ 확실하게 하다
보증하다

The constitution of France **ensures** freedom of speech.
프랑스 헌법은 언론의 자유를 보장하고 있다.

reassure
[riəʃúər]
re〈다시〉+assure〈보증하다〉

동 다시 보증하다
안심시키다

She **reassured** me that everything was fine.
그녀는 나에게 모든 것이 잘 되어간다고 안심시켰다.

leisure
[líːʒər]
=relaxation, recreation

명 여가, 틈, 짬

Read this book at your **leisure**.
틈날 때 이 책을 읽도록 해라.

measure
[méʒər]
유 size, volume, standard

명 치수, 표준
동 측정하다, 재다

The dressmaker **measured** her for a dress.
양재사는 그녀의 옷을 만들기 위해 치수를 쟀다.

censure
[sénʃər]
=denounce, reproach

명 비난, 혹평
동 비난(책망)하다

Some boys were **censured** for being lazy.
몇몇 소년들이 게으름을 피워 꾸지람을 들었다.

treasure
[tréʒər]
=value, wealth

명 보물, 재산
동 소중히 하다
저장하다

They were looking for hidden **treasure**.
그들은 숨겨진 보물을 찾고 있었다.

Track 42

■ 공통어미〈use〉로 구성되는 단어

use
[ju:z]
유 utilize, exhaust

동 쓰다, 사용하다
이용하다

You can't hope to succeed without **using** your brains.
머리를 쓰지 않고는 성공을 바랄 수 없다.

---

fuse
[fju:z]

명 퓨즈, 도화선
동 녹이다, 융합하다

The **fuse** is gone. Replace it with a new one.
퓨즈가 끊어졌다. 새 퓨즈를 끼워라.

---

muse
[mju:z]
자음in+use=ponder, meditate

동 명상하다
곰곰이 생각하다

She sat **musing** for hours.
그녀는 몇시간 째 명상에 잠겨 앉아 있다.

---

abuse
[əbjú:z]
ob〈벗어난〉+use〈사용〉=misuse

명 남용, 오용
동 남용(오용)하다

Don't **abuse** your position.
당신의 지위를 남용하지 마시오.

---

amuse
[əmjú:z]
a〈~을〉+muse〈바라보다〉=enjoy, entertain

동 즐겁게(기쁘게)하다

The boys **amused** themselves with toys.
사내아이들은 장난감을 가지고 즐겁게 놀았다.

---

accuse
[əkjú:z]
ac〈~쪽으로〉+cuse〈이유대다〉=blame, denounce

동 비난하다, 나무라다
고발하다

He **accused** me of making a mistake.
그는 내 잘못을 비난했다.

---

excuse
[ikskjú:z]
유 forgive, reason

동 용서하다, 변명하다

I will **excuse** myself for my forgetfulness.
나의 건망증에 대해서 사과드리겠습니다.

---

misuse
[mìsjú:s]
mis〈잘못〉+use〈사용하다〉=abuse

명 오용, 남용
동 오용(남용)하다

These words are often **misused** by Korean students.
이 단어들은 흔히 한국학생들이 잘못 쓴다.

---

refuse
[rifjú:z]
re〈뒤로〉+fuse〈붓다〉=reject 반 accept

동 거절(거부)하다

She **refused** our invitation.
그녀는 우리 초대를 거절했다.

---

confuse
[kənfjú:z]
con〈함께〉+fuse〈부어대다〉=puzzle, bewilder

동 혼란시키다, 혼동하다
당황하게 하다

We tend to **confuse** technology with science.
우리는 과학과 기술을 혼동하는 경향이 있다.

■ 공통어미〈ush〉로 구성되는 단어

bush
[buʃ]
자음b+ush=thrive, flourish

명 관목, 수풀, 덤불
동 무성하다

A bird in the hand is worth two in the **bush**.
손안의 새 한 마리는 숲속의 두 마리 새와 같다.

push
[puʃ]
자음p+ush=thrust, propel

동 (사람 · 물건을)
밀다, 떠밀다

She **pushed** the door open.
그녀는 문을 밀어서 열었다.

gush
[gʌʃ]
자음g+ush=spout, flow

명 분출
동 펑펑 솟아나오다

The water **gushed** from the drains during the storm.
폭풍이 몰아칠 때 물이 하수도로부터 솟아 올랐다.

hush
[hʌʃ]
자음h+ush=quiet, silence

명 침묵, 조용함
동 잠잠하게 하다

She **hushed** her baby sleep.
그녀는 어린애를 달래서 잠들게 했다.

rush
[rʌʃ]
자음r+ush=dash, hurry

명 돌진
동 돌진하다

I **rushed** to the phone but the person who called hung up.
나는 전화로 달려갔으나 전화건 사람이 전화를 끊었다.

blush
[blʌʃ]
자음bl+ush=be ashamed

동 얼굴을 붉히다
부끄러워하다

Whenever anyone told her how pretty she was, she **blushed**.
누구나 그녀에게 예쁘다고 말하면 언제나 그녀는 얼굴을 붉혔다.

flush
[flʌʃ]
자음fl+ush=turn red

동 (얼굴이)붉어지다

The soldiers were **flushed** with the victory.
군인들은 승리로 의기양양했다.

crush
[krʌʃ]
자음cr+ush=smash, crash

동 눌러 부수다
밀어(쑤셔)넣다

The roller **crushed** stones on the road.
롤러가 노상의 돌을 눌러서 깨뜨렸다.

brush
[brʌʃ]
자음br+ush=rub, wipe, clean

명 솔
동 (솔로)털다, 솔질하다

I cleaned my suit with a **brush**.
나는 솔로 양복을 손질했다.

ambush
[ǽmbuʃ]
*to hide and wait for somebody

명 잠복, 복병, 매복
동 숨어서 기다리다

He was injured in an enemy **ambush**.
그는 적의 매복으로 부상당했다.

■ **공통어미〈ust〉로 구성되는 단어**

gust
[gʌst]
자음g+ust=sudden rush of wind

명 돌풍, 강풍
감정의 폭발

A **gust** wind went through the hall.
돌풍이 홀을 지나쳤다.

just
[dʒʌst]
자음f+ust=fair, exact

형 올바른, 공정한
부 정확히, 바로

I have **just** finished my homework.
나는 방금 숙제를 끝마쳤다.

must
[məst;]
자음m+ust=should, ought to

동 ~하지 않으면 안 된다

Animals **must** eat to live.
동물은 생존하기 위해서 먹어야 한다.

crust
[krʌst]
자음cr+ust=any hard outer covering

명 빵 껍질, 딱딱한 외피

He earns his **crust** by his labor.
그는 노동으로 생활비를 벌어들인다.

trust
[trʌst]
자음tr+ust=faith, confidence

명 신뢰, 신용
동 신뢰(신용)하다

He is man to be **trusted**.
그는 신용할 수 있는 사람이다.

disgust
[disgʌst]
유 offend, displease

명 싫음, 혐오
동 싫어지게 하다

I am quite **disgusted** by your cowardice.
나는 네가 비겁해서 정이 떨어진다.

adjust
[ədʒʌst]
ad〈~쪽으로〉+just〈바르게하다〉=repair, regulate

동 조절(조정)하다
바로잡다

The body **adjusts** itself to a change in temperature.
몸은 온도변화를 스스로 조절한다.

unjust
[ʌndʒʌst]
un〈반대〉+just〈올바른〉

형 부정한, 불공평한
부당한

They were **unjust** not to hear my side of the story.
그들이 내 쪽 이야기를 듣지 않은 것은 불공평했다.

distrust
[distrʌst]
dis〈반대〉+trust〈신뢰하다〉=doubt, suspect

동 의심(불신)하다

The bank manager **distrusted** the new teller.
은행 책임자는 새로 온 금전출납계 직원을 의심했다.

■ **공통어미〈ute〉로 구성되는 단어**

cute
[kjuːt]
자음c+ute=pretty and attractive

형 날렵한, 영리한
귀여운

What a **cute** bird!
정말 귀여운 새이구나!

mute
[mju:t]
자음m+ute=quiet, dumb, silent

형 침묵의, 무언의
벙어리의

We stood **mute** around the fire.
우리는 불 주위에 조용히 서 있었다.

flute
[flu:t]

명 피리, 플룻
동 피리를 불다

A **flute** is a wind instrument in shape of tube.
플룻은 튜브모양의 관악기다.

brute
[bru:t]
자음br+ute=wild, savage

명 짐승, 짐승 같은 사람
형 난폭한, 야만적인

We caught the **brute** and put him into a cage.
우리는 그 짐승을 잡아서 우리에 넣었다.

acute
[əkjú:t]
유 keen, sharp

형 날카로운, 예리한

Hares have an **acute** sense of hearing.
산토끼는 예민한 청각을 가지고 있다.

execute
[éksikjù:t]
ex〈끝까지〉+secute〈따르다〉=perform, accomplish

동 실행(수행)하다
처형하다

Three men convicted of murder were **executed**.
살인을 범한 세 사람이 처형되었다.

persecute
[pə́:rsikjù:t]
per〈내내〉+secute〈쫓아다니다〉=oppress, annoy

동 박해하다, 괴롭히다

The christians were suffered **persecution** by the Roman Emperor.
기독교도들은 로마황제에 의해 박해받았다.

prosecute
[prásikjù:t]
pro〈앞에서〉+secute〈쫓아가다〉

동 해내다, 수행하다
종사(기소)하다

He was **prosecuted** by fraud.
그는 사기행위로 기소되었다.

repute
[ripjú:t]
re〈다시〉+pute〈생각해보다〉

명 평판, 명성
동 ~라고 평하다

She is a writer of international **repute**.
그녀는 국제적 명성을 지닌 작가이다.

compute
[kəmpjú:t]
유 calculate, count

동 계산하다
컴퓨터로 계산하다

A lot of machines are controlled by **computers**.
많은 기계들이 컴퓨터에 의해 조정된다.

dispute
[dispjú:t]
dis〈따로〉+pute〈생각하다〉=argue, discuss

동 논쟁하다, 토의하다

We **disputed** over who to invite to the party.
파티에 누구를 초대할 것인가를 논의했다.

pollute
[pəlú:t]
유 contaminate, poison

동 더럽히다
오염시키다

The air has been **polluted** with exhaust fumes.
공기가 배기가스로 오염되었다.

salute
[səlú:t]
유 greeet

명 인사, 경례
동 인사(경례)하다

They **saluted** their national flag.
그들은 국기에 경례하였다.

 **43**일 ute y

■ 공통어미 〈ute〉로 구성되는 단어

absolute
[金bsəlùːt]
(형) 절대의, 절대적인
완전한
ab〈~로부터〉+solute〈느슨하지 않은〉=perfect

A sick person needs **absolute** confidence in doctor.
환자는 의사에 대한 절대적인 신뢰가 필요하다.

resolute
[rézəlùːt]
(형) 단호한
re〈강조〉+solute〈느슨하지 않은〉=firm, determined

He was **resolute** in carrying out his plan.
그는 계획을 실현할 결의가 확고했다.

parachute
[pǽrəʃùːt]
(명) 낙하산

He opened his **parachute** at 1,000 feet.
그는 1,000피트 높이에서 낙하산을 펼쳤다.

tribute
[tríbjuːt]
(명) 곡물
찬사
조세

I would like to pay **tribute** to their hard work.
나는 그들의 노고에 경의를 표하고 싶다.

attribute
[ətríbjuːt]
(동) ~의 탓이라고 하다
~의 덕분으로 돌리다
at〈~에게〉+tribute〈나누어주다〉

He **attributed** his success to hard work.
그는 자기의 성공을 노력 때문이라고 했다.

contribute
[kəntríbjuːt]
(동) 공헌하다, 기부하다
con〈함께〉+tribute〈나누어주다〉=give, offer, bestow

She **contributed** lots of money to the hospital.
그녀는 병원에 많은 돈을 기부했다.

distribute
[distríbjuːt]
(동) 분배하다, 배급하다
dis〈따로〉+tribute〈나누어주다〉=share, dispense

The **distribution** of the profits should be equal.
이익분배는 평등해야 한다.

institute
[ínstətjùːt]
(명) 연구소, 협회
(동) 설립하다, 세우다
in〈안에〉+stitute〈세우다〉=found, establish

The government **instituted** a consumer protection agency.
정부는 소비자 보호기관을 설립했다.

constitute
[kánstətjùːt]
(동) 구성하다, 조직하다
con〈함께〉+stitute〈세우다〉=compose, organize

Six months **constitute** a school term in Korea.
한국에서는 6개월이 한 학기를 이룬다.

substitute
[sʌ́bstətjùːt]
(명) 대리인
(동) 대신하다, 대용하다
sub〈밑에〉+stitute〈세우다〉=displace

We must **substitute** a new chair for the broken one.
우리는 부서진 의자를 새 의자로 바꾸어야 한다.

destitute
[déstətjùːt]
=poor, needy

형 빈곤한, 결핍한

They are **destitute** of common sense.
그들은 상식이 없다.

■ 공통어미〈y〉[ai아이]로 구성되는 단어

shy
[ʃai]
자음sh+y=bashful, cautious

형 부끄럼타는
수줍어하는, 소심한

She was too **shy** to speak to him.
그녀는 너무 수줍어서 그에게 말을 걸 수 없었다.

fly
[flai]
자음fl+y=to move through air

명 비행
동 날다, 날리다

I want to **fly** like a bird.
나는 새처럼 날고 싶다.

sly
[slai]
자음sl+y=cunning, tricky

형 교활한, 음흉한
비열한

He is really **sly** and greedy.
그는 정말 교활하고 탐욕스럽다.

cry
[krai]
자음cr+y=weep, yell, shout

동 소리 지르다
(큰소리로)울다

A little child was **crying** for toys.
어린아이가 장난감을 달라고 울고 있다.

dry
[drai]
자음dr+y=waterless, barren

형 마른, 무미건조한
비가오지 않는

If they have too many **dry** days, people want rain.
날씨가 너무 여러 날 건조하면 사람들은 비를 바란다.

try
[trai]
자음tr+y=endeavor, attempt

동 해보다, 노력하다

They always **try** new things.
그들은 언제나 새로운 일을 시도한다.

spy
[spai]
자음sp+y=watch secretly

명 스파이, 밀정
동 염탐하다

He was a government **spy**.
그는 정부의 스파이였다.

ally
[əlái]
al〈모두 함께〉+ly〈묶다〉=associate

동 동맹하다
결연을 맺다

The United States **allied** with Britain.
미국은 영국과 동맹을 맺었다.

rely
[rilái]
re〈뒤에〉+ly〈눕다〉=lean, depend

동 의지하다

Western doctors **rely** on chemical cures.
서양의사들은 화학적 치료법에 의존한다.

deny
[dinái]

동 부정(부인)하다
취소하다

Mr. Green **denied** the rumor.
그린씨는 소문을 부정했다.

동인랑

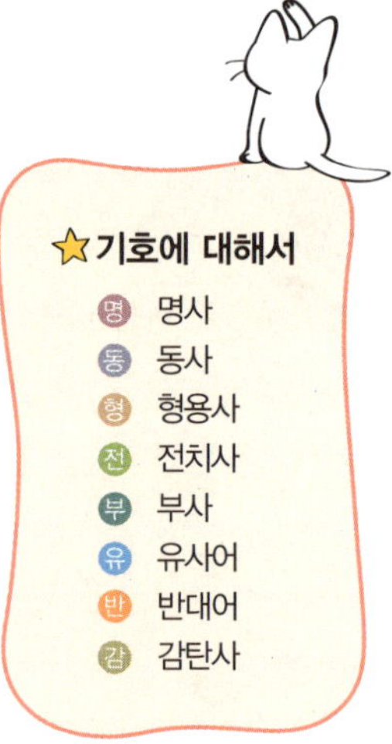

☆ 기호에 대해서

- 명 명사
- 동 동사
- 형 형용사
- 전 전치사
- 부 부사
- 유 유사어
- 반 반대어
- 감 감탄사

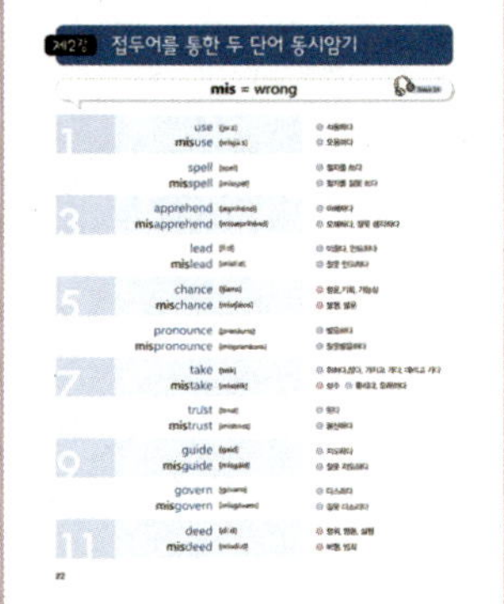

어근이 같은 단어들을 함께 그룹지어 놓아, 어근의 뜻을 통해 단어를 분석하며 효과적으로 암기할 수 있다.

하나의 단어에 접두어가 붙음으로써 그 뜻이 어떻게 변하는가를 파악하며, 짝을 지어 두단어를 동시에 암기할 수 있다.

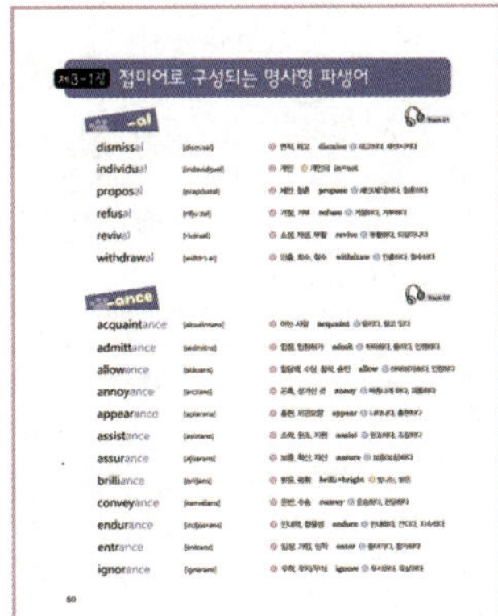

공통된 접미어끼리 그룹지어 품사[명사형, 형용사형, 부사형, 동사형]에 따라 외우면서, 단어를 분류하며 암기할 수 있다.

회화나 문장에서 유용하게 사용되는 표현어구들을 함께 실어 놓아, 실제 독해나 리스닝, 영어회화 등에 사용할 수 있다.

Part 2

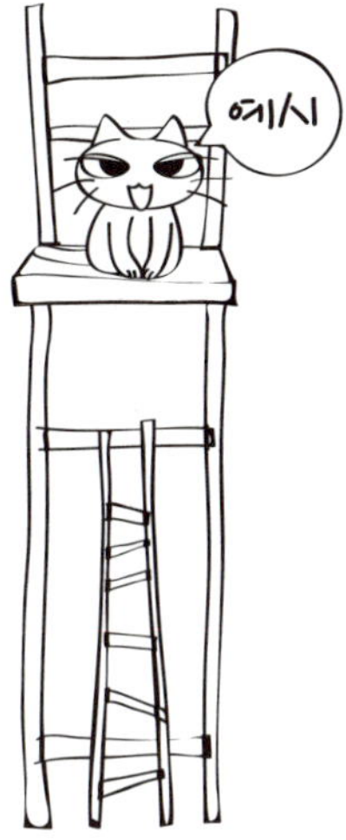

공통어근으로 익히는 초간단 영단어

view = see

inter + view 회견하다, 인터뷰
pre + view 사전검토, 시사회
re + view 재검토하다

접두어를 통한 두단어 동시암기

mis = wrong

use 사용하다
misuse 오용하다
spell 철자를 쓰다
misspell 철자를 잘못 쓰다

공통 접미어로 구성되는 품사형파생어

actuality 명 현실성
actual 형 현실의
really 부 현실로
realize 동 현실화하다

독해력 향상을 위한 유용한 표현어구

a live broadcast 생방송
global economy 세계경제
regular classes 정규수업

제1장 공통어근으로 익히는 초간단 영단어

cast = throw

broadcast
[brɔ́:dkæst]
동 방송하다

forecast
[fɔ́:rkæst]
동 예보(예언)하다

cede/ceed = go

accede
[æksí:d]
동 응하다, 동의하다

exceed
[iksí:d]
동 능가하다, 넘다

precede
[prisí:d]
동 앞서다, 우선하다

proceed
[prəsí:d]
동 나아가다, 계속하다

recede
[risí:d]
동 물러가다

succeed
[səksí:d]
동 성공하다, 계승하다

ceive = take

conceive
[kənsí:v]
동 상상하다, 품다
착상(고안)하다

deceive
[disí:v]
동 속이다

perceive
[pərsí:v]
동 지각(감지)하다, 이해하다

receive
[risí:v]
동 받다, 접수하다

cept = take

accept
[ækséptək-]
동 수락하다

concept
[kánsept]
명 개념, 생각

except
[iksépt]
전 ~을 제외하고

intercept
[intərsépt]
동 가로채다

cess = go

access
[ǽkses]
명 접근

excess
[iksés]
명 초과, 과잉

process
[práses]
명 경과, 과정, 진행

success
[səksés]
명 성공, 성과

cide = cut

decide
[disáid]
동 결정하다

suicide
[sjú:əsàid]
명 사살

coincide
[kòuinsáid]
동 동시에 일어나다

cise = cut

concise
[kənsáis]
〔형〕 간결한

precise
[prisáis]
〔형〕 정확한

exercise
[éksərsàiz]
〔명〕 연습, 운동

cite = call

excite
[iksáit]
〔동〕 자극하다

recite
[risáit]
〔동〕 암송(낭송)하다

claim = cry

claim
[kleim]
〔동〕 요구하다, 주장하다

acclaim
[əkléim]
〔동〕 갈채를 보내다

exclaim
[ikskléim]
〔동〕 소리치다

proclaim
[proukléim]
〔동〕 선언하다

cline = lean

decline
[dikláin]
〔동〕 기울다, 사퇴하다

disincline
[dìsinkláin]
〔동〕 싫증이 나게 하다

incline
[inkláin]
〔동〕 기울다, 기울이다

clude = shut

conclude
[kənklú:d]
〔동〕 결정하다, 결론짓다

exclude
[iksklú:d]
〔동〕 제외(배척)하다

include
[inklú:d]
〔동〕 포함(함유)하다

seclude
[siklú:d]
〔동〕 격리하다

count = 세다

account
[əkáunt]
〔명〕 장부, (은행)계좌, 설명
〔동〕 간주하다, 여기다

discount
[dískaunt]
〔명〕 할인 〔동〕 할인하다, 무시하다

encounter
[inkáuntər]
〔동〕 우연히 만나다

cuse = cause

accuse
[əkjú:z]
〔동〕 고발(비난)하다

excuse
[ikskjú:z]
〔명〕 변명 〔동〕 용서하다, 변명하다

duce = 이끌다

induce
[indjú:s]
〔동〕 꾀다, 설득하여 ~하게 하다

introduce
[ìntrədjú:s]
〔동〕 소개하다, 안내하다

produce
[prədjú:s, -djú:s]
〔동〕 생산하다, 낳다

reduce [ridjúːs]	동 줄이다, 감소하다

face = 표면

preface [préfis]	명 서문, 머리말
surface [sə́ːrfis]	명 표면

fect = make/do

affect [əfékt]	동 감동시키다, ~인 체하다 ~에게 영향을 미치다
defect [díːfekt]	명 결점, 단점, 부족 형 결함이 있는
effect [ifékt]	명 효과, 결과, 취지 동 이루다
imperfect [impə́ːrfikt]	형 불완전한
perfect [pə́ːrfikt]	형 완전한, 정확한 동 완전하게 하다

fend = strike

defend [difénd]	동 지키다, 막다
offend [əfénd]	동 화나게 하다, 죄를 범하다

fer = carry

confer [kənfə́ːr]	동 의논(상의)하다

differ [dífər]	동 다르다
infer [infə́ːr]	동 추론하다
offer [ɔ́ːfər]	동 제공(제출)하다
prefer [prifə́ːr]	동 ~을 더 좋아하다
refer [rifə́ːr]	동 언급(참조)하다
suffer [sʌ́fər]	동 고생하다, 경험하다
transfer [trǽnsfəːr]	동 옮기다, 갈아타다

fess = say

confess [kənfés]	동 자백하다
profess [prəfés]	동 공언하다

fine = limit

confine [kənfáin]	동 가두다, 감금하다
define [difáin]	동 정의하다
refine [rifáin]	동 정제하다(되다)

firm = 확고한

affirm [əfə́ːrm]	동 단언(확언)하다

confirm
[kənfə́:rm]
동 확인하다

firm
[fə:rm]
형 굳은, 견고한

infirm
[infə́:rm]
형 허약한

flict = strike

afflict
[əflíkt]
동 괴롭히다, 피해를 입히다

conflict
[kənflíkt]
명 투쟁   동 싸우다

inflict
[inflíkt]
동 (괴로움 등을) 가하다

form = 모양

deform
[difɔ́:rm]
동 변형시키다, 흉하게 하다

inform
[infɔ́:rm]
동 알리다, 통지하다

perform
[pərfɔ́:rm]
동 행하다, 연기하다

reform
[rifɔ́:rm]
동 개혁(개정)하다

transform
[trænsfɔ́:rm]
동 변형하다

uniform
[jú:nəfɔ́:rm]
명 제복   형 같은 모양의

fort = strong

comfort
[kʌ́mfərt]
명 안락   동 위로하다

effort
[éfərt]
명 노력, 수고

fort
[fɔ:rt]
명 보루, 요새

fuse = pour

confuse
[kənfjú:z]
동 당황하게 하다

diffuse
[difjú:z]
동 퍼지게 하다

refuse
[rifjú:z]
동 거절(거부)하다

fy = make/do

certify
[sə́:rtəfài]
동 증명하다, 보증하다

classify
[klǽsəfài]
동 분류하다

defy
[difái]
동 도전하다, 무시하다

dignify
[dígnəfài]
동 위엄을 갖추다

horrify
[hɔ́:rəfài]
동 무서워하게 하다

identify
[aidéntəfài]
동 동일시하다

justify
[dʒʌ́stəfài]
동 정당화하다

magnify
[mǽgnəfài]
동 확대하다

modify
[mádəfài]
동 변경(수정)하다

notify
[nóutəfài]
동 알리다, 통보하다

qualify
[kwáləfài]
동 자격을 얻다(주다)

satisfy
[sǽtisfài]
동 만족시키다

signify
[sígnəfài]
동 뜻하다, 나타내다

terrify
[térəfài]
동 겁나게 하다

testify
[téstəfài]
동 증명(입증)하다

unify
[júːnəfài]
동 통일하다

verify
[vérəfài]
동 증명(확인)하다

gree = please

agree
[əgríː]
동 동의하다

disagree
[dìsəgríː]
명 (각도,온도)~도
동 의견이 다르다

degree
[digríː]
명 정도

gress = go

congress
[káŋgris]
명 회의, 의회, 국회

progress
[próugres]
명 진행   동 진행(전진)하다

hibit = hold

exhibit
[igzíbit]
동 보이다, 전시하다

prohibit
[prouhíbit]
동 금지(방해)하다

ject = throw

inject
[indʒékt]
동 주입하다

object
[ábdʒikt]
명 목적, 대상   동 반대하다

project
[prádʒekt]
동 기획(투영)하다, 계획하다

reject
[ridʒékt]
동 거절(거부)하다

subject
[sʌ́bdʒikt]
명 주제, 과목, 제목
동 종속시키다

journ = stay

adjourn
[ədʒə́ːrn]
명 미루다, 연기하다

sojourn
[sóudʒəːrn]
명 체류   동 체류하다

lect = choose

collect
[kəlékt]
동 모으다, 수집하다

dialect
[dáiəlèkt]
명 방언, 지방사투리

elect
[ilékt]
동 뽑다, 선거하다

intellect
[íntəlèkt]
명 지성, 지식인, 지능

neglect
[niglékt]
동 경시(무시)하다, 소홀히 하다

recollect
[rèkəlékt]
동 회상하다, 생각해내다

reflect
[riflékt]
동 반사(반영)하다, 반성하다

select
[silékt]
형 가려낸 동 고르다, 선발하다

log(ue) = word

dialogue
[dáiəlɔ̀:g]
명 대화

epilogue
[épəlɔ̀:g]
명 끝맺는 말

monologue
[mánəlɔ̀:g]
명 독백

logy = 학문

analogy
[ənǽlədʒi]
명 유사, 비슷

anthropology
[æenθrəpálədʒi]
명 인류학

apology
[əpálədʒi]
명 사과, 사죄, 변명

biology
[baiálədʒi]
명 생물학, 생태학

ideology
[àidiálədʒi]
명 이데올로기, 관념학, 관념론

psychology
[saikálədʒi]
명 심리학

sociology
[sòusiálədʒi]
명 사회학

technology
[teknálədʒi]
명 과학기술

theology
[θiálədʒi]
명 신학

lude = laugh

allude
[əlú:d]
동 언급하다, 암시하다

delude
[dilú:d]
동 속이다, 기만하다

prelude
[prélju:d]
명 (음악)전주곡, 서곡, 서막

ment = ～하는 것

comment
[kámént]
명 논평, 언급 동 논평하다

compliment
[kámpləmənt]
명 칭찬 동 칭찬하다

document
[dákjumənt]
명 서류, 문서, 기록

element
[éləmənt]
명 요소, 원소

experiment
[ikspérəmənt]
명 실험 동 실험하다

fragment
[frǽgmənt]
명 파편, 조각

garment
[gá:rmənt]
명 의류, 옷가지

implement
[ímpləmənt]
명 도구, 기구

instrument
[ínstrəmənt]
명 기구, 도구, 기계

lament
[ləmént]
명 애도 동 애통(애탄)하다

monument
[mánjumənt]
명 기념물, 유적

parliament
[pá:rləmənt]
명 국회, 의회

segment [ségmənt]	몡 부분　통 분할하다
sentiment [séntəmənt]	몡 감정
supplement [sʌ́pləmənt]	몡 보충　통 보충하다
temperament [témpərəmənt]	몡 기질, 성질
torment [tɔːrmént]	몡 고통　통 괴롭히다
vehement [víːəmeнт]	몡 맹렬한, 열렬한

mit = send

admit [ædmít]	통 시인(인정)하다
commit [kəmít]	통 죄를 범하다
emit [imít]	통 내뿜다, 방출하다
hermit [hə́ːrmit]	몡 은자, 속세를 버린 사람
permit [pərmít]	통 허가(용인)하다
submit [səbmít]	통 항복(제출)하다, 맡기다
transmit [trænsmít]	통 보내다, 전달하다

mount = climb

amount [əmáunt]	몡 양, 총계, 총액
dismount [dismáunt]	통 (말, 자전거 등에서)내리다

paramount [pǽrəmàunt]	혱 최고의, 가장 중요한
surmount [sərmáunt]	통 극복하다, 이겨내다

nounce = speak

announce [ənáuns]	통 말하다, 알리다
denounce [dináuns]	통 비난하다
pronounce [prənáuns]	통 발음하다
renounce [rináuns]	통 포기하다, 단념하다

parent = appear

apparent [əpéərənt]	혱 명백한
transparent [trænspéərənt]	혱 투명(명백)한

pathy = feel

sympathy [símpəθi]	몡 동정, 연민, 동감
telepathy [təlépəθi]	몡 정신감응, 텔레파시

pend = hang

depend [dipénd]	통 의존하다
suspend [səspénd]	통 매달다, 일시 중지하다

plain = 쉬운, 명백한

complain
[kəmpléin]
동 불평하다, 투덜대다

explain
[ikspléin]
동 설명하다

plex = fold

complex
[kəmpléks]
명 복합체, 복합물

perplex
[pərpléks]
동 당황하게 하다

plore = cry

explore
[ikspló:r]
동 탐험하다, 답사하다

implore
[impló:r]
동 탄원하다, 애원하다

ply = fold

apply
[əplái]
동 지원(신청)하다

comply
[kəmplái]
동 따르다

imply
[implái]
동 내포(함축)하다

multiply
[mʌltəplài]
동 곱하다, 증가시키다

reply
[riplái]
동 대답(응답)하다

supply
[səplái]
동 공급(보급)하다

port = carry

export
[ikspó:rt]
명 수출 동 수출하다

import
[impó:rt]
명 수입 동 수입하다

transport
[trænspó:rt]
동 수송(운반)하다

support
[səpó:rt]
동 지지(부양)하다

pose = put

compose
[kəmpóuz]
동 구성(작곡)하다

expose
[ikspóuz]
동 노출시키다

impose
[impóuz]
동 (세금 등을)부과하다

oppose
[əpóuz]
동 반대하다

propose
[prəpóuz]
동 제의(제출)하다

purpose
[pə́:rpəs]
명 목적, 의도

suppose
[səpóuz]
동 가정하다

prehend = take

apprehend
[æprihénd]
동 파악하다, 체포하다

comprehend
[kámprihénd]
동 이해하다, 파악하다

press = 누르다

compress
[kəmprés]
동 압축(단축)하다, 요약하다

depress
[diprés]
동 억압하다, 풀이 죽게하다 우울하게하다, 낙담시키다

express
[iksprés]
명 급행열차
동 발표하다, 나타내다, 표현하다

impress
[imprés]
동 감명을 주다, 감동시키다, 도장을 찍다

oppress
[əprés]
동 억압(압박)하다

suppress
[səprés]
동 진압(억제)하다

prise = capture

comprise
[kəmpráiz]
동 포함하다, 합류하다

enterprise
[éntərpràiz]
명 사업, 기업

surprise
[sərpráiz]
동 놀라게 하다

prove = 증명하다

approve
[əprú:v]
동 찬성하다, 승인(인가)하다

disapprove
[dìsəprú:v]
동 비난하다

improve
[imprú:v]
동 개량(개선)하다

reprove
[riprú:v]
동 비난하다

pulse = drive

impulse
[ímpʌls]
명 충동, 자극

repulse
[ripʌls]
동 격퇴(반격)하다

pute = think

compute
[kəmpjú:t]
동 계산(평가)하다

repute
[ripjú:t]
명 평판, 명성

quire = seek, ask

acquire
[əkwáiər]
동 얻다, 획득하다

inquire
[inkwáiər]
동 묻다, 조사하다

require
[rikwáiər]
동 요구하다

rect = lead

correct
[kərékt]
형 옳은, 정확한
동 고치다, 교정하다

direct
[dirékt]
- 형 직접의
- 동 지시(지도)하다, 명령하다

erect
[irékt]
- 형 똑바로 선, 직립의
- 동 세우다, 직립시키다

incorrect
[inkərékt]
- 형 부정확한, 맞지않는

indirect
[ìndərékt]
- 형 간접의, 2차적인

resurrect
[rèzərékt]
- 동 부활시키다(하다)

rupt = break

abrupt
[əbrápt]
- 형 돌연한, 갑작스러운

bankrupt
[bǽŋkrʌpt]
- 명 파산자 동 파산시키다

corrupt
[kərápt]
- 형 부패한, 타락한

erupt
[irápt]
- 동 분출하다(시키다)

interrupt
[ìntərápt]
- 동 중단시키다

scend = go

ascend
[əsénd]
- 동 올라가다, 오르다

condescend
[kándəsénd]
- 동 자신을 낮추다, 잘난체하다

descend
[disénd]
- 동 내려가다, 내려오다

scope = see

microscope
[máikrəskòup]
- 명 현미경

telescope
[téləskòup]
- 명 망원경

scribe = write

ascribe
[əskráib]
- 동 (원인 등을) ~에 돌리다

describe
[diskráib]
- 동 설명(묘사)하다

prescribe
[priskráib]
- 동 규정(지시)하다

subscribe
[səbskráib]
- 동 서명(기부)하다

secute = follow

execute
[éksikjùːt]
- 동 수행(실행)하다

persecute
[pə́ːrsikjùːt]
- 동 괴롭히다, 박해하다

prosecute
[prásikjùːt]
- 동 기소(수행)하다

semble = similar

assemble
[əsémbl]
- 동 모이다, 모으다

resemble
[rizémbl]
- 동 유사하다

sent = feel

assent
[əsént]
동 찬성(동의)하다

consent
[kənsént]
동 동의(인정)하다

present
[prizént]
동 제출하다, 선물(증정)하다

represent
[rèprizént]
동 대표하다, 상징하다

resent
[rizént]
동 분개하다

sert = put

assert
[əsə́:rt]
동 단언(주장)하다

desert
[dézərt]
명 사막 동 포기하다

dessert
[dizə́:rt]
명 디저트, 후식

insert
[insə́:rt]
동 삽입하다, 끼워넣다

serve = keep

conserve
[kənsə́:rv]
동 보존하다

deserve
[dizə́:rv]
동 ~할 만하다

observe
[əbzə́:rv]
동 관찰하다, 지키다

preserve
[prizə́:rv]
명 보존 동 보존하다

reserve
[rizə́:rv]
동 저장(예약)하다

sign = mark

assign
[əsáin]
동 할당(배당)하다

consign
[kənsáin]
동 인도하다, 넘겨주다

design
[dizáin]
명 디자인 동 계획(고안)하다

resign
[rizáin]
동 사임하다

sist = stand

assist
[əsíst]
동 돕다, 거들다

consist
[kənsíst]
동 구성하다

exist
[igzíst]
동 존재(실재)하다

insist
[insíst]
동 (강력히)주장하다

persist
[pərsíst]
동 고집(주장)하다

resist
[rizíst]
동 저항(반항)하다

solve = loose

absolve
[æbzálv]
동 용서하다, 사면하다

dissolve
[dizálv]
동 녹다, 녹이다

resolve
[rizálv]
동 분해하다, 결심하다

solve
[salv]
동 풀다, 해결하다

spect = look

aspect
[æspekt]
명 측면, 양상, 방향

expect
[ikspékt]
동 기대하다, 예상하다

inspect
[inspékt]
동 검사(조사)하다, 시찰하다

prospect
[práspekt]
명 가망, 예상, 전망

respect
[rispékt]
명 존경, 점, 관계 동 존경하다

suspect
[səspékt]
동 의심하다, ~라고 생각하다

spire = breath

aspire
[əspáiər]
동 열망(갈망)하다

conspire
[kənspáiər]
동 음모를 꾸미다

expire
[ikspáiər]
동 기한이 다 되다, 만기가 되다

inspire
[inspáiər]
동 고취(고무)하다

stance = stand

circumstance
[sə́:rkəmstæns]
명 주위사정(환경)

distance
[dístəns]
명 거리, 간격

instance
[ínstəns]
명 보기, 예

substance
[sʌ́bstəns]
명 물질, 물체

stinct = 찌르다

distinct
[distíŋkt]
형 별개의, 다른

extinct
[ikstíŋkt]
형 꺼진, 끊어진

instinct
[ínstiŋkt]
명 본능, 본성

stitute = stand

constitute
[kánstətjù:t]
동 구성하다

institute
[ínstətjù:t]
명 학회, 연구소 동 설립하다

substitute
[sʌ́bstətjù:t]
명 대리(인) 동 대체하다

struct = build

construct
[kənstrʌ́kt]
동 건설하다

instruct
[instrʌ́kt]
동 가르치다, 교육하다

reconstruct
[ri:kənstrʌ́kt]
동 재건하다

sue = follow

issue
[íʃu:]
동 발행(발표)하다

pursue
[pərsú:]
동 추구하다

tissue
[tíʃu:]
명 (세포들로 이루어진) 조직, 화장지

sult = leap

consult
[kənsʌ́lt]
동 상의하다, 진찰받다

insult
[insʌ́lt]
동 모욕하다, 창피주다

result
[rizʌ́lt]
명 결과, 성과

sure = certain

assure
[əʃúər]
동 보증(장담)하다

ensure
[inʃúər]
동 보장하다, 보증하다

insure
[inʃúər]
동 보험에 들다, 보증하다

tach = touch

attach
[ətǽʧ]
동 붙이다, 부속시키다

detach
[ditǽʧ]
동 파견하다

tain = hold

attain
[ətéin]
동 달성하다

contain
[kəntéin]
동 포함하다, 담다

detain
[ditéin]
동 붙들다, 구류하다

entertain
[èntərtéin]
동 즐겁게 하다, 대접하다

main**tain**
[meintéin]
동 유지(부양)하다

obtain
[əbtéin]
동 얻다, 획득하다

pertain
[pərtéin]
동 속하다, 알맞다

retain
[ritéin]
동 보유(간직)하다

sustain
[səstéin]
동 유지(지탱)하다

tect = cover

detect
[ditékt]
동 발견하다, 찾아내다

protect
[prətékt]
동 보호하다, 지키다

tempt = try

attempt
[ətémpt]
동 ~을 시도하다

contempt
[kəntémpt]
명 경멸, 모욕

tempt
[tempt]
동 유혹하다, 부추기다

tend = stretch

attend
[əténd]
동 출석(참석)하다

contend
[kənténd]
동 논쟁하다, 싸우다

extend
[iksténd]
동 넓히다, 확장하다

intend
[inténd]
⑧ ~할 작정이다 의도하다

pretend
[priténd]
⑧ ~인 체하다

extract
[ikstrǽkt]
⑧ 뽑다, 발췌하다, 추출하다
뽑아내다

subtract
[səbtrǽkt]
⑧ 빼다, 감하다

test = witness

attest
[ətést]
⑧ 증명하다, 증언하다

contest
[kántest]
⑲ 투쟁, 경쟁
⑧ 다투다, 겨루다

detest
[ditést]
⑧ 몹시 싫어하다, 혐오하다

protest
[próutest]
⑲ 항의, 주장
⑧ 항의(주장)하다

tribute = give

attribute
[ətríbjuːt]
⑧ ~에 귀결시키다

contribute
[kəntríbjuːt]
⑧ 공헌(기여)하다

distribute
[distríbjuːt]
⑧ 분배(배포)하다

tire = whole

attire
[ətáiər]
⑲ 복장 ⑧ 치장시키다

entire
[intáiər]
⑳ 완전한, 전체의

retire
[ritáiər]
⑧ 퇴직하다, 은퇴하다

vade = go

evade
[ivéid]
⑧ 피하다, 회피하다

invade
[invéid]
⑧ 침략(침입)하다

pervade
[pərvéid]
⑧ 전면에 퍼지다

velop = wrap

develop
[divéləp]
⑧ 발달하다, 개발하다

envelop
[invéləp]
⑧ 싸다, 에워싸다

tract = draw

abstract
[æbstrǽkt]
⑲ 추상 ⑧ 끌어내다
⑳ 추상적인, 이론적인

attract
[ətrǽkt]
⑧ 끌다, 끌어당기다, 매혹하다

contract
[kántrækt]
⑲ 계약 ⑧ 계약하다

distract
[distrǽkt]
⑧ 전환시키다
(마음을) 다른 데로 돌리다

venge = punish

avenge
[əvéndʒ]
⑧ 복수하다

revenge
[rivéndʒ]
⑲ 복수, 보복 ⑧ 보복하다

vent = come

event
[ivént]
동 (중요한)사건

invent
[invént]
동 발명(고안)하다

prevent
[privént]
동 방해하다, 막다

verse = turn

adverse
[ædvə́:rs]
형 거꾸로의, 반대의

converse
[kənvə́:rs]
명 반대 동 대화하다

diverse
[divə́:rs]
형 다양한, 다른

perverse
[pərvə́:rs]
형 비뚤어진(삐딱한)

universe
[jú:nəvə̀:rs]
동 우주, 전 세계

vey = way

convey
[kənvéi]
동 나르다, 수송하다

survey
[sərvéi]
동 조사(측량)하다

vide = 나누다

divide
[diváid]
동 나누다, 분할하다

provide
[prəváid]
동 준비하다, 공급하다

view = see

interview
[íntərvjù:]
명 회견 동 회견하다

preview
[prí:vjù:]
명 시사회, 사전검토

review
[rivjú:]
동 재검토하다

vince = win

convince
[kənvíns]
동 확신(납득)시키다

province
[právins]
명 주(州), 도(道)

vise = see

advise
[ædváiz]
동 충고(조언)하다

devise
[diváiz]
동 고안(궁리)하다

revise
[riváiz]
동 개정(교정)하다

supervise
[sú:pərvàiz]
동 감독(관리)하다

vive = live

revive
[riváiv]
동 부활하다(시키다)

survive
[sərváiv]
동 ~보다 오래 살다

volve = turn

evolve
[iválv]
동 진화하다(시키다)

involve
[inválv]
동 말려들게 하다

revolve
[riválv]
동 회전하다(시키다)

ward = 방향(쪽)

award
[əwɔ́:rd]
동 주다, 수여하다

awkward
[ɔ́:kwərd]
형 거북한, 어색한

downward
[dáunwərd]
부 아래쪽으로(에)

forward
[fɔ́:rwərd]
부 앞으로

inward
[ínwərd]
형 내부의, 안쪽의

outward
[áutwərd]
형 외부의, 바깥쪽의

reward
[riwɔ́:rd]
명 보수 동 보상(보답)하다

toward
[tɔ́:rd]
전 ~의 쪽으로, ~을 향하여

upward
[ʌ́pwərd]
부 위쪽으로(에)

mis = wrong  Track 01

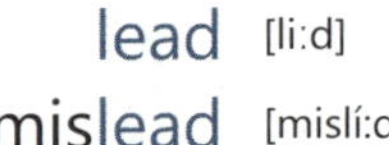

use [ju:z]	동 사용하다
misuse [mìsjú:s]	동 오용하다
spell [spel]	동 철자를 쓰다
misspell [misspél]	동 철자를 잘못 쓰다
apprehend [æprihénd]	동 이해하다
misapprehend [mìsæprihénd]	동 오해하다, 잘못 생각하다
lead [li:d]	동 이끌다, 인도하다
mislead [mìslí:d]	동 잘못 인도하다
chance [ʧæns]	명 행운, 기회, 가능성
mischance [misʧǽns]	명 불행, 불운
pronounce [prənáuns]	동 발음하다
mispronounce [misprənáuns]	동 잘못발음하다
take [teik]	동 취하다, 잡다, 가지고 가다, 데리고 가다
mistake [mistéik]	명 실수 동 틀리다, 오해하다
trust [trʌst]	동 믿다
mistrust [mistrʌst]	동 불신하다
guide [gaid]	동 지도하다
misguide [misgáid]	동 잘못 지도하다
govern [gʌ́vərn]	동 다스리다
misgovern [misgʌ́vərn]	동 잘못 다스리다
deed [di:d]	명 행위, 행동, 실행
misdeed [misdí:d]	명 비행, 범죄

treat	[triːt]	동 대우하다
mistreat	[mistríːt]	동 학대(혹사)하다
fortune	[fɔ́ːrtʃən]	명 운, 행운
misfortune	[misfɔ́ːrtʃən]	명 불행, 재난
handle	[hǽndl]	동 다루다
mishandle	[mishǽndl]	동 잘못 다루다
understand	[ʌ̀ndərstǽnd]	동 이해하다
misunderstand	[misʌ̀ndərstǽnd]	동 오해하다
chief	[tʃiːf]	명 수령, 지도자
mischief	[místʃif]	명 피해, (가벼운)나쁜 짓, 장난기
leading	[líːdiŋ]	형 지휘(인도)하는
misleading	[mislíːdiŋ]	형 잘못 인도 하는

re = again

count	[kaunt]	동 세다
recount	[rikáunt]	동 다시 세다
pay	[pei]	동 지불하다
repay	[ripéi]	동 상환하다
print	[print]	동 찍다, 출판(인쇄)하다
reprint	[riprínt]	동 재판하다
gain	[gein]	동 얻다, 쟁취하다
regain	[rigéin]	동 되찾다
produce	[prədjúːs]	동 생산하다
reproduce	[rəprədjúːs]	동 재생하다

production	[prədʌkʃən]	명 생산
reproduction	[riprədʌkʃən]	명 재생
collect	[kəlékt]	동 모으다
recollect	[rèkəlékt]	동 다시 모으다, 회상하다
view	[vju:]	동 보다
review	[rivjú:]	동 복습하다, 재검토하다
write	[rait]	동 쓰다
rewrite	[rì:ráit]	동 다시 쓰다
consider	[kənsídər]	동 고려하다
reconsider	[rì:kənsídər]	동 재고하다
create	[kriéit]	동 창조하다
recreate	[rékrièit]	동 (과거에 존재하던 것을) 되살리다
unification	[jù:nəfikéiʃən]	명 통일
reunification	[rijù:nifikéiʃən]	명 재통일
plant	[plænt]	동 심다
replant	[riplænt]	동 다시 심다
union	[jú:njən]	명 통합
reunion	[rì:jú:niən]	명 재통합
unite	[ju:náit]	동 결합하다
reunite	[rì:ju:náit]	동 다시 결합하다
cover	[kʌvər]	동 덮다
recover	[rikʌvər]	동 커버를 갈다, 되찾다, 만회하다
establish	[istǽbliʃ]	동 설립하다
reestablish	[rì:istǽbliʃ]	동 재건하다
organize	[ɔ́:rgənàiz]	동 조직하다
reorganize	[ri:ɔ́:rgənàiz]	동 재편성하다

self = 스스로, 자기

education	[èdʒukéiʃən]	명	배우는 것
self-education	[sélfèdʒukéiʃən]	명	독학
evident	[évədənt]	명	분명한
self-evident	[sèlfévidənt]	명	자명한
interest	[íntərəst, -tərèst]	명	이익
self-interest	[sèlfíntərist]	명	이기주의
respect	[rispékt]	명	존중
self-respect	[sèlfrispékt]	명	자존, 자중
confidence	[kánfədəns]	명	신뢰, 확신
self-confidence	[sèlfkánfidəns]	명	자신(自信), 자부, 자신 과잉
determination	[dità:rmənéiʃən]	명	결심, 결정
self-determination	[sélfdità:rmənéiʃən]	명	자기결정
discipline	[dísəplin]	명	훈련
self-discipline	[sèlfdísəplin]	명	자기단련, 수양
distrust	[distrʌst]	명	불신
self-distrust	[sèlfdistrʌst]	명	자기불신

over = beyond(지나친)

work	[wə:rk]	동	일하다
overwork	[òuvərwə́:rk]	동	지나치게 하다
sleep	[sli:p]	동	자다
oversleep	[òuvərslí:p]	동	늦잠자다

| crowd | [kraud] | 동 붐비다 |
| overcrowd | [òuvərkráud] | 동 너무 많이 수용하다 |

en = make

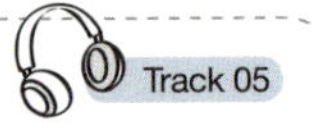

courage	[kə́:ridʒ]	명 용기
encourage	[inkə́:ridʒ]	동 용기를 북돋우다
large	[la:rdʒ]	형 큰
enlarge	[inlá:rdʒ]	동 크게(확대)하다
rage	[reidʒ]	명 격분, 분노
enrage	[inréidʒ]	동 격분하게 하다
rich	[ritʃ]	형 부유한
enrich	[inrítʃ]	동 풍부하게 하다
slave	[sleiv]	명 노예
enslave	[insléiv]	동 노예로 만들다
sure	[ʃuər]	형 확실한
ensure	[inʃúər]	동 확실하게 하다
title	[táitl]	명 칭호
entitle	[intáitl]	동 칭호를 주다
joy	[dʒɔi]	명 기쁨
enjoy	[indʒɔ́i]	동 즐기다
force	[fɔ:rs]	명 힘, 효력
enforce	[infɔ́:rs]	동 시행(실시)하다

up = 위로, 위의

| grade | [greid] | 몡 등급 |
| upgrade | [ʌ́pgréid] | 동 진급시키다 |

| root | [ruːt] | 몡 뿌리 |
| uproot | [ʌ́prúːt] | 동 뿌리채 뽑다 |

| hold | [hould] | 동 붙들고 있다 |
| uphold | [ʌ́phóuld] | 동 떠받치다 |

| right | [rait] | 형 올바른 |
| upright | [ʌ́pràit] | 형 똑바로 선 |

| lift | [lift] | 동 올리다 |
| uplift | [ʌ́plíft] | 동 들어올리다 |

| roar | [rɔːr] | 몡 포효 |
| uproar | [ʌ́prɔ̀ːr] | 몡 대소동, 소란 |

| side | [said] | 몡 쪽, 편 |
| upside | [ʌ́psáid] | 몡 위쪽 |

| set | [set] | 동 놓다 |
| upset | [ʌ́psét] | 동 뒤엎다 |

| stairs | [stɛərz] | 몡 층계, 계단 |
| upstairs | [ʌ́pstéərz] | 부 2층(위층)에 |

over = ~위에

| head | [hed] | 몡 머리 |
| overhead | [óuvərhéd] | 형 머리위의 |

| look | [luk] | 통 보다 |
| overlook | [òuvərlúk] | 통 내려다 보다, 간과하다 |

| turn | [təːrn] | 통 돌다, 돌리다 |
| overturn | [òuvərtə́ːrn] | 통 뒤집어엎다 |

| pass | [pæs] | 명 통행로 　통 지나가다 |
| overpass | [òuvərpǽs] | 명 고가도로 　통 넘다, 건너다 |

| whelm | [hwelm] | 통 짓누르다 |
| overwhelm | [òuvərhwélm] | 통 압도하다 |

| shadow | [ʃǽdou] | 명 그림자 |
| overshadow | [òuvərʃǽdou] | 통 그늘지게 하다 |

over = beyond(지나친)

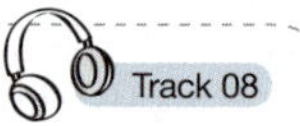

| burden | [bə́ːrdn] | 통 짐을 지우다 |
| overburden | [òuvərbə́ːrdn] | 통 과중한 짐을 지우다 |

| estimate | [éstəmèit] | 통 평가하다 |
| overestimate | [òuvəréstəmèit] | 통 과대평가하다 |

| flow | [flou] | 통 흐르다 |
| overflow | [òuvərflóu] | 통 넘쳐 흐르다 |

| fish | [fiʃ] | 통 물고기를 잡다 |
| overfish | [òuvərfíʃ] | 통 남획하다, 물고기를 다 잡아 버리다 |

| book | [buk] | 통 예약하다 |
| overbook | [òuvərbúk] | 통 예약을 초과해서 받다 |

size	[saiz]	명 크기 동 재다
oversize	[óuvərsàiz]	형 너무 큰, 특대의
emphasize	[émfəsàiz]	동 강조하다
overemphasize	[òuvərémfəsàiz]	동 지나치게 강조하다
confident	[kánfədənt]	형 자신하는
overconfident	[òuvərkánfidnt]	형 과신하는
value	[vǽljuː]	동 평가하다
overvalue	[òuvərvǽljuː]	동 과대평가하다

out = 밖(의)/~보다 더

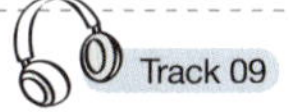
Track 09

last	[læst]	동 지속하다
outlast	[àutlǽst]	동 ~보다 오래가다
law	[lɔː]	명 법
outlaw	[áutlɔ̀ː]	명 무법자, 범법자
live	[liv]	동 살다
outlive	[àutlív]	동 ~보다 오래 살다
patient	[péiʃənt]	명 환자
outpatient	[áutpèiʃənt]	명 외래환자
number	[nʌ́mbər]	명 수
outnumber	[àutnʌ́mbər]	동 수적으로 우세하다

inter = between

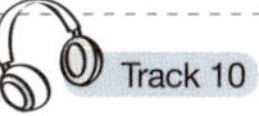
Track 10

| action | [ǽkʃən] | 명 작용 |
| interaction | [ìntərǽkʃən] | 명 상호작용 |

mingle	[míŋgl]	동 혼합하다
intermingle	[ìntərmíŋgl]	동 섞이다, 섞다
national	[nǽʃənl]	형 국가의
international	[ìntərnǽʃənəl]	형 국가간의
section	[sékʃən]	명 자르기, 절(節), (일)부분, 부문
intersection	[ìntərsékʃən]	명 교차점
view	[vju:]	명 광경, 시야
interview	[íntərvjù:]	명 회견, 취재
act	[ækt]	동 작용하다
interact	[ìntərǽkt]	동 상호작용하다
dependence	[dipéndəns]	명 의존
interdependence	[ìntərdipéndəns, -si]	명 상호의존
course	[kɔ:rs]	명 진로, 과정
intercourse	[íntərkɔ̀:rs]	명 교제
mediate	[mí:dièit]	동 중재하다, 조정하다
intermediate	[ìntərmí:diət]	형 중간의 동 사이에 들어가다

under = 밑의, 밑으로, 부족

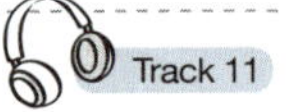

developed	[divéləpt]	형 개발의, 발달한
underdeveloped	[ʌ̀ndərdivéləpt]	형 저개발의, 후진국의
ground	[graund]	명 땅
underground	[ʌ̀ndərgráund]	부 지하에, 비밀로
nutrition	[nju:tríʃən]	명 영양
undernutrition	[ʌ̀ndərnju:tríʃən]	명 영양부족

lying	[láiiŋ]	형 놓여있는
underlying	[ʌ̀ndərlàiiŋ]	형 밑에 놓인
pass	[pæs]	명 통로
underpass	[ʌ̀ndərpæs]	명 지하도
sea	[si:]	명 바다
undersea	[ʌ̀ndərsì:]	형 해저의
water	[wɔ́:tər]	명 물
underwater	[ʌ̀ndərwɔ́:tər]	형 수면아래의
wear	[wεər]	명 의복
underwear	[ʌ̀ndərwὲər]	명 속옷, 내복류
line	[lain]	명 선 동 선을 긋다
underline	[ʌ̀ndərlàin]	동 밑줄을 치다
graduate	[grǽdʒuət]	명 졸업생 동 졸업하다
undergraduate	[ʌ̀ndərgrǽdʒuéit]	명 대학재학생
estimate	[éstəmèit]	동 (비용,규모 등을)추산(추정)하다
underestimate	[ʌ̀ndəréstəmèit]	동 (비용,규모 등을)너무 적게 잡다(추산하다)
value	[vǽlju:]	동 평가하다
undervalue	[ʌ̀ndərvǽlju:]	동 과소평가하다
world	[wə:rld]	명 세계, 세상
underworld	[ʌ̀ndərwὲ:rld]	명 지하세계, 저승, 암흑가

tele = far(먼)  Track 12

| telegram | [téligræm] | 명 전보문, 전문 |

telegraph [téligræf] 　명 전신, 전보 　동 전보를 보내다

telephone [téləfòun] 　명 전화

telescope [téləskòup] 　명 망원경

communication [kəmjù:nəkéiʃən] 　명 통신
telecommunication [tèləkəmjù:nəkéiʃən] 　명 원거리통신

vision [víʒən] 　명 시각, 시력
television [téləvìʒən] 　명 텔레비전

pro = before, forward

proceed [prəsí:d] 　동 나아가다

progress [prágres] 　동 진보(향상)하다

prolong [próugres] 　동 연장하다

promote [prəmóut] 　동 승진(촉진)하다

protest [próutest] 　동 단언(주장)하다

program [próugræm] 　명 예정표, 계획(표)

transfer	[trænsfə́:r]	동 옮기다, 운반하다
translate	[trænsléit]	동 번역하다, 옮기다
transport	[trænspɔ́:rt]	동 수송(운송)하다
plant	[plænt]	명 식물 동 심다
transplant	[trænsplǽnt]	동 옮겨 심다
form	[fɔ́:rm]	명 모양
transform	[trænsfɔ́:rm]	동 변형하다
transmit	[trænsmít]	동 보내다, 발송하다
transparent	[trænspɛ́ərənt]	형 투명한
fix	[fiks]	동 고정시키다
transfix	[trænsfíks]	동 찌르다, 고정시키다

runner	[rʌ́nər]	명 달리는 사람
forerunner	[fɔ́:rʌ̀nər]	명 선구자
see	[si:]	동 보다
foresee	[fɔ́:rsí:]	동 예지(예견)하다

3	tell	[tel]	동 말하다
	foretell	[fɔ́ːrtél]	동 예고하다
	father	[fáːðər]	명 아버지, 조상
	forefather	[fɔ́ːrfáːðər]	명 선조
5	sight	[sait]	명 보는 것
	foresight	[fɔ́ːrsàit]	명 선견지명
	word	[wəːrd]	명 말, 낱말
	foreword	[fɔ́ːrwə̀ːrd]	명 머리말
7	cast	[kæst]	동 던지다
	forecast	[fɔ́ːrkæ̀st]	동 예상(예보)하다
	ground	[graund]	명 땅, 지역
	foreground	[fɔ́ːrgràund]	명 앞 경치, 전경
9	head	[hed]	명 머리
	forehead	[fɔ́ːrhèd]	명 이마

pre = before 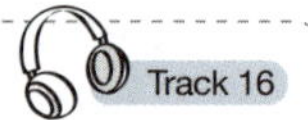 Track 16

1	caution	[kɔ́ːʃən]	명 주의
	precaution	[prikɔ́ːʃən]	명 예방책
	history	[hístəri]	명 역사
	prehistory	[priːhístəri]	명 선사시대
3	occupy	[ákjupài]	동 차지하다
	preoccupy	[priːákjəpài]	동 먼저 차지하다
	mature	[mətjúər]	형 익은
	premature	[priːmətjúər]	형 시기상조의

| view | [vju:] | 명 보는 것, 시력 |
| preview | [prí:vjù:] | 명 시사회, 사전검토 |

il = not

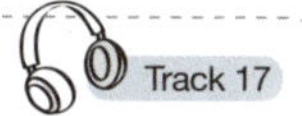 Track 17

legal	[lí:gəl]	형 합법의
illegal	[ilí:gəl]	형 불법의
logical	[ládʒikəl]	형 논리적인
illogical	[iládʒikəl]	형 비논리적인
literate	[lítərət]	형 읽고 쓸 수 있는
illiterate	[ilítərət]	형 문맹의
limitable	[límitəbl]	형 유한한
illimitable	[ilímitəbl]	형 무한한

ir = not

 Track 18

regular	[régjulər]	형 규칙적인
irregular	[irégjulər]	형 불규칙한
responsible	[rispánsəbl]	형 책임이 있는
irresponsible	[ìrispánsəbl]	형 무책임한
resistible	[rizístəbl]	형 저항할 수 있는
irresistible	[ìrizístəbl]	형 저항할 수 없는
relevant	[réləvənt]	형 관련이 있는
irrelevant	[iréləvənt]	형 관련이 없는

5	resolute	[rézəlùːt]	형 결단력이 있는
	irresolute	[irézəlùːt]	형 결단력이 없는
	rational	[ræʃənl]	형 합리적인
	irrational	[iræʃənl]	형 불합리한

in = not

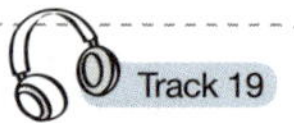

1	ability	[əbíləti]	명 능력
	inability	[ìnəbíləti]	명 무능력
	accurate	[ǽkjurət]	형 정확한
	inaccurate	[inǽkjərit]	형 부정확한
3	adequate	[ǽdikwət]	형 적당한
	inadequate	[inǽdikwət]	형 부적당한
	calculable	[kǽlkjuləbl]	형 셀 수 있는
	incalculable	[inkǽlkjuləbl]	형 헤아릴 수 없이 많은
5	capable	[kéipəbl]	형 할 수 있는
	incapable	[inkéipəbl]	형 할 수 없는, 무능한
	competent	[kámpətənt]	형 유능한, 능력있는
	incompetent	[inkámpətənt]	형 무능한
7	comprehensible	[kámprihénsəbl]	형 이해할 수 있는
	incomprehensible	[ìnkamprihénsəbl]	형 이해할 수 없는
	convenient	[kənvíːnjənt]	형 편리한
	inconvenient	[ìnkənvíːnjənt]	형 불편한, 분리한
9	comparable	[kámpərəbl]	형 비교할 수 있는
	incomparable	[inkámpərəbl]	형 비교할 수 없는

curable	[kjúərəbl]	형 치료할 수 있는
incurable	[inkjúərəbl]	형 치료할 수 없는
dependent	[dipéndənt]	형 의존하고 있는
independent	[ìndipéndənt]	형 독립의
definite	[défənit]	형 한정된
indefinite	[indéfənit]	형 한계가 없는
different	[dífərənt]	형 다른, 특별한
indifferent	[indífərənt]	형 그저 그런, 썩 좋지 않은, 무관심한
efficient	[ifíʃənt]	형 유능한, 효율적인
inefficient	[ìnifíʃənt]	형 효과적이 아닌
experience	[ikspíəriəns]	명 경험
inexperience	[ìnikspíəriəns]	명 무경험
expensive	[ikspénsiv]	형 비싼
inexpensive	[ìnikspénsiv]	형 값이 싼
finite	[fáinait]	형 유한의
infinite	[ínfənət]	형 무한의
formal	[fɔ́ːrməl]	형 정식의
informal	[infɔ́ːrməl]	형 비공식의
gratitude	[grǽtətjùːd]	명 감사, 사의
ingratitude	[ingrǽtətjùːd]	명 배은망덕
hospitable	[háspitəbl]	형 후대하는
inhospitable	[inháspitəbl]	형 대접이 나쁜
justice	[dʒʌ́stis]	명 정의, 공평
injustice	[indʒʌ́stis]	명 부정, 불법
human	[hjúːmən]	형 인간의, 인간다운
inhuman	[inhjúːmən]	형 비인간적인

significant	[signífikənt]	형 중요한, 뜻있는
insignificant	[ìnsignífikənt]	형 대수롭지 않은, 사소한, 하찮은
dependent	[dipéndənt]	형 의존하고 있는
independent	[ìndipéndənt]	형 독립한, 자립의
visible	[vízəbl]	형 눈에 보이는
invisible	[invízəbl]	형 눈에 띄지 않는
valuable	[væljuəbl]	형 귀중한
invaluable	[invæljuəbl]	형 매우 귀중한, 값을 헤아릴 수 없는
decision	[disíʒən]	명 결단, 결정
indecision	[ìndisídʒən]	형 결단력이 없는 명 우유부단
tolerable	[tálərəbl]	형 참을 수 있는
intolerable	[intálərəbl]	형 참을 수 없는
dispensable	[dispénsəbl]	형 없어도 좋은
indispensable	[ìndispénsəbl]	형 필수의
numerable	[njú:mərəbl]	형 셀 수 있는
innumerable	[injú:mərəbl]	형 셀 수 없이 많은
evitable	[évitəbl]	형 피할 수 있는
inevitable	[inévətəbl]	형 피할 수 없는
escapable	[iskéipəbl]	형 피할 수 있는
inescapable	[ìneskéipəbl]	형 피할 수 없는
tolerance	[tálərəns]	명 관용, 아량
intolerance	[intálərəns]	명 도량이 좁음
voluntary	[váləntèri]	형 자발적인
involuntary	[inváləntèri]	형 본의 아닌
variable	[véəriəbl]	형 변화하는
invariable	[invéəriəbl]	형 변치 않는

sufficient [səfíʃənt]	형	충분한
insufficient [ìnsəfíʃənt]	형	불충분한
separable [sépərəbl]	형	나눌 수 있는, 분리가능한
inseparable [insépərəbl]	형	불가분한, 갈라놓을 수 없는
sensible [sénsəbl]	형	느낄 수 있는
insensible [insénsəbl]	형	무감각한
secure [sikjúər]	형	안전한
insecure [ìnsikjúər]	형	불안전한
frequent [frí:kwənt]	형	빈번한
infrequent [infrí:kwənt]	형	드문
flexible [fléksəbl]	형	굽히기 쉬운
inflexible [infléksəbl]	형	확고한
estimable [éstəməbl]	형	평가할 수 있는
inestimable [inéstəməbl]	형	평가할 수 없는

dis = not

content [kəntént]	명	만족
discontent [dìskəntént]	명	불만
interested [íntərèstid]	형	이해관계가 있는
disinterested [disíntərèstid]	형	사심 없는
loyal [lɔ́iəl]	형	충실한
disloyal [dislɔ́iəl]	형	불충실한
mount [maunt]	동	오르다
dismount [dismáunt]	동	내리다

trust	[trʌst]	통	믿다
distrust	[distrʌ́st]	통	믿지 않다
appear	[əpíər]	통	나타나다
disappear	[dìsəpíər]	통	사라지다
believe	[bilíːv]	통	믿다
disbelieve	[dìsbilíːv]	통	의심하다
close	[klouz]	통	닫다
disclose	[disklóuz]	통	폭로하다
comfort	[kʌ́mfərt]	명	위로
discomfort	[diskʌ́mfərt]	명	불안
continue	[kəntínjuː]	통	계속하다
discontinue	[dìskəntínjuː]	통	중지하다
credit	[krédit]	명	신용
discredit	[diskrédit]	명	불신
order	[ɔ́ːrdər]	명	질서
disorder	[disɔ́ːrdər]	명	무질서, 난잡
incline	[inkláin]	통	기울이다
disincline	[dìsinkláin]	통	마음이 내키지 않다
organize	[ɔ́ːrgənàiz]	통	조직하다
disorganize	[disɔ́ːrgənàiz]	통	조직을 파괴하다 , 혼란 시키다
taste	[teist]	명	맛, 취미
distaste	[distéist]	명	싫음, 혐오감
honor	[ánər]	명	명예
dishonor	[disánər]	명	불명예
like	[laik]	통	좋아하다
dislike	[disláik]	통	싫어하다

obey	[oubéi]	동 복종하다
disobey	[dìsəbéi]	동 순종하지 않다
please	[pli:z]	동 기쁘게 하다
displease	[displí:z]	동 불쾌하게 하다
pleasure	[pléʒər]	명 기쁨
displeasure	[displéʒər]	명 불쾌, 불만
cord	[kɔ:rd]	명 조화, 일치
discord	[dískɔ:rd]	명 부조화
count	[kaunt]	동 세다
discount	[dískaunt]	동 감하다, 할인하다
courage	[kə́:ridʒ]	명 용기
discourage	[diskə́:ridʒ]	동 낙담시키다
courtesy	[kə́:rtəsi]	명 예의
discourtesy	[diskə́:rtəsi]	명 무례, 실례
courteous	[kə́:rtiəs]	형 예의바른
discourteous	[diskə́:rtiəs]	형 실례의
regard	[rigá:rd]	동 존중하다
disregard	[dìsrigá:rd]	동 무시하다
satisfy	[sǽtisfài]	동 만족시키다, 충족시키다
dissatisfy	[dissǽtisfài]	동 어짢게 하다
satisfaction	[sætisfǽkʃən]	명 만족
dissatisfaction	[dìssætisfǽkʃən]	명 불만족
similar	[símələr]	형 닮은
dissimilar	[dissímələr]	형 닮지 않은
charge	[tʃa:rdʒ]	명 책임, 고발, 요금 동 맡기다, 청구하다
discharge	[distʃá:rdʒ]	명 해고, 제대, 방출 동 이행하다, 해고하다

cover	[kʌ́vər]	동 덮다
discover	[diskʌ́vər]	동 발견하다
ease	[iːz]	명 편안함, 쉬움
disease	[dizíːz]	명 질병
grace	[greis]	명 우아, 명예
disgrace	[disgréis]	명 불명예
harmony	[háːrməni]	명 조화
disharmony	[disháːrməni]	명 부조화
honest	[ánist]	형 정직한
dishonest	[disánist]	형 정직하지 않은
advantage	[ædvǽntidʒ]	명 이익
disadvantage	[dìsədvǽntidʒ]	명 불리
able	[éibl]	형 할 수 있는
disable	[diséibl]	동 무력하게 하다, (신체에) 장애를 입히다
agree	[əgríː]	동 동의하다
disagree	[dìsəgríː]	동 의견을 달리하다
appoint	[əpɔ́int]	동 임명하다
disappoint	[disəpɔ́int]	동 실망시키다
approve	[əprúːv]	동 찬성하다
disapprove	[dìsəprúːv]	동 부인하다

un = not

| able | [éibl] | 형 할 수 있는 |
| unable | [ʌnéibl] | 형 할 수 없는 |

acceptable	[ækséptəbl, ək-]	형 받아들일 수 있는
unacceptable	[ʌnəkséptəbl]	형 받아들일 수 없는
acknowledged	[æknálidʒd, ək-]	형 인정받는
unacknowledged	[ʌnəknálidʒd]	형 인정되지 않는
announced	[ənáunsid]	형 발표된
unannounced	[ʌnənáunsid]	형 공고 되지 않는
clean	[kliːn]	형 깨끗한
unclean	[ʌnklíːn]	형 불결한
healthy	[hélθi]	형 건강한
unhealthy	[ʌnhélθi]	형 건강하지 못한
imaginable	[imǽdʒənəbl]	형 상상할 수 있는
unimaginable	[ʌnimǽdʒinəbl]	형 상상할 수 없는
important	[impɔ́ːrtənt]	형 중요한
unimportant	[ʌnimpɔ́ːrtənt]	형 중요하지 않은
inhabited	[inhǽbitid]	형 사람이 사는
uninhabited	[ʌninhǽbitid]	형 사람이 살지 않는
justly	[dʒʌ́stli]	형 올바르게
unjustly	[ʌndʒʌ́stli]	형 부당하게
kind	[kaind]	형 친절한
unkind	[ʌnkáind]	형 불친절한
known	[noun]	형 알려진
unknown	[ʌnnóun]	형 알려지지 않은
learned	[lə́ːrnid]	형 학문이 있는, 박식한
unlearned	[ʌnlə́ːrnid]	형 교육을 받지 못한
like	[laik]	형 비슷한
unlike	[ʌnláik]	형 닮지 않은

likely	[láikli]	혱 있을 법한
unlikely	[ʌnláikli]	혱 있을 법 하지 않은
load	[loud]	동 짐을 싣다
unload	[ʌnlóud]	동 짐을 부리다
lucky	[lʌki]	혱 행운의
unlucky	[ʌnlʌki]	혱 불행한, 불운한
manly	[mǽnli]	혱 남자다운
unmanly	[ʌnmǽnli]	혱 사내답지 못한
matched	[mǽtʃt]	혱 적수가 되는
unmatched	[ʌnmǽtʃt]	혱 상대가 안 되는
natural	[nǽtʃərəl]	혱 자연의
unnatural	[ʌnnǽtʃərəl]	혱 부자연스러운
necessary	[nésəsèri]	혱 필요한
unnecessary	[ʌnnésəsèri]	혱 불필요한
official	[əfíʃəl]	혱 공적의, 공무상의
unofficial	[ʌ̀nəfíʃəl]	혱 비공식의
pardonable	[páːrdənəbl]	혱 용서할 수 있는
unpardonable	[ʌnpáːrdənəbl]	혱 용서할 수 없는
question	[kwéstʃən]	명 질문 동 의심을 품다
unquestionable	[ʌnkwéstʃənəbl]	혱 의문을 품지 않는
reliable	[riláiəbl]	혱 신뢰할 수 있는
unreliable	[ʌ̀nriláiəbl]	혱 신뢰할 수 없는
rivaled	[ráiv(ə)ld]	혱 적수가 되는
unrivaled	[ʌnráiv(ə)ld]	혱 무적의
roll	[roul]	동 구르다, 말다
unroll	[ʌnróul]	동 (말린 것을)풀다

screw	[skru:]	동 나사를 죄다 명 나사
unscrew	[ʌnskrú:]	동 나사를 풀다
stable	[stéibl]	형 안정된
unstable	[ʌnstéibl]	형 안정되지 않는
steady	[stédi]	형 확고한
unsteady	[ʌnstédi]	형 불안정한
sure	[ʃuər]	형 확실한
unsure	[ʌnʃúər]	형 불안정한
suspecting	[səspéktiŋ]	형 의심하는
unsuspecting	[ʌnsəspéktiŋ]	형 의심하지 않은
successful	[səksésfəl]	형 성공한
unsuccessful	[ʌnsəksésfəl]	형 실패한
tended	[tendid]	형 돌보는
untended	[ʌnténdid]	형 방치된
tie	[tai]	동 묶다
untie	[ʌntái]	동 풀다
touched	[tʌʧt]	형 손이 닿는
untouched	[ʌntʌʧt]	형 손대지 않은
trained	[treind]	형 훈련받은
untrained	[ʌntréind]	형 훈련받지 않은
troubled	[trʌbld]	형 걱정되는
untroubled	[ʌntrʌbld]	형 근심이 없는
worthy	[wə́:rði]	형 가치 있는
unworthy	[ʌnwə́:rði]	형 가치 없는
trustworthy	[trʌ́stwə̀:rði]	형 믿을 수 있는
untrustworthy	[ʌntrʌ́stwə̀:rði]	형 믿을 수 없는

usual	[júːʒuəl]	형 정상의
unusual	[ʌnjúːʒuəl]	형 정상이 아닌
accustomed	[əkʌ́stəmd]	형 익숙한
unaccustomed	[ʌnəkʌ́stəmd]	형 익숙하지 않은
apt	[æpt]	형 적당한
unapt	[ʌnǽpt]	형 부적당한
avoidable	[əvɔ́idəbl]	형 피할 수 있는
unavoidable	[ʌnəvɔ́idəbl]	형 피할 수 없는
prepared	[pripéərd]	형 준비된
unprepared	[ʌnpripéərd]	형 준비되지 않은
reasonable	[ríːzənəbl]	형 합리적인
unreasonable	[ʌnríːzənəbl]	형 불합리적인
selfish	[sélfiʃ]	형 이기적인
unselfish	[ʌnsélfiʃ]	형 이타적인
timely	[táimli]	형 적시의
untimely	[ʌntáimli]	형 시기상조의
willing	[wíliŋ]	형 마음이 내키는
unwilling	[ʌnwíliŋ]	형 마음이 내키지 않는
wise	[waiz]	형 현명한
unwise	[ʌnwáiz]	형 어리석은
seen	[siːn]	형 눈에 보이는
unseen	[ʌnsíːn]	형 눈에 보이지 않는
safe	[seif]	형 안전한
unsafe	[ʌnséif]	형 위험한
real	[ríːəl]	형 현실의
unreal	[ʌnríːəl]	형 비현실의

occupied	[ákjupàid]	형 점유된
unoccupied	[ʌnákjəpàid]	형 점유되지 않은
favorable	[féivərəbl]	형 호의적인
unfavorable	[ʌnféivərəbl]	형 불친절한
expected	[ikspéktid]	형 예기된
unexpected	[ʌnikspéktid]	형 예기치 않은
conditional	[kəndíʃənl]	형 조건부의
unconditional	[ʌnkəndíʃənl]	형 무조건의
aware	[əwéər]	형 알고 있는, 알아차린
unaware	[ʌnəwéər]	형 의식하지 못하는, 눈치 못 챈
dress	[dres]	동 옷을 입다
undress	[ʌndrés]	동 옷을 벗다
employed	[implɔ́id]	형 고용된
unemployed	[ʌnimplɔ́id]	형 실직한
balanced	[bǽlənst]	형 균형이 잡힌
unbalanced	[ʌnbǽlənst]	형 균형이 잡히지 않은
civilized	[sívəlàizd]	형 문명화된
uncivilized	[ʌnsívəlàizd]	형 미개한
accompanied	[əkʌ́mpənid]	형 동행자가 있는
unaccompanied	[ʌnəkʌ́mpənid]	형 동행자가 없는
deniable	[dináiəbl]	형 부정할 수 있는
undeniable	[ʌndináiəbl]	형 부정할 수 없는
limited	[límitid]	형 제한된
unlimited	[ʌnlímitid]	형 무제한의
pleasant	[plézənt]	형 유쾌한
unpleasant	[ʌnplézənt]	형 불쾌한

happy	[hǽpi]	형	행복한
unhappy	[ʌnhǽpi]	형	불행한
reasonable	[ríːzənəbl]	형	합리적인
unreasonable	[ʌnríːzənəbl]	형	불합리한
speakable	[spíːkəbl]	형	이야기해도 좋은, 이야기하기에 알맞은
unspeakable	[ʌnspíːkəbl]	형	이루 말할 수 없는(형언하기 힘든)
popular	[pápjulər]	형	인기가 있는
unpopular	[ʌnpápjulər]	형	인기가 없는
used	[juːst]	형	사용되는
unused	[ʌnjúːzd]	형	쓰지 않는
usually	[júːʒuəli]	형	정상적으로
unusually	[ʌnjúːʒuəli]	형	비정상적으로
wanted	[wɔ́ːntid]	형	요구되는
unwanted	[ʌnwɔ́ːntid]	형	요구되지 않은
wrap	[ræp]	동	싸다, 포장하다
unwrap	[ʌnrǽp]	동	포장을 풀다
wrinkle	[ríŋkl]	동	주름을 잡다 명 주름
unwrinkle	[ʌnríŋkl]	동	주름을 펴다
divided	[diváidid]	형	나뉘는
undivided	[ʌndiváidid]	형	나뉘지 않은
disturbed	[distə́ːrbd]	형	방해받는
undisturbed	[ʌndistə́ːrbd]	형	방해받지 않은
doubted	[dautid]	형	의심되는
undoubted	[ʌndáutid]	형	의심할 여지가 없는
developed	[divéləpt]	형	발달한
undeveloped	[ʌndivéləpt]	형	미개발의

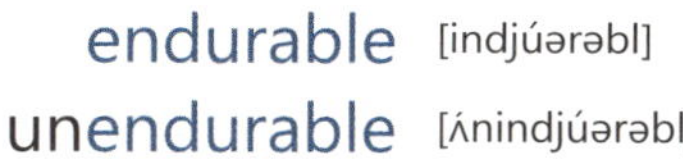 endurable [indjúərəbl]   형 참을 수 있는
unendurable [ʌnindjúərəbl]   형 참을 수 없는

memo

-al

dismissal	[dismísəl]	명 면직, 해고　dismiss 동 해고하다, 해산시키다
individual	[ìndəvídʒuəl]	명 개인　형 개인의 in=not
proposal	[prəpóuzəl]	명 제안, 청혼　propose 동 제안(제의)하다, 청혼하다
refusal	[rifjú:zəl]	명 거절, 거부　refuse 동 거절하다, 거부하다
revival	[riváivəl]	명 소생, 재생, 부활　revive 동 부활하다, 되살아나다
withdrawal	[wiðdrɔ́:əl]	명 인출, 회수, 철수　withdraw 동 인출하다, 철수하다

-ance

acquaintance	[əkwéintəns]	명 아는 사람　acquaint 동 알리다, 알고 있다
admittance	[ædmítns]	명 입장, 입장허가　admit 동 허락하다, 들이다, 인정하다
allowance	[əláuəns]	명 할당액, 수당, 참작, 승인　allow 동 허락(허가)하다, 인정하다
annoyance	[ənɔ́iəns]	명 곤혹, 성가신 것　annoy 동 짜증나게 하다, 괴롭히다
appearance	[əpíərəns]	명 출현, 외관모양　appear 동 나타나다, 출현하다
assistance	[əsístəns]	명 조력, 원조, 지원　assist 동 원조하다, 조장하다
assurance	[əʃúərəns]	명 보증, 확신, 자신　assure 동 보증(보장)하다
brilliance	[bríljəns]	명 밝음, 광휘　brilli=bright 형 빛나는, 밝은
conveyance	[kənvéiəns]	명 운반, 수송　convey 동 운송하다, 전달하다
endurance	[indjúərəns]	명 인내력, 참을성　endure 동 인내하다, 견디다, 지속하다
entrance	[éntrəns]	명 입장, 가입, 입학　enter 동 들어가다, 참가하다
ignorance	[íɡnərəns]	명 무학, 무지/무식　ignore 동 무시하다, 묵살하다

importance	[impɔ́:rtəns]	몡 중요, 중요성　import 툉 수입하다, 중대한 관계가 있다
inheritance	[inhérətəns]	몡 유산, 상속권　inherit 툉 상속하다, 소유하다
insurance	[inʃúərəns]	몡 보험, 보험금　insure 툉 보증하다, 보험에 들다
disturbance	[distə́:rbəns]	몡 방해　disturb 툉 방해하다, 훼방하다
repentance	[ripéntəns]	몡 후회, 회개　repent 툉 후회하다, 회개하다
resistance	[rizístəns]	몡 저항, 반항, 반대　resist 툉 저항(반항)하다
tolerance	[tálərəns]	몡 관용, 아량, 인내　toler=endure 툉 참다
utterance	[ʌ́tərəns]	몡 발성, 발음, 어조　utter 툉 말을 입밖에 내다, 말하다

accusation	[ækjuzéiʃən]	몡 고발, 고소, 비난　accuse 툉 고발(고소)하다, 비난하다
adaptation	[ædəptéiʃən]	몡 적응, 각색　adapt 툉 적응시키다, 각색하다
administration	[ədmìnistréiʃən]	몡 관리, 행정, 집행부　administer 툉 관리하다, 지배하다
adoration	[ædəréiʃən]	몡 숭배, 동경　adore 툉 숭배하다, 동경하다
aspiration	[æspəréiʃən]	몡 포부, 열망　aspire 툉 열망(동경)하다
certification	[sə̀:rtəfikéiʃən]	몡 증명, 보증　certify 툉 증명(보증)하다
classification	[klæsəfikéiʃən]	몡 분류, 유형　classify 툉 분류하다, 유별하다
confirmation	[kánfərméiʃən]	몡 확인, 확정, 증거　confirm 툉 확인(확정)하다
confrontation	[kànfrəntéiʃən]	몡 대립, 대결, 직면　confront 툉 직면하다, 맞서다
conservation	[kànsərvéiʃən]	몡 보호, 관리　conserve 툉 보호하다 (protect)
consolation	[kànsəléiʃən]	몡 위로, 위안　console 툉 위로하다 (comfort)
declaration	[dèkləréiʃən]	몡 선언, 발표　declare 툉 선언하다, 단언하다
derivation	[dèrəvéiʃən]	몡 유도, 유래, 기원　derive 툉 끌어내다, 유래를 찾다

destination	[dèstənéiʃən]	명 목적지, 행선지	destine 동 운명 짓다, 예정해놓다
determination	[ditə̀:rmənéiʃən]	명 결심	determine 동 결심(결정)하다
examination	[igzæmənéiʃən]	명 시험, 조사, 진찰	examine 동 시험(검사)하다, 진찰하다
expiration	[èkspəréiʃən]	명 만기, 만료	expire 동 만기가 되다, 끝나다
explanation	[èksplənéiʃən]	명 설명	explain 동 설명하다
exploration	[èkspləréiʃən]	명 탐험	explore 동 탐험(연구)하다
exportation	[èkspɔːrtéiʃən]	명 수출	export 명 수출 동 수출하다
foundation	[faundéiʃən]	명 기초, 설립	found 동 창설(설립)하다
gravitation	[grævətéiʃən]	명 인력, 중력	gravity 명 중력, 지구인력
identification	[aidèntifəkéiʃən]	명 신분증, 신원확인	identify 동 증명(확인)하다, 동일시하다
imagination	[imædʒənéiʃən]	명 가정, 상상	imagine 동 상상(가정)하다
implementation	[ìmpləməntéiʃən]	명 이행, 수행, 완성	implement 명 도구 동 이행하다
importation	[ìmpɔːrtéiʃən]	명 수입	import 명 수입 동 수입하다
information	[ìnfərméiʃən]	명 정보, 지식, 통보	inform 동 알리다, 통지하다
inspiration	[ìnspəréiʃən]	명 영감, 고취, 고무	inspire 동 ~에게 영감을 주다, 고취하다
interpretation	[intə̀:rprətéiʃən]	명 통역, 해석	interpret 동 통역(해석)하다
invitation	[ìnvitéiʃən]	명 초대, 초청	invite 동 초대(초청)하다
justification	[dʒʌ̀stəfikéiʃən]	명 정당화	justify 동 정당화하다
lamentation	[læməntéiʃən]	명 비탄	lament 동 슬퍼하다, 비탄하다
limitation	[lìmətéiʃən]	명 한계, 제한	limit 명 한계 동 제한하다
modification	[màdəfikéiʃən]	명 변경, 수정	modify 동 변경(수정)하다
obligation	[àbləgéiʃən]	명 의무, 책임	oblige 동 강요하다, 의무를 지우다

occupation	[àkjupéiʃən]	명 직업, 업무, 점유	occupy	동 종사하다, 점유하다
organization	[ɔ̀rgən-izéiʃən]	명 조직, 구성기구	organize	동 조직하다
preparation	[prèpəréiʃən]	명 준비, 각오	prepare	동 준비(각오)하다
presentation	[prèzəntéiʃən]	명 증정, 제출	present	동 증정(제출)하다
preservation	[prèzərvéiʃən]	명 보호, 관리, 보존	preserve	동 보존(유지)하다
pronunciation	[prənʌnsiéiʃən]	명 발음	pronounce	동 발음(선언)하다
qualification	[kwàləfikéiʃən]	명 자격, 면허, 자격증	qualify	동 자격(권한)을 주다
quotation	[kwoutéiʃən]	명 인용(문)	quote	동 인용하다, 예로들다
realization	[rì:əlizéiʃən]	명 이해, 실현, 현실화	realize	동 실현하다, 현실화하다
reformation	[rèfərméiʃən]	명 개혁, 개선	reform	동 개혁(개선)하다
relaxation	[rì:lækséiʃən]	명 완화, 수양	relax	동 긴장을 풀다, 완화하다
representation	[rèprizentéiʃən]	명 표시, 설명, 대표	represent	동 표현하다, 대표하다
resignation	[rèzignéiʃən]	명 사직, 퇴직	resign	동 사임하다
restoration	[rèstəréiʃən]	명 회복, 복구, 부활	restore	동 복구하다, 회복하다
revelation	[rèvəléiʃən]	명 누설, 폭로	reveal	동 누설(폭로)하다
signification	[sìgnəfikéiʃən]	명 의미, 상징, 표시	signify	동 의미하다, 뜻하다
starvation	[sta:rvéiʃən]	명 굶주림, 기아, 아사	starve	동 굶주리다, 굶어죽다
temptation	[temptéiʃən]	명 유혹	tempt	동 유혹하다, 부추기다
transformation	[trænsfə:rméiʃən]	명 변형, 변환, 변질	transform	동 변형시키다, 전환하다
transplantation	[trænsplæntéiʃən]	명 이식(수술)	transplant	동 이식하다, 옮겨 심다
transportation	[trænspərtéiʃən]	명 운송, 수송, 교통	transport	동 운송(수송)하다

audience	[ɔ́ːdiəns]	명 청중, 관객, 시청	audi=listen 동 듣다, 귀를 기울이다
competence	[kámpətəns]	명 적성, 자격, 능력	competent 형 유능한
conference	[kánfərəns]	명 회의, 회담, 협의	confer 동 의논하다, 합의하다
confidence	[kánfədəns]	명 확신, 신뢰	confide 동 신용(신임)하다
dependence	[dipéndəns]	명 의존, 존속	depend 동 의지(의존)하다, ~에 달려있다
difference	[dífərəns]	명 차이, 다름	differ 동 다르다, 틀리다
excellence	[éksələns]	명 우수, 탁월	excel 동 능가하다, 뛰어나다
independence	[ìndipéndəns]	명 독립, 자립	반 dependence 명 의존
indifference	[indífərəns]	명 무관심, 냉담	inifference 형 무관심한, 냉담한
insistence	[insístəns]	명 주장, 고집	insist 동 우기다, 고집하다
intelligence	[intélədʒəns]	명 지능, 이해력	intellect 명 지력, 지성
negligence	[néglidʒəns]	명 부주의, 무관심	neglect 동 무시하다, 게을리 하다
obedience	[oubíːdiəns]	명 복종, 순종	obey 동 복종(순종)하다
occurrence	[əkə́ːrəns]	명 발생, 일어난 일	occur 동 발생하다, 일어나다
persistence	[pərsístəns]	명 고집, 끈기	persist 동 고집(주장)하다
precedence	[présədəns]	명 우위, 앞섬, 선행	precede 동 앞장서다, 앞서다
reference	[réfərəns]	명 참고, 참조, 언급	refer 동 참고로 하다, 언급하다
reminiscence	[rèmənísns]	명 회상, 추억	reminisce 동 추억에 잠기다
residence	[rézədəns]	명 거주, 주거,주택	reside 동 살다, 거주하다

adviser	[ædváizər]	명 충고자, 조언자	advise 동 충고하다, 권하다
appetizer	[ǽpitàizər]	명 식욕을 돋우는 것	appetite 명 식욕, 성욕
astronomer	[əstránəmər]	명 천문학자	astronomy 명 천문학
betrayer	[bitréiər]	명 배신자, 매국노	betray 동 배반(누설)하다
cashier	[kæʃíər]	명 출납원, 회계원	cash 명 현금 동 현찰을 지불하다
container	[kəntéinər]	명 그릇, 용기	contain 동 포함하다, 담고 있다
conveyer	[kənveíər]	명 운반, 컨베이어	convey 동 나르다, 운반하다
customer	[kʌ́stəmər]	명 손님, 고객	custom 명 관습
employer	[implɔ́iər]	명 고용주, 고용인	employ 동 고용(조사)하다
explorer	[iksplɔ́:rər]	명 탐험가, 탐구가	explore 동 탐험(탐구)하다
fertilizer	[fə́:rtəlàizər]	명 화학비료	fertilize 동 비옥하게 하다, 비료를 주다
geographer	[dʒiágrəfər]	명 지리학자	geography 명 지리학
interpreter	[intə́:rpritər]	명 통역자, 해석자	interpret 동 통역(해석)하다
laborer	[léibərər]	명 노동자, 인부	labor 명 노동, 근로 동 노동하다
lawyer	[lɔ́:jər]	명 법률가, 변호사	law 명 법, 법률
minister	[mínəstər]	명 장관, 성직자	ministry 명 성직자의 직, 내각
murderer	[mə́:rdərər]	명 살인자, 살인범	murder 동 살해(살인)하다
passenger	[pǽsəndʒər]	명 승객, 여객	pass 동 지나가다
prayer	[prɛər]	명 기도	pray 동 기원(기도)하다
viewer	[vjú:ər]	명 관찰자	view 동 ~을 보다, 바라보다

denial	[dináiəl]	명 거절, 부인　deny 동 부인하다, 거절하다
material	[mətíəriəl]	명 물질　형 물질의　mater=matter 명 물질
memorial	[məmɔ́ːriəl]	명 기념물, 기념관, 기념비　memory 명 기억력, 추억, 회상

bowling	[bóuliŋ]	명 볼링　bowl 명 주발, 공기, 큰 술잔
broadcasting	[brɔ́ːdkæstiŋ]	명 방송(사업)　broadcast 동 방송하다
clothing	[klóuðiŋ]	명 의복, 의류　clothe 동 옷을 입히다, 뒤덮다
daring	[déəriŋ]	명 대담무쌍　형 두려움을 모르는　dare 동 감히 ~하다
dealing	[díːliŋ]	명 관계, 교제, 거래　deal 동 처리(거래)하다, 분배하다
drawing	[drɔ́ːiŋ]	명 그림, 스케치　draw 동 끌다, 당기다, 그리다
engineering	[èndʒiníəriŋ]	명 공학, 기관학　engineer 명 기사, 기관사, 공학자
gambling	[gǽmbliŋ]	명 도박, 노름　gamble 동 내기(도박)하다
gathering	[gǽðəriŋ]	명 모임, 회합, 채집　gather 동 모으다, 축적하다
knitting	[nítiŋ]	명 뜨개질, 편물　knit 동 짜다, 뜨개질하다
lightening	[láitniŋ]	명 전광, 번갯불　lighten 동 밝게 하다, 비추다
lighting	[láitiŋ]	명 점화, 점등, 조명　light 명 빛 동 불을 붙이다
meaning	[míːniŋ]	명 의미, 뜻, 의도　mean 동 의미하다
melting	[méltiŋ]	명 용해　형 녹는　melt 동 용해하다
mining	[máiniŋ]	명 탄광, 채굴, 광산업　mine 명 광산 동 채굴하다
printing	[príntiŋ]	명 인쇄, 인쇄물, 활자의 서체　print 동 인쇄(출판)하다
railing	[réiliŋ]	명 레일, 난간, 울타리　rail 명 난간 동 난간으로 둘러싸다

reasoning	[ríːzniŋ]	명 추론, 증명, 추리 reason 명 이유, 동기, 추리력
sailing	[séiliŋ]	명 범주, 항해 sail 동 범주(항해)하다
spinning	[spíniŋ]	명 방적(업), 급회전 spin 동 실을 잣다, 방적하다, 회전시키다

Track 08

abbreviation	[əbrìːviéiʃən]	명 생략, 약어 abbreviate 동 생략(단축)하다
abolition	[æbəlíʃən]	명 폐지 abolish 동 폐지하다
absorption	[æbsɔ́ːrpʃən]	명 흡수, 열중 absorb 동 흡수하다
abstraction	[æbstrǽkʃən]	명 빼기, 공제 abstract 동 빼다, 공제하다
acceleration	[æksèləréiʃən]	명 가속(도), 촉진 accelerate 동 가속하다, 속도를 내다
accommodation	[əkàmədéiʃən]	명 숙박, 수용, 적응 accommodate 동 숙박시키다, 수용하다
accumulation	[əkjùːmjuléiʃən]	명 축적, 모인 재산 accumulate 동 축적하다, 모으다
acquisition	[ækwizíʃən]	명 획득, 습득 acquire 동 획득하다, 얻다
adoption	[ədápʃən]	명 채택, 양자결연 adopt 동 채택하다, 양자로 삼다
affection	[əfékʃən]	명 감동, 애정, 영향 affect 동 영향을 미치다(influence)
ambition	[æmbíʃən]	명 야심, 야망 ambitious 형 야심적인, 열망하는
animation	[ænəméiʃən]	명 생기, 만화영화 animate 동 살리다, 생기를 불어넣다
anticipation	[æntìsəpéiʃən]	명 예언, 기대 anticipate 동 예상(기대)하다(expect)
apprehension	[æprihénʃən]	명 걱정, 이해 apprehend 동 이해하다, 걱정하다
appreciation	[əprìːʃiéiʃən]	명 인정, 평가, 감사 appreciate 동 인정(감사)하다, 평가하다
assertion	[əsə́ːrʃən]	명 단언, 주장 assert 동 단언하다, 주장하다
assumption	[əsʌ́mpʃən]	명 가정, 가설, 추정 assume 동 가정하다, 추정하다

-ion

attention	[əténʃən]	명 주의, 주목	attend 동 출석(주목)하다, 보살피다
attraction	[ətrǽkʃən]	명 끄는 힘, 유혹	attract 동 마음을 끌다, 유혹하다
calculation	[kæ̀lkjuléiʃən]	명 계산	calculate 동 계산(추정)하다, 평가하다
celebration	[sèləbréiʃən]	명 축하	celebrate 동 축하(경축)하다
circulation	[sà:rkjuléiʃən]	명 발행부수, 유통	circulate 동 순환하다, 유통하다
collision	[kəlíʒən]	명 충돌, 불일치	collide 동 충돌하다, (의견이)상충되다
communication	[kəmjù:nəkéiʃən]	명 의사소통, 통신	communicate 동 의사소통하다
compensation	[kàmpənséiʃən]	명 보상, 배상	compensate 동 보상(배상)하다
completion	[kəmplí:ʃən]	명 성취, 완성	complete 동 완성하다, 형 완전한
complication	[kàmpləkéiʃən]	명 복잡(화)	complicate 동 복잡하게하다
comprehension	[kàmprihénʃən]	명 이해, 포함	comprehend 동 이해하다, 포함하다
concentration	[kànsəntréiʃən]	명 집중, 전념	concentrate 동 집중(전념)하다 (focus)
conception	[kənsépʃən]	명 개념, 생각	conceive 동 생각(상상)하다
conclusion	[kənklú:ʒən]	명 결론	conclude 동 결론을 내리다, 결정하다
confession	[kənféʃən]	명 고백, 자백	confess 동 고백하다, 인정하다
confusion	[kənfjú:ʒən]	명 혼동, 혼란	confuse 동 혼동하다, 혼동시키다
constitution	[kànstətjú:ʃən]	명 헌법, 구성, 구조	constitute 동 구성(제정)하다
consumption	[kənsʌ́mpʃən]	명 소비(액), 소모	consume 동 소비하다
contamination	[kəntæ̀mənéiʃən]	명 오염, 타락	contaminate 동 더럽히다, 오염시키다
contention	[kənténʃən]	명 싸움, 논쟁	contend 동 주장(논쟁)하다 (argue)
contraction	[kəntrǽkʃən]	명 수축, 축소	contract 동 수축시키다, 축소하다 명 계약
contribution	[kàntrəbjú:ʃən]	명 기부, 기증, 공헌	contribute 동 기부(기증, 공헌)하다

convention	[kənvénʃən]	영 집회, 관습, 협정　convene 동 모이다, 소집하다
conviction	[kənvíkʃən]	영 신념, 확신　convince 동 확신시키다
conviction	[kənvíkʃən]	영 유죄판결　convict 동 유죄를 선고하다(sentence)
cooperation	[kouàpəréiʃən]	영 협동, 협력　cooperate 동 협력(협동)하다
correction	[kərékʃən]	영 정정, 수정　correct 동 정정하다, 형 정확한
corruption	[kərʌ́pʃən]	영 타락, 퇴폐　corrupt 동 타락시키다, 매수하다
cultivation	[kʌ́ltəvéiʃən]	영 경작, 재배　cultivate 동 경작(재배)하다
deception	[disépʃən]	영 사기, 속임　deceive 동 속이다(cheat)
decision	[disíʒən]	영 결정, 결심　decide 동 결정(결심)하다
decoration	[dèkəréiʃən]	영 장식　decorate 동 장식하다(ornament)
dedication	[dèdikéiʃən]	영 헌납, 헌신　dedicate 동 바치다, 헌납하다(devote)
deflation	[difléiʃən]	영 통화수축, 디플레이션　deflate 동 수축하다, 수축시키다
deletion	[dilíːʃən]	영 삭제　delete 동 삭제하다, 지우다(erase)
deliberation	[dilìbəréiʃən]	영 신중, 숙고　deliberate 동 숙고하다
depiction	[dipíkʃən]	영 묘사, 서술　depict 동 그리다, 묘사하다(describe)
depression	[diopréʃən]	영 우울, 의기소침　depress 동 낙담시키다
description	[diskrípʃən]	영 기술, 묘사, 서술　describe 동 묘사(기술)하다
desperation	[dèspəréiʃən]	영 절망　desperate 형 절망적인(hopeless)
deterioration	[ditìəriəréiʃən]	영 악화, 하락　deteriorate 동 악화되다, 나빠지다
devotion	[divóuʃən]	영 헌신, 전념　devote 동 전념(헌신)하다(dedicate)
dictation	[diktéiʃən]	영 받아쓰기, 명령, 지시　dictate 동 명령(지시)하다
digestion	[daidʒéstʃən]	영 소화, 이해(터득)　digest 동 소화하다, 이해하다

discussion	[diskʌʃən]	명 논의, 토론　discuss 동 논의(토론)하다
dissuasion	[diswéiʒən]	명 만류, 단념시킴　dissuade 동 단념시키다
distinction	[distíŋkʃən]	명 구별, 특징　distinct 형 뚜렷한, 다른
distortion	[distɔ́:rʃən]	명 뒤틀림, 왜곡　distort 동 비틀다, 왜곡하다(twist)
distribution	[dìstrəbjú:ʃən]	명 분배, 배분, 배당　distribute 동 분배하다, 배포하다
division	[divíʒən]	명 분리, 구분　divide 동 나누다, 분리하다
domination	[dàmənéiʃən]	명 지배, 통치　dominate 동 지배하다(govern)
donation	[dounéiʃən]	명 기부, 기증　donate 동 기부(기증)하다
education	[èdʒukéiʃən]	명 교육　educate 동 교육(훈육)하다(teach)
election	[ilékʃən]	명 선거, 선출　elect 동 선거(선출)하다
elevation	[èləvéiʃən]	명 높임, 높이　elevate 동 올리다, 승진시키다
elimination	[ilìmənéiʃən]	명 제거, 삭제　eliminate 동 제거(삭제)하다(remove)
emigration	[èmigréiʃən]	명 이주, 이민　emigrate 동 (다른 나라로)이주하다
erection	[irékʃən]	명 직립, 기립　erect 형 직립한, 똑바로 선(straight)
eruption	[irʌpʃən]	명 (화산의)폭발　erupt 동 내뿜다, 분출하다
estimation	[èstəméiʃən]	명 판단, 평가, 추정　estimate 동 평가(추정)하다
evaluation	[ivæljuéiʃən]	명 평가　evaluate 동 평가하다(estimate)
evaporation	[ivæpəréiʃən]	명 증발, 탈수　evaporate 동 증발하다, 탈수하다
evasion	[ivéiʒən]	명 회피, 기피　evade 동 회피(기피)하다(avoid)
evolution	[èvəlú:ʃən]	명 발전, 진화　evolve 동 발전시키다, 진화하다
exaggeration	[igzædʒəréiʃən]	명 과장　exaggerate 동 과장하다
exception	[iksépʃən]	명 제외, 예외, 이의신청　except 동 제외하다

exclusion	[iksklúːʒən]	몡 제외, 추방	exclude	통 제외하다(eliminate)
execution	[èksikjúːʃən]	몡 실시, 수행	execute	통 실행하다(perform)
exertion	[igzə́ːrʃən]	몡 노력, 분발	exert	통 힘쓰다, 노력하다
exhaustion	[igzɔ́ːstʃən]	몡 소모, 고갈	exhaust	통 써버리다, 고갈시키다
expansion	[ikspǽnʃən]	몡 팽창, 확장	expand	통 확장(확대)하다(broaden)
explosion	[iksplóuʒən]	몡 폭발	explode	통 폭발하다, 파열하다
expression	[ikspréʃən]	몡 표현, 표시	express	통 표현(표시)하다
extension	[iksténʃən]	몡 연장, 확대	extend	통 늘이다, 뻗다(stretch)
extinction	[ikstíŋkʃən]	몡 멸종, 전멸	extinct	혱 멸종한, 불이 꺼진
fascination	[fæsənéiʃən]	몡 매혹, 황홀	fascinate	통 매혹시키다(charm)
frustration	[frʌstréiʃən]	몡 좌절, 방해	frustrate	통 좌절시키다, 방해하다
generation	[dʒènəréiʃən]	몡 세대, 동시대사람들	generate	통 (아이 등을) 낳다
hesitation	[hèzətéiʃən]	몡 주저, 망설임	hesitate	통 주저하다, 망설이다
humiliation	[hjuːmìliéiʃən]	몡 굴욕, 모욕	humiliate	통 창피를 주다, 모욕하다
illumination	[ilùːmənéiʃən]	몡 조명, 비추기	illuminate	통 조명하다, 비추다
illustration	[ìləstréiʃən]	몡 도해, 실례	illustrate	통 설명하다, 설명도를 넣다
imitation	[ìmətéiʃən]	몡 모방, 모조	imitate	통 모방하다, 흉내 내다(mimic)
immigration	[ìməgréiʃən]	몡 이주, 이민	immigrate	통 (외국에서)이주해오다
impression	[impréʃən]	몡 인상, 감동, 느낌	impress	통 감동시키다
infection	[infékʃən]	몡 전염, 감염	infect	통 감염시키다(contaminate)
inflation	[infléiʃən]	몡 통화, 통화팽창, 인플레이션	inflate	통 팽창하다
infliction	[inflíkʃən]	몡 형벌, 고통	inflict	통 벌을 주다, 괴롭히다

injecti**on**	[indʒékʃən]	명 주입, 주사	inject 동 주사하다, 주입하다
inscripti**on**	[inskrípʃən]	명 비명, 비문	inscribe 동 새기다, 파다
inspecti**on**	[inspékʃən]	명 검사, 조사	inspect 동 검사(조사)하다
instituti**on**	[ìnstətjú:ʃən]	명 협회, 학회시설	institute 동 세우다, 설립하다
instructi**on**	[instrʌ́kʃən]	명 교육, 지식	instruct 동 가르치다, 교육하다(educate)
intenti**on**	[inténʃən]	명 의도, 의향	intend 동 의도하다, ~할 작정이다
interacti**on**	[ìntərǽkʃən]	명 상호작용	interact 동 상호작용하다
interrupti**on**	[ìntərʌ́pʃən]	명 방해, 중단	interrupt 동 방해하다(disturb)
invasi**on**	[invéiʒən]	명 침략, 침해	invade 동 침략(침해)하다
inventi**on**	[invénʃən]	명 발명(품)	invent 동 발명(창작)하다
investigati**on**	[invèstəgéiʃən]	명 연구, 조사	investigate 동 조사(연구)하다(inspect)
irrigati**on**	[ìrəgéiʃən]	명 물을 댐, 관개	irrigate 동 물을 대다, 관개하다
isolati**on**	[àisəléiʃən]	명 고립, 분리	isolate 동 고립(격리)시키다
legislati**on**	[lèdʒisléiʃən]	명 법률제정, 입법	legislate 동 법률을 제정하다
locati**on**	[loukéiʃən]	명 위치, 장소	locate 동 위치를 정하다
meditati**on**	[mèdətéiʃən]	명 심사숙고, 명상	meditate 동 심사숙고(명상)하다
moderati**on**	[màdəréiʃən]	명 온건, 온화, 적당	moderate 형 온건한, 적당한
motivati**on**	[mòutəvéiʃən]	명 자극, 유도	motivate 동 동기를 주다, 자극하다
narrati**on**	[næréiʃən]	명 서술, 이야기	narrate 동 이야기하다, 해설을 붙이다
navigati**on**	[nævəgéiʃən]	명 항해, 항공	navigate 동 항해(조종)하다
negotiati**on**	[nigòuʃiéiʃən]	명 협상, 협정	negotiate 동 협상(협정)하다
nominati**on**	[nàmənéiʃən]	명 지명, 임명, 추천	nominate 동 지명(임명)하다

nutrition	[njuːtríʃən]	명 영양(공급)　nutritious 형 영양가 있는
objection	[əbdʒékʃən]	명 목적, 반대　object 동 반대하다
obstruction	[əbstrʌ́kʃən]	명 장애(물)　obstruct 동 막다, 방해하다(restrict)
operation	[àpəréiʃən]	명 수술, 조작, 운영　operate 동 수술(작동)하다
oppression	[əpréʃən]	명 억압, 탄압　oppress 동 억압하다, 탄압하다
participation	[pɑːrtìsəpéiʃən]	명 참가, 참여　participate 동 참여(참가)하다
penetration	[pènətréiʃən]	명 관통, 간파　penetrate 동 꿰뚫다, 관통하다
perception	[pərsépʃən]	명 지각, 인식　perceive 동 지각(인지)하다
permission	[pərmíʃən]	명 허가, 면허　permit 동 허락(허가)하다(allow)
persuasion	[pərswéiʒən]	명 설득, 확신　persuade 동 설득시키다
pollution	[pəlúːʃən]	명 오염, 공해　pollute 동 오염시키다
population	[pàpjuléiʃən]	명 인구, 주민 수　populate 동 ∼에 살다, 거주케 하다
possession	[pəzéʃən]	명 소유, 점유　possess 동 소유하다(own)
prescription	[priskrípʃən]	명 처방, 규정, 법규　prescribe 동 규정(처방)하다
presumption	[prizʌ́mpʃən]	명 가정, 추측　presume 동 가정(추측)하다
procession	[prəséʃən]	명 행진, 진행　process 동 처리(가공)하다, 명 과정
production	[prədʌ́kʃən]	명 생산품, 제품　produce 동 생산하다
prohibition	[pròuibíʃən]	명 금지　prohibit 동 금지하다
promotion	[prəmóuʃən]	명 증진, 승진　promote 동 증진하다, 승진시키다
protection	[prətékʃən]	명 보호, 옹호　protect 동 보호하다, 지키다(guard)
provision	[prəvíʒən]	명 공급　provide 동 공급하다, 주다, 제공하다
recession	[riséʃən]	명 불경기, 경기후퇴　recess 명 휴식, 휴회

 **-ion**

recreation	[rèkriéiʃən]	명 기분전환, 오락	recreate	동 휴양(기분전환)시키다
reduction	[ridʌ́kʃən]	명 감소, 축소	reduce	동 줄이다, 축소하다(decrease)
reflection	[riflékʃən]	명 반사, 반영	reflect	동 반사(반영)하다
regulation	[règjuléiʃən]	명 규정, 규제법규	regulate	동 규제(통제)하다, 단속하다
rejection	[ridʒékʃən]	명 거절, 거부	reject	동 거절(거부)하다, 부인하다
relation	[riléiʃən]	명 관계, 친척	relate	동 ~을 관련짓다(connect)
representation	[rèprizentéiʃən]	명 표시, 설명, 대표	represent	동 나타내다, 대표하다
reproduction	[rìprədʌ́kʃən]	명 재생, 번식, 생식	reproduce	동 재생(복제)하다
resolution	[rèzəlúːʃən]	명 결심, 결의	resolve	동 결심(결정)하다
restriction	[ristríkʃən]	명 제한, 한정	restrict	동 제한(한정)하다(limit)
revelation	[rèvəléiʃən]	명 누설, 폭로	reveal	동 폭로하다, 드러내다(disclose)
revolution	[rèvəlúːʃən]	명 회전, 혁명	revolve	동 회전(공전)시키다, 회전하다
rotation	[routéiʃən]	명 회전, (지구의)자전	rotate	동 회전하다(시키다)
satisfaction	[sætisfǽkʃən]	명 만족	satisfy	동 만족시키다
seduction	[sidʌ́kʃən]	명 유혹, 매혹	seduce	동 꾀다, 유혹하다(tempt)
segregation	[sègrigéiʃən]	명 분리, 격리	segregate	동 분리(격리)하다(separate)
separation	[sépəréiʃən]	명 분리, 이별	separate	동 떼놓다, 분리하다(divide)
situation	[sìtʃuéiʃən]	명 상황, 상태, 위치	situate	동 ~을 놓다, 위치를 정하다
solution	[səlúːʃən]	명 해결	solve	동 풀다, 해결하다
stimulation	[stìmjuléiʃən]	명 자극	stimulate	동 자극(격려)하다(encourage)
submission	[səbmíʃən]	명 복종, 순종	submit	동 복종(항복)하다(yield)
subscription	[səbskrípʃən]	명 기부, 예약구독	subscribe	동 기부하다, 예약구독하다

substitution	[sʌ́bstətjúːʃən]	명 대리, 대용품 substitute 동 대신하다, 대용하다
suggestion	[səgdʒéstʃən]	명 제안, 암시 suggest 동 제안(암시)하다
suspension	[səspénʃən]	명 매달기, 미결 suspend 동 매달다, 중지하다
suspicion	[səspíʃən]	명 혐의, 의심 suspect 동 의심하다
translation	[trænsléiʃən]	명 번역, 해석 translate 동 번역(해석)하다
transmission	[trænsmíʃən]	명 전달, 발신 transmit 동 전달하다, 전하다
transplantation	[trænsplæntéiʃən]	명 이식(수술) transplant 동 이식하다, 옮겨심다
vaccination	[væksənéiʃən]	명 예방접종 vaccinate 동 예방접종하다
violation	[vàiəléiʃən]	명 위반, 위배, 침해 violate 동 위반하다, 어기다

Track 13

artist	[ɑ́ːrtist]	명 예술가, 미술가 art 명 미술
biologist	[baiɑ́lədʒist]	명 생물학자 biology 명 생물학, 생태학
colonist	[kɑ́lənist]	명 식민지, 개척자 colony 명 식민지
communist	[kɑ́mjunist]	명 공산주의자, 공산당원 communism 명 공산주의
dramatist	[drǽmətist]	명 극작가, 희곡작가 drama 명 희곡, 각본, 대본
idealist	[aidíːəlist]	명 이상가, 관념론자, 이상주의자 ideal 명 이상 형 이상적인
journalist	[dʒə́ːrnəlist]	명 신문기자, 신문인 journal 명 일기, 일지, 신문, 잡지
materialist	[mətíəriəlist]	명 유물론자 material 명 구성 물질 형 물질의
motorist	[móutərist]	명 자동차운전자 motor 명 원동기, 내연기관, 엔진
nationalist	[nǽʃənəlist]	명 국수주의자, 민족주의자 national 형 국가의, 국민의
novelist	[nɑ́vəlist]	명 소설가, 작가 novel 명 소설 형 새로운, 신기한

pessimist	[pésəmist]	몡 비관론자, 염세주의자　pessimism 몡 비관주의
physicist	[fízisist]	몡 물리학자, 유물론자　physics 몡 물리학
psychologist	[saikálədʒist]	몡 심리학자　psychology 몡 심리학, 심리(상태)
rationalist	[rǽʃənəlìst]	몡 이성론자, 합리론자　rational 혱 합리적인
scientist	[sáiəntist]	몡 과학자, 자연과학자　science 몡 과학
technologist	[teknálədʒist]	몡 과학기술자, 공학자　technology 몡 과학(공업)기술
chemist	[kémist]	몡 화학자, 약제사　chemistry 몡 화학
tourist	[túərist]	몡 관광객, 여행자　tour 몡 관광여행 동 여행하다
zoologist	[zouálədʒist]	몡 동물학자　zoology 몡 동물학

acquisition	[ækwizíʃən]	몡 획득, 습득　acquire 동 얻다, 획득하다
addition	[ədíʃən]	몡 부가, 추가　add 동 더하다, 증가(부가)하다
competition	[kàmpətíʃən]	몡 경쟁, 겨루기　compete 동 겨루다, 경쟁하다
composition	[kàmpəzíʃən]	몡 구성, 작문, 타협　compose 동 ~을 구성하다
definition	[dèfəníʃən]	몡 정의, 한정, 명확함　define 동 정의를 내리다, 한정하다
opposition	[àpəzíʃən]	몡 반대, 저항, 적대　동 반대(방해)하다, 대비시키다
position	[pəzíʃən]	몡 위치, 장소, 입장　pose 몡 마음가짐 동 포즈를 취하다
proposition	[pràpəzíʃən]	몡 제안, 건의　propose 동 제안(제출)하다, 신청하다
recognition	[rèkəgníʃən]	몡 인지, 인정　recognize 동 알아보다, 인정하다
repetition	[rèpətíʃən]	몡 되풀이, 반복, 재현　repeat 동 반복하다, 되풀이하다
supposition	[sʌpəzíʃən]	몡 상상, 가정, 가설　suppose 동 가정하다, 추측하다

ability	[əbíləti]	명 능력, 지능, 수완 able 형 ~할 수 있는
absurdity	[æbsə́:rdəti]	명 불합리, 어리석음 absurd 형 불합리한, 터무니없는
accountability	[əkàuntəbíləti]	명 책임 accountable 형 책임있는
actuality	[æktʃuǽləti]	명 현실성, 현존, 실재 actual 형 현실의, 사실상의
ambiguity	[æmbigjú:əti]	명 애매함 ambiguous 형 애매한
antiquity	[æntíkwəti]	명 낡음, 태고 antique 형 옛날의, 고미술의
authority	[əθɑ́rəti]	명 권위, 권력, 대가, 권위자 author 명 저자, 작가
availability	[əvèiləbíləti]	명 유효성, 유용성 available 형 쓸모있는, 이용할 수 있는
capability	[kèipəbíləti]	명 능력, 재능 capable 형 유능한
density	[dénsəti]	명 밀도, 농도 dense 형 밀집한, 조밀한
diversity	[divə́:rsəti]	명 다양성, 변화 diverse 형 다른, 다양한
divinity	[divínəti]	명 신성 divine 형 신성한, 신의, 거룩한
durability	[djúərəbíləti]	명 내구성, 내구력 durable 형 내구력이 강한, 튼튼한
electricity	[ilektrísəti]	명 전기, 전기학, 전류 electric 형 전기의
eternity	[itə́:rnəti]	명 영원, 불변 enternal 형 영원한, 끝없는, 불변의
familiarity	[fəmìliǽrəti]	명 친밀, 친숙 familiar 형 친밀한, 가까운
frugality	[fru:gǽləti]	명 절약, 검소 frugal 형 절약하는, 검소한
generosity	[dʒènərɑ́səti]	명 관대, 아량 generous 형 관대한, 아량이 있는
gravity	[grǽvəti]	명 중력, 중대함, 지구인력 grave 형 중대한, 근엄한
hospitality	[hàspətǽləti]	명 환대, 후한 접대 hospital 명 병원, 양로원 (양육원)
hostility	[hastíləti]	명 적의, 적개심 hostile 형 적의 있는
humidity	[hju:mídəti]	명 습기, 습도 humid 형 습기가 있는, 축축한

identity	[aidéntəti]	명 일치, 동일성	identify 동 증명하다, 동일시하다
immortality	[ìmɔ:rtǽləti]	명 불멸, 불후의 명성	immortal 형 죽지않는, 불후의
integrity	[intégrəti]	명 성실, 정직, 청렴	integral 형 없어서는 안 될, 완전한
inferiority	[infiəriɔ́:rəti]	명 하위, 열등	inferior 형 하위의, 열등한
insanity	[insǽnəti]	명 정신이상	insane 형 제정신이 아닌, 광기의
maturity	[mətjúərəti]	명 성숙, 숙성	mature 형 성숙한, 잘익은
mentality	[mentǽləti]	명 지력, 정신상태	mental 형 마음의, 정신의
morality	[mərǽləti]	명 도덕(성), 도의(성)	moral 형 도덕의, 윤리의, 도덕상의
mortality	[mɔ:rtǽləti]	명 죽어야할 운명	mortal 형 죽을 수밖에 없는 운명의
obscurity	[əbskjúərəti]	명 애매모호	obscure 형 모호한, 막연한
opportunity	[àpərtjú:nəti]	명 기회	opportune 형 때에 알맞은
personality	[pə̀:rsənǽləti]	명 개성, 성격, 인격	personal 형 개인의
prosperity	[praspérəti]	명 번영, 번창	prosper 동 번영하다
punctuality	[pʌ̀ŋktʃúǽləti]	명 시간엄수	punctual 형 시간을 엄수하는
rapidity	[rəpídəti]	명 급속, 신속	rapid 형 빠른, 급속한, 신속한
relativity	[rèlətívəti]	명 관련성, 상대성	relative 명 친척, 친족 형 상대적인
scarcity	[skéərsəti]	명 부족, 결핍	scarce 형 드문, 희귀한
security	[sikjúərəti]	명 안전, 안정, 보증	secure 형 안전한
sensibility	[sènsəbíləti]	명 감각, 민감	sensible 형 분별 있는, 느낄 수 있는
sensitivity	[sènsətívəti]	명 민감, 감수성	sensitive 형 민감한, 예민한
severity	[səvérəti]	명 엄격, 격렬	severe 형 엄한, 엄격한
similarity	[sìmələǽrəti]	명 유사, 닮은 점	similar 형 유사한, 비슷한

sincerity	[sinsérəti]	명 성실, 정직　sincere 형 성실한, 진실한
stability	[stəbíləti]	명 안정(성)　stable 형 안정된, 튼튼한
stupidity	[stju:pídəti]	명 어리석음　stupid 형 어리석은, 우둔한
validity	[vəlídəti]	명 유효성, 타당성　valid 형 정당한, 유효한
vitality	[vaitǽləti]	명 생명력, 활력　vital 형 생명의, 매우 중대한

accompaniment	[əkʌ́mpənimənt]	명 부속물, 반주　accompany 동 동반(동행)하다, 반주하다
accomplishment	[əkámpliʃmənt]	명 성취, 수행, 업적　accomplish 동 이루다, 성취하다
achievement	[ətʃí:vmənt]	명 성취, 업적, 공로　achieve 동 성취하다, 완수하다
adjustment	[ədʒʌ́stmənt]	명 조정, 조절, 순응　adjust 동 순응하다, 조절(조정)하다
advancement	[ædvǽnsmənt]	명 진보, 발달　advance 동 나아가다, 전진하다
advertisement	[ædvərtáizmənt]	명 광고　advertise 동 광고하다
agreement	[əgrí:mənt]	명 동의, 협정, 승낙　agree 동 동의하다, 의견이 맞다
amazement	[əméizmənt]	명 놀람, 경탄　amaze 동 몹시 놀라게 하다
amusement	[əmjú:zmənt]	명 즐거움, 재미, 오락　amuse 동 즐겁게(재미나게)하다
announcement	[ənáunsmənt]	명 발표, 공고, 성명　announce 동 알리다, 발표하다
amendment	[əméndmənt]	명 변경, 개선, 수정　amend 동 개정(수정)하다
appointment	[əpɔ́intmənt]	명 임명, 지명　appoint 동 임명(지명)하다, 정하다
argument	[á:rgjumənt]	명 논의, 논증, 논거　argue 동 논의(논쟁)하다
armament	[á:rməmənt]	명 군비　arms 명 무기
arrangement	[əréindʒmənt]	명 정리, 정돈, 협정　arrange 동 정리(정돈)하다

assignment	[əsáinmənt]	명 할당, 숙제	assign 통 할당(임명)하다, 지정하다
astonishment	[əstániʃmənt]	명 놀람, 경악	astonish 통 (깜짝)놀라게 하다
attachment	[ətǽtʃmənt]	명 부착, 애정, 첨부	attach 통 붙이다, 첨부하다
attainment	[ətéinmənt]	명 도달, 달성	attain 통 달성하다, 도달하다
banishment	[bǽniʃmənt]	명 추방	banish 통 추방하다
basement	[béismənt]	명 지하실, 지하층	base 명 기초, 토대
bewilderment	[biwíldərmənt]	명 당황	bewilder 통 당황하게 하다
concealment	[kənsí:lmənt]	명 은폐, 숨김	conceal 통 숨기다, 비밀로 하다
department	[dipá:rtmənt]	명 부서, 매장	depart 통 출발하다
detachment	[ditǽtʃmənt]	명 분리, 이탈	detach 통 떼다, 떼어내다, 파견하다
development	[divéləpmənt]	명 발전, 발달, 개발	develop 통 발전(발달)하다, 개발하다
disappointment	[dìsəpɔ́intmənt]	명 실망	disappoint 통 실망시키다
discouragement	[diskə́:ridʒmənt]	명 실망, 낙담	discourage 통 실망시키다, 낙심하다
embarrassment	[imbǽrəsmənt]	명 당황, 난처, 당혹	embarrass 통 난처하게 하다
employment	[implɔ́imənt]	명 고용, 직업	employ 통 고용하다
endowment	[indáumənt]	명 기증, 기부금	endow 통 기부(증여)하다
engagement	[ingéidʒmənt]	명 약혼, 약속, 일자리	engage 통 약속(고용)하다
enlightenment	[inláitnmənt]	명 계발, 계몽	enlighten 통 계몽하다, 가르치다
enrollment	[inróulmənt]	명 기재, 등록	enroll 통 등록하다, 기재하다
entertainment	[èntərtéinmənt]	명 오락, 연애, 대접	entertain 통 즐겁게 하다, 대접하다
environment	[inváiərənmənt]	명 환경, 자연환경	environ 통 에워싸다(enclose)
equipment	[ikwípmənt]	명 장비	equip 통 장비하다, 갖추게 하다

excitement	[iksáitmənt]	명 흥분 excite 동 흥분시키다, 자극하다
fulfillment	[fulfílmənt]	명 이행, 수행, 성취 fulfill 동 이행(완수)하다, 성취하다
government	[gʌ́vərnmənt]	명 정부, 통치, 지배 govern 동 통치(지배)하다
imprisonment	[impríznmənt]	명 투옥, 구속, 감금 imprison 동 투옥하다, 구속하다
improvement	[imprúːvmənt]	명 개량, 개선, 향상 improve 동 향상시키다, 개선하다
investment	[invéstmənt]	명 투자, 출자 invest 동 투자하다, 지출하다
involvement	[inválvmənt]	명 연루, 관계 involve 동 포함하다, 연루되다
judgment	[dʒʌ́dʒmənt]	명 판단, 판결 judge 동 판단(재판)하다
management	[mǽnidʒmənt]	명 경영, 관리, 취급 manage 동 경영(관리)하다
measurement	[méʒərmənt]	명 치수, 크기 measure 동 측정(평가)하다
nourishment	[nə́ːriʃmənt]	명 양육, 자양물음식 nourish 동 기르다, 영양분을 주다
pavement	[péivmənt]	명 포장도로 pave 동 (길을)포장하다
punishment	[pʌ́niʃmənt]	명 벌, 형벌, 처벌 punish 동 벌하다, 처벌하다, 응징하다
replacement	[ripléismənt]	명 반환, 교체, 교환 replace 동 대신(대체)하다
requirement	[rikwáiərmənt]	명 요구, 필수조건 require 동 요구하다, 필요로 하다
resentment	[rizéntmənt]	명 분개, 원한 resent 동 분개하다
settlement	[sétlmənt]	명 정착, 해결, 결정 settle 동 정착(해결)하다, 결정하다
statement	[stéitmənt]	명 진술, 성명(서) state 명 국가, 주 동 진술하다
supplement	[sʌ́pləmənt]	명 추가, 보충 supply 동 보충하다
temperament	[témpərəmənt]	명 기질 temper 명 기질, 성미, 기분
treatment	[tríːtmənt]	명 치료, 치료법, 대우 treat 동 치료하다, 대접(대우)하다
unemployment	[ʌnimplɔ́imənt]	명 실직, 실업상태 반 employment 명 고용

bitterness	[bítərnis]	명 쓺, 쓴맛, 쓰라림 **bitter** 형 맛이 쓴, 괴로운
blindness	[bláindnis]	명 맹목적임, 무분별 **blind** 형 눈 먼, 장님의
boldness	[bóuldnis]	명 대담, 배짱 **bold** 형 대담한, 담력이 있는
cheerfulness	[ʧíərfəlnis]	명 명랑, 유쾌 **cheerful** 형 명랑한, 유쾌한, 기운찬
darkness	[dá:rknis]	명 어둠, 암흑, 무지 **dark** 형 캄캄한, 어두운
fitness	[fítnis]	명 건강, 체력, 적성, 적절 **fit** 형 건강이 좋은, 튼튼한
forgiveness	[fərgívnis]	명 용서, 면제, (빚의)탕감 **forgive** 동 용서하다
friendliness	[fréndlinis]	명 우정, 친절 **friendly** 형 친구다운, 사이가 좋은
gentleness	[dʒéntlnis]	명 상냥함, 관대함 **gentle** 형 유순한, 관대한
greediness	[grí:dinis]	명 탐욕, 열망, 갈망 **greedy** 형 욕심 사나운, 탐욕스러운
happiness	[hǽpinis]	명 행복, 만족, 행운 **happy** 형 행복한
illness	[ílnis]	명 질병, 건강치 못함 **ill** 형 병든, 언짢은, 나쁜
kindness	[káindnis]	명 친절, 상냥함, 다정감 **kind** 형 친절한, 상냥한
loneliness	[lóunlinis]	명 쓸쓸함, 외로움 **lonely** 형 외로운, 고독한, 쓸쓸한
mercifulness	[mə́:rsifəlnis]	명 자비(심), 은총 **merciful** 형 자비로운, 인정이 많은
rudeness	[rú:dnis]	명 무례, 실례 **rude** 형 무례한, 버릇없는
selfishness	[sélfiʃnis]	명 이기주의 **selfish** 형 이기적인, 이기주의의
sickness	[síknis]	명 병, 병든 상태 **sick** 형 병의, 병난, 욕지기나는
uniqueness	[ju:ní:knis]	명 독특함 **unique** 형 독특한, 특이한, 멋진
wilderness	[wíldərnis]	명 황야, 황무지, 자연보호구역 **wild** 형 야생의, 황폐한

Track 01

abnormal	[æbnɔ́:rməl]	형 비정상의 normal 형 정상의
actual	[ǽktʃuəl]	형 현실의, 사실상의 act 동 행동하다, 연기하다
agricultural	[ægrikʌ́ltʃərəl]	형 농업의 agriculture 명 농업, 농경
ancestral	[ænséstrəl]	형 조상의, 조상전래의 ancestor 명 선조, 조상
botanical	[bətǽnikəl]	형 식물의, 식물학의 botany 명 식물학
chemical	[kémikəl]	형 화학의, 화학적인 chemist 명 화학자
classical	[klǽsikəl]	형 고전주의의, 고전문학의 classic 형 고전의 명 고전
constitutional	[kànstətjú:ʃənl]	형 헌법의, 합헌의 constitution 명 헌법
cultural	[kʌ́ltʃərəl]	형 문화적인, 교양의 culture 명 문화, 교양, 훈련, 재배
cynical	[sínikəl]	형 빈정대는, 냉소적인 cynic 명 냉소적인 사람
economical	[èkənámikəl]	형 경제적인, 실속 있는 economy 명 경제
exceptional	[iksépʃənl]	형 예외적인 exception 명 제외, 예외
funeral	[fjú:nərəl]	형 장례의 명 장례식, 장례 funer=bury 동 장례식을 하다
global	[glóubəl]	형 지구전체의, 세계적인 globe 명 지구, 세계
gradual	[grǽdʒuəl]	형 점차적인, 단계적인 grade 명 등급 gradually 부 점차적으로
historical	[histɔ́:rikəl]	형 역사상의, 역사적인 history 명 역사
identical	[aidéntikəl]	형 동일한 indent=same 같은
illegal	[ilí:gəl]	형 불법의 반 legal 형 법률의, 합법적인
individual	[ìndəvídʒuəl]	형 개인의 명 개인 in(not)+divid(divide 분배,나누다)
intentional	[inténʃənl]	형 고의적인, 계획된 intention 명 의도, 의향

liberal	[líbərəl]	형 자유주의의, 관대한	liberty 명 자유
literal	[lítərəl]	형 문자의, 글자그대로의	liter=letter 명 문자
maternal	[mətə́:rnl]	형 어머니의, 어머니다운	matern=mother 명 어머니
mineral	[mínərəl]	형 광물의, 무기물의, 광석의	miner 명 광부
minimal	[mínəməl]	형 최소의, 극소의	minimum 명 최소
mutual	[mjú:ʧuəl]	형 서로의, 상호의	mutually 부 서로, 상호간의
natural	[nǽʧərəl]	형 자연의, 타고난, 당연한	nature 명 자연
neutral	[njú:trəl]	형 중립의, 분명치 않은	neuter 명 중성
normal	[nɔ́:rməl]	형 정상의	norm 명 기준, 지표 (standard)
occasional	[əkéiʒənəl]	형 가끔의, 때때로의	occasion 명 경우, 기회, 행사
original	[ərídʒənl]	형 최초의, 기원의, 독창적인	orgin 명 기원, 발단, 원인
paternal	[pətə́:rnl]	형 아버지의, 아버지다운	patern=father 명 아버지
periodical	[pìəriádikəl]	형 주기적인, 정기간행의	period 명 기간, 시대
personal	[pə́rsənl]	형 개인의, 자기만의	person 명 사람, 인간
physical	[fízikəl]	형 육체의, 물질의, 물리학의	physics 명 물리학
political	[pəlítikəl]	형 정치적인	politics 명 정치
professional	[prəféʃənl]	형 직업의, 직업적인	profession 명 직업
psychological	[sàikəládʒikəl]	형 심리학적인, 심리적인	psychology 명 심리학
punctual	[pʌ́ŋkʧuəl]	형 시간을 엄수하는	punctuality 명 시간엄수
radical	[rǽdikəl]	형 근본적인, 과격한	radically 부 근본적으로
rational	[rǽʃənl]	형 이성적인, 합리적인	rationalism 명 이성론
ritual	[ríʧuəl]	형 종교의식의	rite 명 종교의식

rural	[rúərəl]	형 시골의, 전원의
skeptical	[sképtikəl]	형 회의적인　skeptic 명 회의론자
spiritual	[spíritʃuəl]	형 정신적인, 영적인　spirit 명 정신
traditional	[trədíʃənl]	형 전통적인, 관습의　tradition 명 전통
tribal	[tráibəl]	형 부족의, 종족의　tribe 명 부족, 종족
tropical	[trápikəl]	형 열대의, 열대성의
verbal	[vɘ́:rbəl]	형 말의, 구두의
virtual	[vɘ́:rtʃuəl]	형 실제상의, 실질적인　virtue 명 덕, 덕행, 선행
visual	[víʒuəl]	형 시각의, 눈에 보이는　vis=vision 명 시력, 시각
vocational	[voukéiʃənl]	형 직업상의　vocation 명 직업, 천직, 사명

Track 02

acceptable	[ækséptəbl]	형 받아들일 수 있는　accept 동 받아들이다, 수락하다
accountable	[əkáuntəbl]	형 설명할 수 있는　account 동 설명하다, 생각하다
agreeable	[əgrí:əbl]	형 기분 좋은, 기꺼이 동의하는　agree 동 동의(동감)하다
comfortable	[kʌ́mfərtəbl]	형 편안한, 기분 좋은　comfort 동 위로(위안)하다
comparable	[kámpərəbl]	형 비교되는, ~에 필적하는　compare 동 비교하다, 비유하다
conceivable	[kənsí:vəbl]	형 생각(상상)할 수 있는　conceive 동 생각(상상)하다
desirable	[dizáiərəbl]	형 바람직한, 매력적인　desire 동 원하다, 바라다
enviable	[énviəbl]	형 부러운, 샘나는　envy 동 부러워하다, 질투하다
fashionable	[fǽʃənəbl]	형 유행의, 최신유행의　fashion 명 패션, 유행

favorable	[féivərəbl]	형 호의적인, 찬성하는 favor 명 친절, 호의, 찬성
miserable	[mízərəbl]	형 불쌍한, 비참한 miser 명 수전노, 구두쇠
notable	[nóutəbl]	형 뛰어난, 주목할 만한 note 통 주목하다, 적어두다
preferable	[préfərəbl]	형 ~보다 오히려 나은 prefer 통 오히려 ~을 좋아하다
profitable	[práfitəbl]	형 이익이 되는, 유익한 profit 명 이익, 수익 통 이익이 되다
regretable	[rigrétəbl]	형 유감스러운 regret 명 유감 통 후회하다
remarkable	[rimá:rkəbl]	형 주목할 만한, 현저한 remark 통 주목하다, 말하다
respectable	[rispéktəbl]	형 존경할 만한 respect 통 존경(존중)하다
suitable	[sú:təbl]	형 적당한, 적합한 suit 통 적응시키다, 어울리다
sustainable	[səstéinəbl]	형 유지할 수 있는, 견딜 수 있는 sustain 통 견디다, 유지하다
valuable	[væljuəbl]	형 귀중한, 귀한 value 명 가치 통 평가하다

Track 03

awful	[ɔ́:fəl]	형 두려운, 끔찍한 awe 명 경외, 두려움
boastful	[bóustfəl]	형 자랑하는 boast 통 자랑하다
careful	[kéərfəl]	형 주의 깊은, 꼼꼼한 care 명 걱정, 근심, 주의, 조심
cheerful	[tʃíərfəl]	형 명랑한, 유쾌한, 기운찬 cheer 통 환호(하다), 갈채(받다)
delightful	[diláitfəl]	형 매우 기쁜 delight 명 기쁨, 즐거움
disgustful	[disgʌ́stfəl]	형 역겨운, 지긋지긋한 disgust 명 혐오(감) 통 역겹게 하다
doubtful	[dáutfəl]	형 의심스러운 doubt 명 의심
dreadful	[drédfəl]	형 굉장히 무서운, 지독한 dread 명 공포
dutiful	[djú:tifəl]	형 의무를 다하는, 본분을 지키는 duty 명 의무, 임무

faithful	[féiθfəl]	형 성실한, 충실한 faith 명 믿음, 신뢰, 신앙
fateful	[féitfəl]	형 운명을 결정하는 fate 명 운명, 숙명
fearful	[fíərfəl]	형 무서운, 무시무시한 fear 명 두려움, 공포
graceful	[gréisfəl]	형 우아한, 품위 있는 grace 명 품위, 우아
grateful	[gréitfəl]	형 감사하는, 고마운 gratitude 명 감사
harmful	[háːrmfəl]	형 해로운 harm 명 해, 해악, 손해, 손상
hateful	[héitfəl]	형 미운, 불쾌한, 싫은 hate 동 미워하다, 증오하다 명 증오
hopeful	[hóupfəl]	형 희망에 찬 hope 명 희망
joyful	[dʒɔ́ifəl]	형 즐거운, 기쁜 joy 명 기쁨 (pleasure)
lawful	[lɔ́ːfəl]	형 합법적인 law 명 법, 법률, 국법
merciful	[mə́ːrsifəl]	형 자비로운, 인정이 많은 mercy 명 자비, 연민, 행운
mournful	[mɔ́ːrnfəl]	형 슬픔에 잠긴 mourn 동 한탄하다, 슬퍼하다
painful	[péinfəl]	형 고통스러운, 아픈 pain 명 고통 (ache)
peaceful	[píːsfəl]	형 평화로운, 조용한 peace 명 평화, 화해, 치안
plentiful	[pléntifəl]	형 풍부한, 많은 plenty 명 풍부
powerful	[páuərfəl]	형 세력 있는, 유력한 power 명 힘, 권력
regretful	[rigrétfəl]	형 후회하는 regret 동 후회하다 명 후회
respectful	[rispéktfəl]	형 공손한, 정중한 respect 동 존중하다
scornful	[skɔ́ːrnfəl]	형 업신여기는 scorn 동 멸시하다, 경멸하다
shameful	[ʃéimfəl]	형 창피한, 부끄러운 shame 명 수치, 부끄러움
skillful	[skílfəl]	형 능숙한, 능란한 skill 명 숙련, 능숙함
sorrowful	[sárəfəl]	형 슬픈, 슬퍼하는 sorrow 명 슬픔

successful	[səksésfəl]	형 성공한 success 명 성공
tasteful	[téistfl]	형 세련된, 고상한, 감식력이 있는 taste 명 미각, 맛
thankful	[θǽŋkfəl]	형 감사하고 있는 thank 동 감사하다
thoughtful	[θɔ́:tfəl]	형 생각이 깊은, 신중한 thought 명 생각
truthful	[trú:θfəl]	형 정직한, 진실의 truth 명 진리, 참, 사실, 진실
wonderful	[wʌ́ndərfəl]	형 훌륭한, 굉장한 wonder 동 호기심을 갖다 명 놀라움
worshipful	[wə́:rʃipfəl]	형 숭배하는 worship 동 숭배하다
youthful	[jú:θfəl]	형 청년의 youth 명 청년

artificial	[à:rtəfíʃəl]	형 인공적인, 인조의 artifice 명 기술, 능한 솜씨
beneficial	[bènəfíʃəl]	형 유익한 benifit 명 장점, 이익, 혜택
commercial	[kəmə́:rʃəl]	형 상업적인, 영리적인 commerce 명 상업, 교역, 통상
confidential	[kànfədénʃəl]	형 비밀의, 은밀한 confident 형 자신 있는, 확신하는
controversial	[kàntrəvə́:rʃəl]	형 논쟁의 controversy 명 논쟁, 논의, 분쟁
crucial	[krú:ʃəl]	형 중대한, 결정적인 유 important, vital 형 중요한
essential	[isénʃəl]	형 본질적인, 필수적인 essense 명 본질
financial	[finǽnʃəl]	형 재정상의 finance 명 재정
industrial	[indʌ́striəl]	형 상업의, 공업의 industry 명 공업, 상업
material	[mətíəriəl]	형 물질의 명 물질 mater=matter 명 물질
potential	[pəténʃəl]	형 잠재적인, 가능한 potent 명 세력 있는, 강력한

proverbial	[prəvə́ːrbiəl]	형 속담의, 유명한 proverb 명 격언, 속담
provincial	[prəvínʃəl]	형 지방의 province 명 지방, 시골, 영역
racial	[réiʃəl]	형 인종의, 종족의 race 명 인종, 종족, 민족
territorial	[tèrətɔ́ːriəl]	형 영토의 territory 명 영토, 지역, 지방
trivial	[tríviəl]	형 하찮은, 사소한 trifling 명 소량, 약간

academic	[ækədémik]	형 학원의, 대학의 academy 명 대학, 전문학교, 학원
aristocratic	[ərìstəkrǽtik]	형 귀족의, 귀족적인 aristocrat 명 귀족, 귀족주의자
artistic	[aːrtístik]	형 예술적인, 우아한 artist 명 예술가
athletic	[æθlétik]	형 운동경기의 athlete 명 경기자
atomic	[ətámik]	형 원자의, 원자에 관한 atom 명 원자
automatic	[ɔ̀ːtəmǽtik]	형 자동의, 자동적인 automate 동 자동화 하다
basic	[béisik]	형 기초의, 근본적인 base 명 토대, 기반, 기초
democratic	[dèməkrǽtik]	형 민주주의적인 democrat 명 민주주의자
dramatic	[drəmǽtik]	형 연극의, 극적인 drama 명 각본, 희곡, 극적인 사건
economic	[èkənámik]	형 경제상의, 경제학상의 economy 명 경제, 절약, 검약
fantastic	[fæntǽstik]	형 별난, 공상적인 fantasy 명 공상, 환상
historic	[histɔ́ːrik]	형 역사상, 유명한 history 명 역사
optimistic	[àptəmístik]	형 낙관적인, 낙천적인 optimist 명 낙천가, 낙천주의자
organic	[ɔːrgǽnik]	형 유기체의 organ 명 (생물의)기관, 오르간

patriotic	[pèitriátic]	형 애국의, 애국심이 강한 patriot 명 애국자
pessimistic	[pèsəmístik]	형 비관적인, 염세적인 pessimist 명 비관론자, 염세주의자
poetic	[pouétik]	형 시의, 시인의, 낭만적인 poet 명 시인
realistic	[rì:əlístik]	형 현실주의의, 현실적인 realist 명 현실주의자
romantic	[roumǽntik]	형 소설적인, 실제적이 아닌 romance 명 공상(연애)소설
scientific	[sàiəntífik]	형 과학의, 과학적인 science 명 과학, 학술, 자연과학

Track 06

amusing	[əmjú:ziŋ]	형 재미있는, 우스운 amuse 동 재미있게하다
astonishing	[əstániʃiŋ]	형 놀라게 하는 astonish 동 놀라게(경악케)하다
bracing	[bréisiŋ]	형 기운을 복돋우는, 힘나게 하는 brace 동 분발시키다
charming	[ʧá:rmiŋ]	형 매력적인, 아름다운, 즐거운 charm 동 매력
concerning	[kənsə́:rniŋ]	형 ~에 관여하여 concern 동 ~에 관계하다, 염려하다
confusing	[kənfjú:ziŋ]	형 혼란시키는 confuse 동 혼란시키다, 뒤섞다
crackling	[krǽkliŋ]	형 탁탁소리내는 crackle 동 탁탁소리내다
daring	[déəriŋ]	형 두려움을 모르는 명 대담무쌍 dare 동 ~할 용기가 있다
fascinating	[fǽsənèitiŋ]	형 매혹적인, 황홀케 하는 fascinate 동 홀리다, 매혹하다
flattering	[flǽtəriŋ]	형 아첨하는 flatter 동 아첨(아부)하다
fluttering	[flʌ́təriŋ]	형 펄럭펄럭하는 flutter 동 펄럭이다
lasting	[lǽstiŋ]	형 연속적인, 오래 지속되는 last 동 지속하다
melting	[méltiŋ]	형 녹는 명 용해 melt 동 녹이다, 녹다

missing	[mísiŋ]	혱 사라진, 행방불명의 miss 동 놓치다, 잃다
moving	[mú:viŋ]	혱 움직이는, 선동하는 move 동 움직이다
promising	[prámisiŋ]	혱 유망한, 전망이 좋은 promise 동 약속하다
puzzling	[pʌzliŋ]	혱 어찌할 바를 모르게 하는 puzzle 동 당혹케하다
saving	[séiviŋ]	혱 구하는, 구조하는 save 동 구조하다, 저축하다
sparkling	[spáːrkliŋ]	혱 불꽃을 튀기는 sparkle 동 불꽃을 튀기다
staggering	[stǽgəriŋ]	혱 비틀거리는, 주저하는 stagger 동 주저하다
stirring	[stə́:riŋ]	혱 신나는 stir 동 휘젓다, 흔들다, 자극하다
striking	[stráikiŋ]	혱 공격하는, 주목할 만한 strike 동 치다, 때리다, 공격하다

Track 07

active	[ǽktiv]	혱 활발한, 활동적인 act 동 행동(연기)하다
addictive	[ədíktiv]	혱 중독성의 addict 동 중독 시키다 명 중독자
aggressive	[əgrésiv]	혱 공격적인, 침략적인 aggress 명 공세를 취하다, 시비를 걸다
apprehensive	[æprihénsiv]	혱 이해가 빠른, 염려하는 apprehend 동 이해하다
attentive	[əténtiv]	혱 주의 깊은 attend 동 보살피다, 주목하다
comprehensive	[kàmprihénsiv]	혱 이해력이 있는 comprehend 동 이해하다
conservative	[kənsə́:rvətiv]	혱 보수적인, 전통적인 conserve 동 보호(보존)하다
decisive	[disáisiv]	혱 결정적인, 확고한 decide 동 결정하다
defective	[diféktiv]	혱 결점이 있는 defect 명 결점, 단점
defensive	[difénsiv]	혱 방어적인, 변호의 defense 명 방어

destructive	[distrʌ́ktiv]	형 파괴적인, 해를 끼치는	destroy 동 파괴하다
digestive	[didʒéstiv]	형 소화의, 소화를 돕는	digest 동 소화하다
distinctive	[distíŋktiv]	형 특색 있는	distinct 형 뚜렷한, 독특한
effective	[iféktiv]	형 효과적인	effect 명 결과, 효과
executive	[igzékjutiv]	형 실행의 명 임원	execute 동 실행하다
expensive	[ikspénsiv]	형 값이 비싼, 고가의	expense 명 비용
expressive	[iksprésiv]	형 표현적인	express 동 표현하다
extensive	[iksténsiv]	형 광범위한	extend 동 늘이다
imitative	[ímətèitiv]	형 모방적인, 위조의	imitate 동 모방하다
impressive	[imprésiv]	형 감동적인	impress 동 감동시키다
inclusive	[inklú:siv]	형 포괄적인	include 동 포함하다
instinctive	[instíŋktiv]	형 본능적인	instinct 명 본능, 육감, 직감
instructive	[instrʌ́ktiv]	형 교육적인	instruct 동 가르치다, 교육하다
intensive	[inténsiv]	형 집중적인, 격렬한	intense 형 격렬한
intuitive	[intjú:ətiv]	형 직관적인	intuition 명 직관력, 직관적 통찰
negative	[négətiv]	형 부정적인, 소극적인	negate 동 부정하다
offensive	[əfénsiv]	형 불쾌한, 공격적인	offend 동 기분을 상하게 하다
oppressive	[əprésiv]	형 억압적인, 강압적인	oppress 동 억압하다
persuasive	[pərswéisiv]	형 설득적인	persuade 동 설득하다, 권유하다
preservative	[prizə́:rvətiv]	형 방부제	preserve 동 보존하다
preventive	[privéntiv]	형 방해하는, 예방적인	prevent 동 막다, 방해하다
primitive	[prímətiv]	형 원시의, 야만의, 원시적인	prime 형 기초적인, 근본적인

progressive	[prəgrésiv]	형 진보적인, 전진하는 progress 동 전진(진보)하다
prospective	[prəspéktiv]	형 예기되는, 가망이 있는 prospect 명 예상, 기대
protective	[prətéktiv]	형 방어의, 보호하는 protect 동 보호하다
representative	[rèprizéntətiv]	형 대표자, (미국)하원의원 represent 동 대표하다
terminative	[tə́:rmənèitiv]	형 끝의, 종결의 terminate 동 끝내다
relative	[rélətiv]	형 ～와 관련된 명 친척 relate 동 관련시키다

bloodless	[blʌ́dlis]	형 피 흘리지 않는, 창백한, 냉담한 blood 명 피
careless	[kέərlis]	형 부주의한, 경솔한 care 명 걱정, 근심, 주의, 조심
ceaseless	[sí:slis]	형 끊임없는 cease 동 중지하다, 그만두다
countless	[káuntlis]	형 셀 수 없는, 무수한 count 동 세다
endless	[éndlis]	형 끝없는, 무한한 end 동 끝내다
faultless	[fɔ́:ltlis]	형 결점 없는 fault 명 결점
harmless	[há:rmlis]	형 해롭지 않은, 죄 없는, 천진한 harm 명 손해
helpless	[hélplis]	형 무력한 help 동 돕다
homeless	[hóumlis]	형 집 없는, 의지할 곳 없는 home 명 집, 가정
hopeless	[hóuplis]	형 희망 없는 hope 명 희망
limitless	[límitlis]	형 무한한 limit 명 한계, 제한, 범위
motionless	[móuʃənlis]	형 정지한 motion 명 움직임, 운동, 몸짓
nameless	[néimlis]	형 익명의 name 명 이름, 명칭 동 이름 짓다

painless	[péinlis]	형 무통의, 아픔이 없는 pain 명 아픔, 고통
powerless	[páuərlis]	형 무력한, 무능한 power 명 힘, 권력
priceless	[práislis]	형 매우 귀중한 price 명 값, 가격 동 값을 매기다
shameless	[ʃéimlis]	형 파렴치한 shame 명 수치심, 창피
tactless	[tǽktlis]	형 재치 없는, 요령 없는 tact 명 솜씨, 요령
valueless	[vǽljuːlis]	형 가치가 없는 value 명 가치 동 평가하다
wireless	[wáiərlis]	형 무선의 wire 명 선, 철사

Track 09

anxious	[ǽŋkʃəs]	형 걱정스러운, 불안한 anxiety 명 걱정, 근심, 열망
curious	[kjúəriəs]	형 호기심이 있는 curiosity 명 호기심
nervous	[nə́ːrvəs]	형 신경질적인, 흥분하기 쉬운 nerve 명 신경, 용기
courageous	[kəréidʒəs]	형 용기 있는, 용감한 courage 명 용기, 담력, 배짱
ambitious	[æmbíʃəs]	형 야심이 있는, 야심적인 ambition 명 야심, 야망, 열망
contemptuous	[kəntémptʃuəs]	형 경멸적인, 오만한 contempt 명 경멸, 멸시
grievous	[gríːvəs]	형 슬픈, 쓰라린 grief 명 슬픔, 비탄
virtuous	[və́ːrtʃuəs]	형 덕이 있는 virtue 명 덕
furious	[fjúəriəs]	형 격노한, 몹시 화난 fury 명 격노, 분노
malicious	[məlíʃəs]	형 악의 있는 malice 명 악의, 원한
notorious	[noutɔ́ːriəs]	형 악명 높은 notoriety 명 악명, 악평
courteous	[kə́ːrtiəs]	형 예의바른, 정중한 courtesy 명 예의, 공손, 친절

capricious	[kəpríʃəs]	형 변덕스러운 caprice 명 변덕
ingenious	[indʒíːnjəs]	형 독창적인, 재치가 있는 ingenuity 명 독창력
zealous	[zéləs]	형 열심인, 열광적인 zeal 명 열성, 열심
glorious	[glɔ́ːriəs]	형 영광스러운, 훌륭한 glory 명 영광, 영예
various	[véəriəs]	형 여러가지의, 다양한 vary 동 바꾸다, 변화하다
religious	[rilídʒəs]	형 종교적인 religion 명 종교
ambiguous	[æmbígjuəs]	형 애매한, 분명치 않는 ambiguity 명 애매함
disastrous	[dizǽstrəs]	형 비참한, 재난을 일으키는 disaster 명 재해, 재난
superstitious	[sùːpərstíʃəs]	형 미신적인 superstition 명 미신
nutritious	[njuːtríʃəs]	형 영양가 있는 nutrition 명 영양(공급)
dangerous	[déindʒərəs]	형 위험한, 위태로운 danger 명 위험
luxurious	[lʌgзúəriəs]	형 사치스러운, 방종한 luxury 명 사치, 호사, 사치품
injurious	[indзúəriəs]	형 해로운, 나쁜 injury 명 상해, 손상
infectious	[infékʃəs]	형 전염성의 infect 동 전염하다, 감염시키다
perilous	[pérələs]	형 위험한 peril 명 위험, 위태
cautious	[kɔ́ːʃəs]	형 신중한, 조심하는 caution 명 주의, 신중, 경고
hazardous	[hǽzərdəs]	형 위험한, 모험적인 hazard 명 위험, 모험
poisonous	[pɔ́izənəs]	형 유독한, 유해한 poison 명 독
jealous	[dзéləs]	형 질투심이 많은, 투기가 강한 jealousy 명 질투
industrious	[indʌ́striəs]	형 근면한, 부지런한 industry 명 산업, 공업, 근면
envious	[énviəs]	형 시기심이 강한, 부러워하는 envy 동 부러워하다, 질투하다
prosperous	[práspərəs]	형 번영하는, 부유한 prosper 동 번영하다

ridiculous	[ridíkjuləs]	형 우스운, 터무니 없는 ridicule 명 비웃음, 조롱
spacious	[spéiʃəs]	형 광대한 space 명 우주, 공간, 장소
desirous	[dizáiərəs]	형 원하는, 바라는 desire 명 요구, 욕망 통 바라다, 원하다
vicious	[víʃəs]	형 나쁜, 부도덕한 vice 명 악덕, 부도덕
conscientious	[kànʃiénʃəs]	형 양심적인 conscience 명 양심

memo

aimlessly	[éimlisli]	부 목적 없이 aim 동 겨누다 aimless 형 목적 없는
alarmingly	[əlá:rmiŋli]	부 놀랄 만큼, 매우 alarm 명 놀람 alarming 형 놀라만한
angrily	[æŋgrəli]	부 성나서, 화를 내어 anger 명 노여움 angry 형 노한, 성난
annually	[ǽnjuəli]	부 매년 annual 형 1년의, 해마다의
anxiously	[æŋkʃəsli]	부 걱정하여, 갈망하여 anxiety 명 걱정 anxious 형 걱정하는
appropriately	[əpróupriətli]	부 적당하게, 특유하게 appropriate 형 적당한
attentively	[ətǽntivli]	부 주의 깊게, 조심스럽게 attentive 형 주의 깊은
automatically	[ɔ̀:təmǽtikəli]	부 자동으로, 반사적으로 automatic 형 자동의, 자동적인
barely	[béərli]	부 겨우, 간신히, 가까스로 bare 형 벌거벗은, 나체의
briefly	[brí:fli]	부 간단히 brief 형 잠시의, 간결한
briskly	[brískli]	부 활발하게, 기운차게 brisk 형 활발한, 기운찬
basically	[béisikəli]	부 기초적으로 basic 형 기초의, 근본적인
bitterly	[bítərli]	부 몹시, 지독히 bitter 형 맛이 쓴, 괴로운
brusquely	[brʌ́skli]	부 무뚝뚝하게, 퉁명스럽게 brusque 형 무뚝뚝한, 퉁명스러운
brutally	[brú:təli]	부 야만적으로, 잔인하게 brutal 형 잔인한
calmly	[kɑ́:mli]	부 조용하게, 차분하게 calm 형 잔잔한, 고요한
carefully	[kéərfəli]	부 주의 깊게 careful 형 주의 깊은 care 명 주의
carelessly	[kéərlisli]	부 부주의하게, 무관심하게 careless 형 부주의한, 경솔한
casually	[kǽʒuəli]	부 우연히, 뜻밖에 casual 형 우연한, 뜻밖의
cautiously	[kɔ́:ʃəsli]	부 조심스럽게, 신중하게 cautious 형 신중한, 조심성 있는

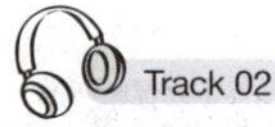 Track 02

cheerfully [tʃíərfəli] 부 기분 좋게, 기꺼이 cheerful 형 기분이 좋은, 명랑한

chiefly [tʃí:fli] 부 주로, 특히, 대체로 chief 명 지도자, 주장 형 주요한

closely [klóusli] 부 가까이, 접근하여 close 형 닫힌, 잠긴, 가까운

coldly [kóuldli] 부 춥게, 냉담하게 cold 형 추운, 차가운, 냉담한

commonly [kámənli] 부 대개, 일반적으로 common 형 공통의, 공공의

completely [kəmplí:tli] 부 완전히, 충분히 complete 형 완전한 동 완성하다

concretely [kankrí:tli] 부 구체적으로, 실제적으로 concrete 동 구체화하다

confidently [kánfədəntli] 부 대담하게, 확신을 가지고 confident 형 확신하는, 자신하는

consequently [kánsəkwèntli] 부 결과로서, 필연적으로 consequent 형 결과로서 생기는

consistently [kənsístəntli] 부 양립하게, 일치하게 consistent 형 일치하는

constantly [kánstəntli] 부 변함없이, 끊임없이 constant 형 불변의, 끊임없는

continually [kəntínjuəli] 부 끊임없이 continual 형 끊임없는, 연속적으로

continuously [kəntínjuəsli] 부 계속적으로, 연속해서 continuous 형 계속적인, 지속적인

correctly [kəréktli] 부 올바르게, 정확하게 correct 형 옳은, 정확한

crazily [kréizili] 부 미치게, 무모하게 crazy 형 미친, 열광하는

cunningly [kʌ́niŋli] 부 교활하게, 간사하게 cunning 형 교활한, 간사한

deeply [dí:pli] 부 깊이, 철저하게 deep 형 깊은 deepen 동 깊게하다

definitely [défənitli] 부 명확히, 분명히 definite 형 명확한, 정확한

deliberately [dilíbərətli] 부 심사숙고하여 deliberate 형 신중한, 심사숙고한

desperately [déspərətli] 부 절망적으로, 자포자기되어 desperate 형 자포자기의

devotedly [divóutidli] 부 헌신적으로, 충실하게 devoted 형 헌신적인

expensively [ikspénsivli] 부 비싸게 expense 명 비용 expensive 형 값비싼

extensively	[iksténsivli]	부 널리, 광범위하게 extensive 형 광범위한, 광대한
extremely	[ikstrí:mli]	부 극단적으로, 극도로, 참으로 extreme 형 극도의, 극단적인
faithfully	[féiθfəli]	부 충실하게, 성실히 faithful 형 충실한, 신뢰할 만한
fearfully	[fíərfəli]	부 몹시, 굉장히 fearful 형 무서운, 무시무시한 fear 명 공포
financially	[finǽnʃəli]	부 재정적으로 finance 명 재정 financial 형 재정상의
flawlessly	[flɔ́:lisli]	부 완전하게 flaw 명 흠 flawless 형 흠이 없는
fluently	[flú:əntli]	부 유창하게 fluent 형 유창한, 거침없는
foolishly	[fú:liʃli]	부 어리석게도 foolish 형 어리석은, 바보같은
forcefully	[fɔ́:rsfəli]	부 힘차게, 효력있게 forceful 형 힘이 있는 force 명 힘
formerly	[fɔ́:rmərli]	부 이전에는 former 형 앞의, 먼저의
fortunately	[fɔ́:rtʃənətli]	부 다행히도 fortunate 형 행운의, 다행한
frankly	[frǽŋkli]	부 솔직히, 숨김없이 frank 형 솔직한, 명백한
frequently	[frí:kwəntli]	부 종종, 빈번히 frequent 형 빈번한
furiously	[fjúəriəsli]	부 광란하여, 맹렬히 furious 형 격렬한, 맹렬한
fundamentally	[fʌ̀ndəméntəli]	부 근본적으로 fundamental 형 기본(근본)적인
generally	[dʒénərəli]	부 대체로, 일반적으로 general 형 일반의, 보통의
gently	[dʒéntli]	부 친절하게, 상냥하게 gentle 형 관대한, 유순한
geographically	[dʒì:əgrǽfikəli]	부 지라학적으로, 지리적으로 geographical 형 지리학의
gracefully	[gréisfəli]	부 기품 있게, 우아하게 graceful 형 기품있는, 우아한
gradually	[grǽdʒuəli]	부 차츰, 서서히 gradual 형 점차(점진)적인
harshly	[há:rʃli]	부 엄격히, 야하게, 귀에 거슬리게 harsh 형 엄격한, 가혹한
harmoniously	[ha:rmóuniəsli]	부 조화되어, 화합해서 harmonious 형 화합하는, 잘 조화된

heavily	[hévili]	부 무겁게, 힘에 겨운 듯이	heavy 형 무거운
helplessly	[hélplisli]	부 무력하게	helpless 형 어떻게 할 수가 없는
hesitantly	[hézətəntli]	부 머뭇거리며, 주저하여	hesitant 형 머뭇거리는, 주저하는
highly	[háili]	부 고도로, 매우	high 형 높은
humbly	[hʌ́mbli]	부 겸손하게, 비하해서	humble 형 겸손한, 겸허한, 하찮은
hungrily	[hʌ́ŋrili]	부 굶주려서, 갈망하여	hungry 형 굶주린 hunger 명 굶주림
idly	[áidli]	부 빈둥거리며, 게으르게	idle 형 한가한, 나태한, 게으른
immediately	[imíːdiətli]	부 곧, 즉시, 당장에	immediate 형 즉석의, 즉시의
immensely	[iménsli]	부 광대하게, 막대하게	immense 형 광대한, 거대한
impartially	[impáːrʃəli]	부 공정하게	impartial 형 공정한
increasingly	[inkríːsiŋli]	부 점점, 더 증가하여	increasing 형 점점 느는, 중대하는
inevitably	[inévitəbli]	부 불가피하게, 필연적으로	inevitable 형 필연적인
initially	[iníʃəli]	부 처음으로, 초기에	initial 형 초기의, 첫머리의
instantly	[ínstəntli]	부 당장에, 즉각	instant 형 즉시의, 즉각의
intently	[inténtli]	부 열심히	intent 형 집중된, 열중해있는
internally	[intə́ːrnəli]	부 안으로, 내부에	internal 형 안의, 내부의
internationally	[intərnǽʃənəli]	부 국제적으로	international 형 국가간의, 국제적인
intimately	[íntəmətli]	부 친하게, 친밀하게	intimate 형 친밀한, 친한
ironically	[airánikəli]	부 비꼬아서, 빈정대며	ironical 형 빈정대는, 반어적인
joyfully	[dʒɔ́ifəli]	부 기뻐서, 기쁜듯이	joyful 형 기쁜, 기쁨에 넘치는
lastly	[lǽstli]	부 마지막으로, 끝으로	last 형 최후의 동 계속하다
logically	[ládʒikəli]	부 논리적으로	logical 형 논리적인, 이치에 맞는

lovingly	[lʌ́viŋli]	부 사랑하여, 친절히 loving 형 사랑하는 love 동 사랑하다
madly	[mǽdli]	부 미치광이처럼, 미쳐서 mad 형 미친, 실성한
mainly	[méinli]	부 주로, 대부분은 main 형 주된, 주요한
majestically	[mædʒéstikəli]	부 위엄 있게, 당당하게 majestic 형 위엄 있는, 당당한
mechanically	[məkǽnikəli]	부 자동적으로 mechanical 형 기계의, 기계적인
merely	[míərli]	부 단지, 그저, 다만 mere 형 단순한, ~에 불과한
modestly	[mάdistli]	부 겸손하게, 알맞게, 적당히 modest 형 겸손한, 신중한, 알맞은
mostly	[móustli]	부 대개, 대부분 most 형 가장 많은, 대부분의
naturally	[nǽtʃərəli]	부 자연적으로, 선천적으로 natural 형 자연의, 당연한
necessarily	[nèsəsérəli]	부 필연적 결과로서, 반듯이 necessary 형 필요한
nervously	[nə́ːrvəsli]	부 안달복달하여 nervous 형 신경질적인, 초조한
obediently	[oubíːdiəntli]	부 복종하여 obedient 형 순종하는, 복종하는
obviously	[άbviəsli]	부 명백하게, 뚜렷이 obvious 형 뚜렷한, 명백한
occasionally	[əkéiʒənəli]	부 가끔, 때때로, 임시로 occasional 형 이따금의, 가끔의
officially	[əfíʃəli]	부 직무상, 공식적으로 official 형 공무상의, 직무상의
ordinarily	[ɔ́ːrdənɛ̀ərəli]	부 보통, 대개, 대체로 ordinary 형 보통의, 흔한
originally	[ərídʒənəli]	부 원래, 본래 original 형 최초의, 본래의
outwardly	[áutwərdli]	부 외견상, 표면상 outward 형 외면적인, 피상의
painfully	[péinfəli]	부 아파서, 힘을 들여서 painful 형 아픈, 괴로운
partially	[pάːrʃəli]	부 부분적으로, 불공평하게 partial 형 부분적인, 불공평한
particularly	[pərtíkjulərli]	부 특히, 심히, 두드러지게 particular 형 독특한, 각별한
patiently	[péiʃəntli]	부 참을성 있게, 꾸준히 patient 형 참을성 있는 명 환자

peacefully	[pí:sfəli]	男 평온하게, 평화적으로	peaceful 형 평화로운, 조용한
perfectly	[pə́:rfiktli]	男 완전히, 더할 나위 없이	perfect 형 완전한
perpetually	[pərpétʃuəli]	男 영구히, 끊임없이	perpetual 형 영원한, 끊임없는
personally	[pə́:rsənəli]	男 자기로서는	personal 형 개인의, 인간성의
physically	[fízikəli]	男 물질(육체)적으로	physical 형 신체의, 육체의
plainly	[pléinli]	男 똑똑히, 분명히	plain 형 명료한, 알기쉬운
politely	[pəláitli]	男 예의바르게, 정중하게	polite 형 예의바른, 공손한
positively	[pázətivli]	男 명확하게	positive 형 명백한, 분명한
possibly	[pásəbli]	男 혹시, 아마	possible 형 가능한, 실행할 수 있는
preferably	[préfərəbli]	男 더 좋아하여, 오히려	preferable 형 오히려 더 나은
presently	[prézntli]	男 이윽고, 지금, 머지않아	present 형 현재의, 출석한
previously	[prí:viəsli]	男 그에 앞서서, 미리	previous 형 앞선, 이전의, 사전의
primarily	[praimérəli]	男 최초로, 주로, 원래	primary 형 최초의, 본래의
probably	[prábəbli]	男 아마도, 대체로	probable 형 있을 법한, 유망한
professionally	[prəféʃənəli]	男 직업적으로	professional 형 직업상의, 직업적인
profoundly	[prəfáundli]	男 깊이, 완전히	profound 형 깊은, 조예가 깊은
punctually	[pʌ́ŋktʃuəli]	男 시간대로, 꼼꼼하게	punctual 형 시간을 지키는
quietly	[kwáiətli]	男 조용히, 침착하게	quiet 형 조용한, 편안한
rapidly	[rǽpidli]	男 빨리, 급속히	rapid 형 빠른, 급한, 급속한
rarely	[réərli]	男 드물게	rare 형 드문, 진기한
readily	[rédəli]	男 즉시, 즉석에서	ready 형 준비가 된
really	[rí:əli]	男 실제로, 현실로	real 형 진실의, 정말로

recently	[rí:sntli]	부 최근에, 근래에 recent 형 최근의, 근대의
recklessly	[réklisli]	부 무모하게, 앞뒤를 가리지않고 reckless 형 무모한
regularly	[régjulərli]	부 정기적으로 명 규칙 regular 형 통상의, 일상의, 규칙적인
relatively	[rélətivli]	부 상대적으로, 비교적 relative 형 비교상의, 상대적인 명 친척
repeatedly	[ripí:tidli]	부 되풀이해서 repeated 형 반복된 repeat 동 반복하다
resolutely	[rézəlù:tli]	부 단호하게, 확고하게 resolute 형 단호한
rhythmically	[ríðmikəli]	부 주기적으로, 리드미컬하게 rhythmic 형 주기적인
righteously	[ráitʃəsli]	부 옳게, 바르게 rtighteous 형 옳은, 정의의
roughly	[rʌfli]	부 거칠게, 난폭하게 rough 형 울퉁불퉁한, 거칠거칠한
sadly	[sædli]	부 슬퍼하여, 비탄에 젖어 sad 형 슬픈
scarcely	[skéərsli]	부 겨우, 간신히, 가까스로 scarce 형 부족한, 불충분한
secretly	[sí:krətli]	부 비밀로, 은밀히 secret 형 비밀의 명 비밀
seemingly	[sí:miŋli]	부 보기에는, 겉으로는 seeming 형 겉에 나타난
separately	[sépərətli]	부 떨어져서, 갈라져서 separate 형 분리된 동 분리하다
seriously	[síəriəsli]	부 진진하게, 진정으로 serious 형 진지한, 진정한
sharply	[ʃá:rpli]	부 날카롭게, 민감하게 sharp 형 날카로운, 예리한
shortly	[ʃɔ́:rtli]	부 곧, 이윽고 short 형 짧은
shyly	[ʃáili]	부 수줍어서, 부끄러워서 shy 형 부끄럼타는, 수줍어하는
significantly	[signífikəntli]	부 중대하게, 주목할 만하게 significant 형 중요한, 중대한
sincerely	[sinsíərli]	부 성실히, 충심으로 sincere 형 성실한, 진심에서 우러난
slightly	[sláitli]	부 얼마 안 되게, 하찮게, 적게 slight 형 적은, 하찮은
smoothly	[smú:ðli]	부 매끄럽게, 유창하게 smooth 형 매끄러운, 평탄한

 Track 05

softly	[sɔ́:ftli]	뷔 부드럽게, 조용히 soft 형 부드러운
solely	[sóulli]	뷔 혼자서, 단독으로 sole 형 유일한, 독점적인
solemnly	[sáləmli]	뷔 진지하게, 엄숙하게 solemn 형 진지한, 엄숙한, 중대한
specially	[spéʃəli]	뷔 특별히, 임시로 special 형 특수한, 전문의, 전공의
stealthily	[stélθili]	뷔 은밀하게, 비밀리에 stealthy 형 남몰래하는
sternly	[stə́:rnli]	뷔 엄격히, 중엄하게 stern 형 엄격한, 준엄한
strangely	[stréindʒli]	뷔 기묘하게, 묘하게 strange 형 묘한, 모르는
strictly	[stríktli]	뷔 엄격히, 엄밀히, 정확히 strict 형 엄한, 정확한
subsequently	[sʌ́bsikwəntli]	뷔 뒤에, 그 결과로서 subsequent 형 뒤의, 그 이후의
substantially	[səbstǽnʃəli]	뷔 충분히, 실제적으로 substantial 형 실제적인, 상당한
successfully	[səksésfəli]	뷔 성공적으로, 성황리에 successful 형 성공한
supposedly	[səpóuzidli]	뷔 추정상, 아마도 supposed 형 가정의, 소위~라는
surely	[ʃúərli]	뷔 확실하게, 단단하게 sure 형 확신하는
surprisingly	[sərpráiziŋli]	뷔 놀랄 만큼, 의외로 surprising 형 깜짝놀란 만한, 의외의
swiftly	[swíftli]	뷔 재빨리, 즉각적으로 swift 형 빠른
synthetically	[sinθétikəli]	뷔 종합적으로 synthetic 형 종합적인, 종합의
temporarily	[tèmpərérəli]	뷔 일시적으로 temporary 형 한때의, 잠깐의
tenderly	[téndərli]	뷔 부드럽게, 상냥하게 tender 형 부드러운, 연한
terminally	[tə́:rmənli]	뷔 종말에, 말단에 terminal 형 종말의, 말단의
terribly	[térəbli]	뷔 무섭게, 지독하게 terrible 형 무서운, 두려운, 심한
thoroughly	[θə́:rouli]	뷔 완전히, 철두철미하게 thorough 형 완전한, 철저한
thoughtfully	[θɔ́:tfəli]	뷔 사려깊게 thoughtful 형 사려깊은

tightly	[táitli]	부 단단히, 엄중히, 정확하게 tight 형 단단한, 견고한
tolerantly	[tálərəntli]	부 관대하게 tolerant 형 관대한, 관용하는
traditionally	[trədíʃənəli]	부 전통적으로, 전설로 traditional 형 전통적인, 전설의
tremendously	[triméndəsli]	부 무시무시하게 tremendous 형 무서운, 무시무시한
triumphantly	[traiʌ́mfəntli]	부 의기양양하여, 성공적으로 triumphant 형 성공한

memo

Track 01

apologize	[əpálədʒàiz]	동 사죄하다	apology 명 사죄, 변명
authorize	[ɔ́:θəràiz]	동 ～에 권한을 주다	author 명 저자, 작가, 창시자
civilize	[sívəlàiz]	동 개화(교화)하다, 문명화하다	civil 형 시민의, 민간의, 문화의
criticize	[krítəsàiz]	동 비평하다, 비판하다	critic 명 비평가, 평론가
crystallize	[krístəlàiz]	동 결정하다, 구체화하다	crystal 명 결정, 결정체
emphasize	[émfəsàiz]	동 강조하다, 세게 발음하다	emphasis 명 강조, 역점, 강세
fertilize	[fə́:rtəlàiz]	동 기름지게하다, (생물)을 수정시키다	fertile 형 기름진, 생식력 있는
generalize	[dʒénərəlàiz]	동 일반화하다	general 형 일반의, 보통의
harmonize	[há:rmənàiz]	동 ～을 조화시키다	harmony 명 일치, 조화
mechanize	[mékənàiz]	동 기계화하다	mechan=machine 명 기계
memorize	[méməràiz]	동 기억하다	memory 명 기억, 상기, 기념
minimize	[mínəmàiz]	동 최소한도로 하다	minimum 명 최저, 최저액
modernize	[mád-ərnàiz]	동 ～을 근대화하다	modern 형 신식의, 현대식의
organize	[ɔ́:rgənàiz]	동 조직화하다, 유기체로 하다	organ 명 오르간, (생물의)기관(장기)
realize	[rí:əlàiz]	동 실현하다, 확실히 이해하다	real 형 진실의, 정말의, 현실의
specialize	[spéʃəlàiz]	동 전문화하다	special 형 특수한, 전문의, 전공의
summarize	[sʌ́məràiz]	동 ～을 요약하다	summary 명 요약, 개요
symbolize	[símbəlàiz]	동 ～을 상징하다	symbol 명 상징 동 상징하다
sympathize	[símpəθàiz]	동 동정하다, 일치하다	sympathy 명 동정, 찬성
vaporize	[véipəràiz]	동 증발시키다, 기화하다	vapor 명 증발기체, 아지랑이

a cheerful character	긍정적 성격	a famous author	유명한 저자
a teaching method	교수법	a live broadcast	생방송
a medical expert	의학전문가	a natural disaster	자연재해
a football match	축구경기	a rude question	무례한 질문
a peaceful solution	평화적 해법	a rescue mission	구조임무
a great adventure	멋진 모험	a significant discovery	중대한 발견
a bank account	은행계좌	a convenient way	편리한 방법
a magic trick	마술	a nuclear weapon	핵무기
a medium size car	중형자동차	a helpless baby	도움 없이 살 수 없는 아기
a high fat content	높은 지방함유량	a drug addict	마약 중독자
a familiar face	친숙한 얼굴	a romantic atmosphere	낭만적 분위기
a fuel tank	연료탱크	a critical comment	비판적 논평
a folk dance	민속춤	a heated debate	열띤 토론
a direct result	직접적인 결과	a vast plain	광활한 평야
a living organism	살아있는 유기체	a three-day strike	3일간의 파업
a tennis court	테니스경기장	a female astronaut	우주비행사(여자)
a senior citizen	노인(고령)시민	a terrific idea	멋진 생각
a private school	사립학교	a mathematical genius	수학천재
a proper diet	적절한 식이요법	a charity concert	자선음악회
a specific age group	특정연령집단	a law firm	법률회사

a natural enemy	천적	a good harvest	풍작
a serious sickness	심각한 병	a bad harvest	흉작
a potential customer	잠재고객	a smooth surface	매끄러운 표면
a brief silence	짧은 침묵	a chemical substance	화학물질
a unique feature	독특한 특징	a research laboratory	연구실험실
a small insect	작은 곤충	a book review	서평
a warm climate	따뜻한 기후	a reasonable explanation	합리적 설명
a desert region	사막지역	a tremendous effort	굉장한 노력
a labor union	노동조합	a traveling companion	길동무
a fire alarm	화재경보	a civil war	내전
a distant planet	먼 행성	a double-edged sword	양날의 칼
a universal truth	보편적인 진리	a central theme	중심주제
an artificial intelligence	인공지능	a grand palace	웅장한 궁전
a shooting incident	총격사건	a tragic accident	비극적 사고
a plane crash	비행기 추락	a social welfare	사회복지
a remote village	외딴 마을	a careless mistake	부주의한 실수
a nuclear explosion	핵폭발	a conference room	회의실
a research institute	연구소	a primitive society	원시사회
a history assignment	역사과제	a passionate speech	열렬한 연설
a bomb attack	폭탄공격	a travel agency	여행사

an alternative energy	대체에너지	a rose bush	장미덤블
a broad river	넓은 강	a special occasion	특별행사
a cruel punishment	잔인한 처벌	a fare trial	공정한 재판
a classical scholar	고전학자	a seaside resort	해변휴양지
a wildlife habitat	야생생물 서식지	a cheerful voice	명랑한 목소리
a protest march	항의행진	a vacuum cleaner	진공청소기
a thoughtful look	생각에 잠긴 표정	a mouse trap	쥐덫
a bow and arrow	활과 화살	a verbal trap	구두동의
a gloomy expression	우울한 표정	a multinational corporation	다국적 기업
a severe famine	심한 기근	a promising young actor	전도유망한 젊은 배우
a bar chart (graph)	막대그래프	a sensible decision	분별 있는 결정
a wealthy nation	부국(부유한 나라)	a rural landscape	시골풍경
a medical journal	의학전문잡지	a mechanical device	기계장치
a permanent job	정규직	a lively child	활발한 아이
a luxurious hotel	호화로운 호텔	a narrow alley	좁은 골목
a dramatic change	극적인 변화	a complicated system	복잡한 체계
a delicate problem	미묘한 문제	a direct descendent	직계자손
a high income	고소득	a committee meeting	위원회의 모임
a modern classic	현대명작	a diligent student	근면한 학생
a desperate attempt	필사적 시도	a millioairen businessman	백만장자 실업가

a car assembly plant	자동차 조립공장	a loyal supporter	충성스러운 지지자
a swift reply	신속한 대답	a gigantic statue	거대한 동상
a great masterpiece	위대한 걸작	a cool breeze	시원한 산들바람
a farewell party	환송회	a luxury cruise ship	호화유람선
a valid passport	유효한 여권	a government spokesperson	정부대변인
a financial district	금융지구	a kindergarten teacher	유치원교사
a city council	시의회	a primitive tribe	원시부족
a nervous breakdown	신경쇠약	a steep slope	가파른 비탈
a sincere apology	진심어린 사과	a courageous decision	용감한 결정
a chemistry laboratory	화학실험실	a freelance writer	프리랜서 작가
a graceful dancer	우하한 무용수	a competent secretary	유능한 비서
a right triangle	직각삼각형	a vague memory	모호한 기억
a heart surgeon	심장외과의사	a temporary solution	임시해법
a training session	훈련기간	a lottery ticket	복권
a concrete floor	콘크리트 바닥	a bus route	버스노선
a fish hook	낚시바늘	a cattle ranch	방목장 (소의 목장)
a historic monument	역사상 중요한 기념물	a subtle difference	미묘한 차이
a loose shirt	헐거운 셔츠	a spacious living room	넓은 거실
a motorcycle accident	오토바이 사고	a lyric poetry	서정시
a spectacular view	장관	a stiff neck	뻣뻣한 목

a famous historian	유명한 역사가	a striking feature	두드러진 특징
a geography textbook	지리교과서	a wedding feast	결혼피로연
a window frame	창틀	a massive rock	육중한 바위
a horror movie	공포영화	a prominent politician	저명한 정치가
a steep hill	가파른 언덕	a war memorial	전쟁기념비
a cone-shaped mountain	원뿔모양의 산	a naked body	나체
a severe drought	심한 가뭄	a slight increase	약간의 증가
a murder suspect	살인용의자	a horrible crime	끔찍한 범죄
a minimum price	최저가	a genetic defect	유전적 결함
a log cabin	통나무집	a gradual change	점진적 변화
a faraway country	먼 나라	a chilly morning	쌀쌀한 아침
a fatal accident	치명적 사고	a disposable toothbrush	일회용 칫솔
a certified public accountant	공인회계사	a cunning criminal	교활한 범인
a high ceiling	높은 천장	a car mechanic	자동차 정비사
a great warrior	위대한 용사	a fishing rod	낚싯대
a school yearbook	졸업앨범	a portrait painter	초상화가
a contraversal issue	논란거리인 문제(쟁점)	a herbal remedy	한방(약초)치료
a spice jar	양념통	a small attic room	작은 다락방
a freelance journalist	자유계약 언론인	a degree certificate	학위증명서
a trivial matter	사소한 문제	a tender smile	부드러운 미소

a social phenomenon	사회적 현상	a Buddhist monk	불교수도승
a vertical line	수직선	a partial referee	편파적인 심판
a random sample	무작위 표본	a landfill site	쓰레기 매립장
a messy room	어지러운 방	a light bulb	전구
a shallow river	얕은 강	a rotten egg	썩은 계란
a bullet wound	총상	a definite answer	명확한 대답
a noticeable improvement	눈에 띄는 향상	a rational decision	이성적 결정
a literal translation	문자그대로의 번역	a disgusting smell	메스꺼운 냄새
a presidential candidate	대통령 후보자	a striped shirt	줄무늬 셔츠
a heart transplant	심장이식	a witty remark	재치있는 발언
a gospel singer	복음성가 가수	a nuclear missile	핵미사일
a child's linguistic development	아동의 언어발달	a sex scandal	성추문
a written constitution	성문헌법	a legal dispute	법적분쟁
a wedding reception	결혼피로연	a price tag	가격표
a geometry test	기하학 시험	a checked skirt	체크무늬치마
a rose bud	장미꽃 봉오리	a peasant farmer	영세농민
a habitual criminal	상습범	a solemn ceremony	엄숙한 의식
a harmonious relation	조화로운 관계	a radical feminist	급진적 남녀동등권주의자
a fierce dog	사나운 개	a baggy T-shirt	헐렁한 티셔츠
a souvenir shop	기념품 가게	a coherent explanation	조리 있는 설명

a key issue	중요문제	an outstanding performance	뛰어난 공연
a tiny hole	매우 작은 구멍	an outgoing personality	사교적인 성격
a positive attitude	긍정적 태도	an infinite universe	무한한 우주
an economic crisis	경제적 위기	an oil spill	기름유출
an old custom	오래된 습관	an urgent message	긴급한 전갈
an efficient method	효율적 방법	an ink stain	잉크얼룩
an incredible story	믿을 수 없는 이야기	an interest-free loan	무이자 대부
an enormous house	거대한 집	an annual budget	연간 예산
an accurate description	정확한 묘사	an immediate reaction	즉각적인 반응
an independent nation	독립국	an irrigation canal	관개수로
an unexpected result	예기치 않은 결과	an economic depression	경제불황
an insurance company	보험회사	an ongoing discussion	진행중인 토론
an appropriate method	적절한 방법	an intimate relationship	친밀한 관계
an insurance policy	보험증권	an organic compound	유기화합물
an attitude test	적성검사	an antique shop	골동품가게
an oxygen mask	산소마스크	an aisle seat	통로쪽 좌석
an official statement	공식성명	an awkward silence	어색한 침묵
an awful smell	지독한 냄새	an oval face	타원형 얼굴
an instant success	즉각적인 성공	an ironic comment	반어적 논평
an organ donation	장기기증	an allergic reaction	알레르기 반응

an illustrated textbook	삽화가 들어간 교과서
an annual income	연간 수입
an overweight child	과체중 아동
an enthusiastic supporter	열렬한 지지자
an intensive English course	집중 영어 과정
an oral report	구두보고
recent research	최근 연구
population growth	인구 증가
disabled children	장애아들
plant species	식물종
an evil deed	악행
an optimistic view	낙관적 견해
an extraordinary talent	비범한 재능
an Egyptain mummy	이집트 미라
an educational institution	교육 기관
chinese characters	한자
natural resources	천연자원
sales figures	판매수치
negative aspects	부정적인면(양상)들
ordinary people	보통사람들
individual freedom	개인의 자유
cultural traditions	문화적 전통
crime prevention	범죄예방
brain damage	뇌손상
soil pollution	토양 오염
firm principles	확고한 원칙
precious time	귀중한 시간
practical help	실제적인 도움
economic aid	경제적 도움, 원조
political ideals	정치적 이상
camping equipment	야영 장비
medical terms	의학 용어
effective ways	효과적인 방법
technological progress	과학기술의 진보
valuable resources	귀중한 자원
useless information	쓸모없는 정보
nuclear physics	핵물리학
rare species	희귀종
leisure activities	여가활동
custom duties	관세

global economy	세계경제	high-tech industries	첨단 과학기술산업
blood pressure	혈압	English literature	영문학
mass production	대량생산	formal education	정규교육
learning strategies	학습전략	social status	사회적 지위
solar energy	태양에너지	carbon dioxide	이산화탄소
mental health	정신건강	political conflict	정치적 대립(갈등)
export markets	수출시장	poison gas	독가스
unproven theories	증명되지 않은 이론들	college freshmen	대학 신입생들
environmental protection	환경보호	extreme poverty	극심한 빈곤
ethical issues	윤리(도덕)적 문제	marine life	해양생물
realistic goals	현실적 목표	leisure facilities	여가시설
virtual reality	가상현실	oil reserves	석유 비축량
endangered species	멸종위기에 처한 종들	rural areas	시골지역
frequent business trips	빈번한 출장	modern civilization	현대문명
violent conduct	난폭한 행위	safety devices	안전장치
spiritual growth	정신적 성장	rapid growth	매우 빠른 성장
artistic talent	예술적 재능	elderly people	노인들
science fiction	공상과학소설	severe pain	심한 고통
military strategies	군사전략	contemporary art	현대미술
plain clothes	평상복	personal belongings	개인소지품

scientific evidence	과학적 증거	continual complaints	끊임없는 불평
fossil fuels	화석연료	entrance examinations	입학시험
marine biology	해양생물학	drug abuse	약물남용
household chores	일상적 집안 일	literary criticism	문학 비평
food shortage	식량부족	diverse cultures	다양한 문화
legal procedures	법적 절차	personality traits	성격적 특성
organic food	유기농 식품	local residents	지역거주자
election campaigns	선거운동	harsh criticism	가혹한 비평
sufficient evidence	충분한 증거	child psychology	아동심리학
strict rules	엄격한 규칙	abstract knowledge	추상적 지식
religious rituals	종교의식	financial hardship	재정적 곤란
food preparation	음식준비	dust particles	먼지입자들
solid food	고형음식	urban areas	도시지역
medical expenses	의료비	vivid memories	생생한 기억
top executives	최고경영간부	copper wire	구리선(동선)
fashionable clothes	유행복	Halley's comet	핼리 혜성
remarkable progress	주목할 만한 진보	prior knowledge	사전지식
household goods	가사용품	fertile farmland	비옥한 농장
ethnic groups	민족집단	Fifth Avenue	5번가
continuous pain	계속되는 통증	enemy territory	적지(적의 영토)

cigarette ash	담뱃재	German reunification	독일 재통일
tax cuts	감세	dynamic people	역동적인 사람들
legal documents	법률문서	conventional behavior	전통적 행동
union members	노동조합원들	storage space	저장 공간
ancient Greek myths	고대 그리스신화	concrete evidence	구체적 증거
historic buildings	역사적 중요한 건물	eternal love	영원한 사랑
verbal skills	구술	atomic weapons	핵무기
sour apples	맛이 신 사과	bare feet	맨발
wealth creation	부의 창출	pure drinking water	깨끗한 식수
professional ethics	직업윤리	intellectual curiosity	지적 호기심
livestock farming	목축업	traffic congestion	교통혼잡
coastal fisheries	연안어장	cell division	세포 분열
subjective judgement	주관적 판단	juvenile crime	청소년 범죄
irrigation channels	관개수로	peach blossoms	복숭아 꽃
mutual respect	상호존중	fragile bones	부러지기 쉬운 뼈
long sleeves	긴 소매	flu symptoms	독감증상
medieval architecture	중세건축	public affairs	공무
beautiful scenery	아름다운 경치	refugee camps	난민수용소
deadly poison	치명적 독(맹독)	wholesale prices	도매가격
cash transaction	현금거래	drastic measures	과감한 조치

increased productivity	증가된 생산성	foreign currency	외화
ethnic minorities	소수 민족들	damp clothes	축축한 옷
human embryos	인간 배아	port facilities	항만 시설
numerous attempts	수많은 시도	firm muscles	단단한 근육
internal organs	내장	essential goods	필수품
magnificent scenery	장려한 경치	artistic merit	예술적 가치
military aircraft	군용 항공기	medical science	의학
TV celebrities	TV유명인들	regular classes	정규수업
domestic appliances	가전제품	valuable jewelry	값비싼 보석류
extensive research	광범위한 연구	ugly smells	불쾌한 냄새
edible mushroom	식용버섯	practical English	실용영어
tuition fees	수업료	satisfactory results	만족한 결과
sewage treatment	하수처리	body organs	신체기관
terminal cancer	말기암	rich soil	기름진 땅
monotonous work	단조로운 일	disputed territory	분쟁지역
profound insights	깊은 통찰	mechanical invention	기계의 발명
lung cancer	간암	side effects	부작용
immigration policy	이민정책	flood warning	홍수경보
parental responsibility	부모의 책임	cultural conflict	문화적 충돌
gender difference	성별차이	classical literature	고전문학

blind faith	맹목적인 믿음	The Earth's surface	지표면
bodily harm	육체적 위해	the credit limit	신용 한도
strong current	고압전류	the Best actress award	최우수 여배우상
nerve cells	신경 세포	the current situation	현상황
dual nationality	이중 국적	the important factor	중요한 요인
heavy metal	중금속	the basic principles	기본원칙
cultural diversity	문화적 다양성	the automobile industry	자동차 산업
legal assistance	법률적 도움	the sports section	스포츠난
warm sympathy	따뜻한 동정	the tropical rain forests	열대우림
historical background	역사적 배경	the basic concepts	기본개념들
farm tool	농기구	the industrial Revolution	산업혁명
human relationship	인간관계	the stolen vehicle	도난차량
tooth decay	충치	the Earth's atmosphere	지구의 대기
moss-covered walls	이끼낀 벽	the main aim	주목표
holy ground	성지	the exact date	정확한 날짜
holy water	성수	the environmental destruction	환경파괴
abnormal behavior	비정상적 행동	the former president	전임 대통령
civilian casualties	민간인 사상자	the Korean peninsula	한반도
regular checkups	정기 건강검진	the ozone layer	오존층
revenge attack	보복 공격	the latest fashion trends	최신 패션경향

athletic ability	운동능력	the inner ear	내이(內耳)
bilingual education	2개국어 사용 교육	the South pole	남극
cheering spectators	환호하는 관객	the North pole	북극
radical reforms	근본적 개혁	the previous day	전 날
strong political convictions	강한 정치적 신념	the spring/fall semester	봄(가을)학기
the generation gap	세대차이	the visual arts	시각예술
the steel industry	철강업	the precise sales figures	정확한 판매수치
the anti-war movement	반전운동	the royal family	왕실
the due date	지불일	the post-war era	전후 시대
the entire staff	직원 전체	the English channel	영국해협
the Supreme court	대법원	the initial response	조기반응
the maternal instinct	모성본능	the Silla Dynasty	신라 왕조
the Alaskan wilderness	알래스카 황무지	the language barrier	언어 장벽
the weather forecast	일기예보	the pioneer spirit	개척자 정신
the UN General Assembly	유엔총회	the Roman Empire	로마제국
the overall situation	전체적 상황	the vocal organs	발성기관
the average annual rainfall	연평균 강우량	the local dialect	지방 사투리
the front-page headline	제1면 큰 표제	the fundamental principle	기본(근본)원칙
the biotech industries	생물공학산업	the immune system	면역체계
the telecommunication's industry	원격통신산업	the lunar surface	달의 표면

여기부터는
책을 뒤집어 보세요!